Alexander Kinloch

Russian Conversation Grammar

With Exercises, colloquial Phrases, and extensive English-Russian Vocabulary

Alexander Kinloch

Russian Conversation Grammar

With Exercises, colloquial Phrases, and extensive English-Russian Vocabulary

ISBN/EAN: 9783337170738

Printed in Europe, USA, Canada, Australia, Japan

Cover: Foto ©Andreas Hilbeck / pixelio.de

More available books at **www.hansebooks.com**

RUSSIAN CONVERSATION GRAMMAR.

WITH EXERCISES, COLLOQUIAL PHRASES, AND EXTENSIVE ENGLISH-RUSSIAN VOCABULARY.

BY

ALEXANDER KINLOCH,

LATE INTERPRETER TO H.B.M. CONSULATE AND
COUNSEL FOR THE BRITISH SHIPPING IN THE RUSSIAN LAW COURTS.

LONDON:
W. THACKER & CO., 87, NEWGATE STREET.
CALCUTTA: THACKER, SPINK, & CO.
BOMBAY: THACKER & CO., LIMITED.

1890.

DEDICATED

TO MY FIRST PUPIL,

COLONEL SPOTTISWOODE

(LATE OF THE 10TH HUSSARS),

IN RECOGNITION OF THE STRENUOUS MANNER IN WHICH
HE GRAPPLED WITH THE LANGUAGE, AND
GAINED THE "INTERPRETERSHIP"
IN A SINGLE EXAMINATION.

PREFACE.

The present work has not been compiled with a view to assist the student to learn a language *without* a tutor. None of the living languages can be mastered *colloquially* without a tutor, and the Russian in particular; and I caution all who wish to make rapid progress, not to begin the study of Russian alone.

The object of my endeavour to supply the present increasing want for a Practical Manual Instructor of the Russian language, has been to simplify an abridged ordinary native Grammar by illustrations in the form of useful phrases and idioms accompanying every rule, and to adapt these illustrations as completely as possible to the exigencies of English pupils. In this I have been guided by my experience both as a native and as a student of the language for ten years, but chiefly as an Instructor of Officers preparing for the biennial War Office Examinations. I have endeavoured to lead the pupil by easy but rapid gradations to a practical attainment of the language, and I have followed the excellent system of Dr. Emil Otto in his German Conversation Grammar for the English.

For the basis of my present work, I am indebted in a great measure to Mr. I. Beloroossof's elementary book on the Etymology of the Russian Language.

viii   PREFACE.

If I succeed to some extent in smoothing the present rugged path of the student in his ascent towards the mastery of the Russian language, my reward will be the contemplation of the pleasure and gratification he will feel—such as I myself felt—when, after being able to read Russian authors in the original, he discovers the peculiar merits of the literature of the country; for it is mainly through its literature that it is possible to thoroughly know and understand Russia and its people.

ALEXANDER KINLOCH.

59, Linden Gardens,
    Hyde Park, London, W.

ERRATA.

Page	Line		for		read	
14,	(3), line 3,	*for*	обойдутся	*read*	обходятся.
39,	Instr. Case,	„	ханжою	„	ханжёю.
50,	last line,	„	iя	„	iѣ.
54,	line 3,	„	которое	„	какое.
58,	„ 20,	„	отъ	„	съ.
62,	„ 4,	„	казармъ	„	казармы.
106,	„ {5, 19, 26, 27,}	„	ое	„	ее.
107,	„ 1 and 3,	„	ое	„	ее.
162,	„ 10,	„	верхъ	„	вверхъ.
164,	„ 11,	„	нелёгкiй	„	нелёгкая.
168,	„ 12,	„	наострилъ	„	навострилъ.

RUSSIAN CONVERSATION GRAMMAR.

RUSSIAN ALPHABET.

Printed Characters.

Characters.		Name.	Characters.		Name.
А	а	ah	Р	р	err
Б	б	bèh	С	с	ess
В	в	vèh	Т	т	tch
Г	г	gay	У	у	oo
Д	д	dèh	Ф	ф	eff
Е	е	yèh	Х	х	hah†
Ж	ж	jèh*	Ц	ц	tsèh
З	з	zèh	Ч	ч	cheh
И	и	é	Ш	ш	shah
I	i	ē stòtshkoy	Щ	щ	shtchah
		(with a dot)	Ъ	ъ	yerr
Й	й	e kratkoyeh	Ы	ы	yerrèē
		(short)	Ь	ь	yeyr
К	к	kàh	Ѣ	ѣ	yaht
Л	л	ell	Э	э	ai
М	м	em	Ю	ю	you
Н	н	en	Я	я	yah
О	о	au	Ѳ	ѳ	phettà
П	п	pèh	V	v	yèjitsa‡

* The j should be here uttered like j in *jour* (French). The j will throughout this work represent the ж.

† The first h should be strongly aspirated, like the Scotch ch in loch. The final h is not to be aspirated in any of the above examples.

‡ This letter is very rarely employed—only in a few Biblical words.

B

Written Characters.

Аа Бб Вв Гг
Дд Ее Жж Зз
Ии Іі Кк Лл
Мм Нн Оо Пп
Рр Сс Тт Уу
Фф Хх Цц Чч
Шш Щщ ъ ы
ь Ѳѳ Ээ Юю
Яя Ѳѳ Ѵѵ й

§ 1.—Writing Exercise.

The student should practise the following passage, joining all the letters in each word, until he can write the whole in a free running hand :—

Русская словесность. Давняя разве время поучительною, во времени Пушкина и Гоголя становится вполне национальною и самобытною.

Names of eminent Russian Authors

Poets.— Пушкинъ, Лермонтовъ, Жуковский, Державинъ, Некрасовъ, Майковъ, Алексѣй Толстой, &c.

Prose Writers: Гоголь, Тургеневъ, Достоевский, Левъ Толстой, Грибоѣдовъ, Островский, Гончаровъ, Лермонтовъ, Аксаковъ, &c.

§ 2.—Division of the Letters of the Alphabet.

The sounds or letters are divided into Vowels, Semi-vowels, and Consonants.

1. *The Vowels* are:—(*a*) hard, а, о, э, у, ы,
    with their counterpart soft, я, ё, е, ю, и or i.

2. *The Semi-vowels* are :—ъ (hard termination),
    й and ь (soft termination).
    ъ or ь is only used after a consonant to render its sound hard or soft. Ex.: уголъ (oogoll), corner; уголь (oogoll), coal; бытъ (bœt), condition; быть (bœth), to be, etc.

Note.—The soft sound will in this work be represented by the letter ь, following the softened English consonant as above. When the ъ is used, the consonant preceding it must be pronounced very hard.

3. The Consonants are divided into:—
    liquid—л, м, н, р,
    and hard—all the rest.

These again are divided into:—
    (*a*) Labial—б, в, м, п, ф.
    (*b*) Dental—д, т, з, с, ц.
    (*c*) Lingual—л, н, р.
    (*d*) Guttural—г, к, х.
    (*e*) Hissing—ж, ч, ш, щ.

§ 3.—Different Sounds of the Letters of the Alphabet.

A, a. Has several sounds :—

  (1) Like the French (ah), as, братъ (braht), brother.

ALPHABETICAL SOUNDS.

like o.　　(2) In the adjective-termination аго, the a is sounded like o, and the o is like a, viz. : добраго (dòbrova), of good.

like e.　　(3) When unaccented after ж, ч, ш, щ, it is slurred, and has the sound of e in met, let : as, жалѣть (jelètь), to pity ; часи́ (tshessỳ), the clock or watch ; шалу́нъ (shellòon), frolicsome ; щади́ть (scheditь), to spare.

Б, б.　　Is sounded like the French, except at the end of words when followed by ъ or ь, or if preceded by a hard consonant—when it takes the sound of its corresponding letter п—as, тру́бка (troòpka), a pipe ;
like p.　　обста́вить (abstavit), to surround ; лобъ (lŏpp), the forehead.

Г, г.　　Has several sounds, viz. :—

　　　　(1) Its natural hard sound before the hard vowels and the consonant p (like the English g) : as, гага́ть (gogàtь), jet ; гра́дъ (grad), hail ; грѣхъ (grech), sin.
like g *hard.*

　　　　(2) Becomes soft like the Scotch *well-articulated* ch in loch before ф, к, ц, ч, щ, т : as, легко́ (lech̀kò), easy ; лёгче (lèchtshe), easier ; локтя́ (lochtia), of the elbow.
like ch *soft.*

　　　　(3) It is like the *ch* hard, *very thickly* aspirated in the Scotch loch, and produced from the lower throat in the words Богъ (Boch), God ; Госпо́дь (Chospòdь), the Lord of Heaven ; and бла́го (blàcho), welfare, and in all their derivatives.
like ch *hard.*

RUSSIAN CONVERSATION GRAMMAR.

like k.
(4) Like k, at the end of words with ъ and ь (except after з, when it has its natural sound; as, визгъ (veezg), a screech): as, сапо́гъ (sappòk), a boot; тваро́гъ (tvarok), curds; and before ш, мо́гши (mòkshy), being able, etc.

like v.
(5) Like v in the adjectives and pronouns ending in аго, яго, его, ого: as, до́браго (dòbrova), of the good; си́няго (seàneva), of the blue; одного́ (odnavò), of one; моего́ (moyevò), of mine; его́ (yevò), his.

Д, д.
(1) Has the ordinary sound of d, except at the end of words and before the hard consonants and semi-vowels, when it assumes the sound of t.

(2) Between the consonants з and н it need not be sounded: as, поздно (pòzno), late; праздникъ (pràznik), a holiday.

Е, е. Has several sounds:—

like yeh.
(1) In the beginning of words and syllables it is like ye in yeast and yes: as, еди́нъ (yedin), single; зна́ешь? (znàyesh), dost thou know?

like ai.
(2) When not accented and after a consonant it is like ai in said: as, времена́ (vraimainà), times; стремена́ (straimainà), stirrups.

like yo.
(3) When accented and before one or two consonants followed by a hard vowel or semi-vowel it has, with few exceptions, the sound of yo: as, ёлка (yòlka), a

ALPHABETICAL SOUNDS.

young fir; твёрдо (tvyòrdo), hard; дёрну (dyòrnoo), I will pull; мёду (myòdoo), of honey; объёмъ (ob-yòm), circuit; пріёмщикъ (pri-yomshtic), a receiver.

N.B.—To denote this sound many writers place a diæresis (¨) over the letter ё.

           (4) When following ж, ч, ш, щ, the above-
like o.   explained sound of the e is turned into o: as, жёлчь (joltch), gall; почёмъ (patchòm), how much; шёлкъ (sholk), silk; щётка (stchòtka), a brush.

Ж, ж.   Like the French j in *jour*; but when termi-
          nating a word with ъ and ь, and also
like sh.   before the hard consonants, it is *like* sh: as, мужъ (moosh), husband; ложь (losh), a lie; ложка (loshka), a spoon; телѣжка (telaishka), a small cart.

З, з.   Like z; but at the end of words and before the
        hard consonants and the semi-vowels ъ
like ss.   and ь it has the sound of ss: as, указъ (ookàss), edict; слизь (sleess), slime; расшибать (rass-shibatь), to knock over; сказка (skasska), a story.

И, и.   Like ee (double e always).

Й, й.   Like y in *saying* or *say*. Is used after a vowel to form a diphthong: as, сарай (sarrày), a barn; синій, blew.

I, i.   Like the French i. Used almost exclusively before vowels; except in the word міръ (meer), the world, and its derivatives, to distinguish the latter from міръ (meer), peace.

К, к.   *Like* k *in English.*

Л, л.   Sounded according to its position—either soft, *like* l *in lily*, if followed in a syllable by a soft vowel and semi-vowel; or very hard and thick, *like the Scotch* ll in the end of words and syllables, and before the hard vowels and semi-vowels. To enunciate the latter sound, the tongue must be pressed hard against the teeth. Ex.: *soft*—племя (plemya), tribe; листъ (leest), a leaf; *hard*—пламя (plāmya), flame; плугъ (plook), a plough.

М, м.
Н, н. } *Like* the English m and n.

О, о.   *Like* o in nor, for, and more—as, добро́ (dabrò), the good: but if unaccented, like a in hard, father, larder—as, дворѐцъ (dvarèts), a palace; отворить (atvarit́), to open.

П, п.
Р, р. } *Like* p and r in French.

С, с.   *Like* ss; but before б, г, д, ж, з it is like z in zero, zeal, etc.: as, сборъ (zbor), a meeting; сжать (zjat́), to compress; сдать (zdat́), to deliver; сзади (zàdee), behind.

Т, т.   *Like* t; but acquires a *slightly hissing sound* when terminating words or syllables with the soft semi-vowel ь, like the t in beat ye: as, мать (mat́), mother. It is mute

ALPHABETICAL SOUNDS.   9

between с and и, as пòстный (pòssnœy), lenten.

У, у. *Like* the English oo in fool, tool, etc.

Ф, ф. *Like* ff.

Х, х. Pronounced like the Scotch ch in loch, and like the German *ch*.

Ц, ц. *Like* tsai.

Ч, ч. *Like* tshai.

Ш, ш. *Like* shah.

Щ, щ. *Like* shtshah. Before и it takes the sound of ш; as, помòщникъ (pomoshnic), assistant.

Ъ, ъ. Has no sound. Is used only to give its antecedent consonant a hard sound.

Ы, ы. Sounded œ or ooï, giving the i the longer sound.

Ь, ь. Has no sound. Serves to give to an antecedent consonant a soft enunciation.

Ѣ, ѣ. When accented and at the beginning of words
like yeh   or syllables—like ye in yet: as, ѣсть (yestь), to eat; ѣхать (yehatь), to drive. In the following words, though accented,
like yo   it has the sound of yo: гнѣзда (gnyòzda), nests; сѣдла (syòdla), saddles; звѣзды (zvyòsdœ), stars; подгнѣта (podgnyòta), fuel; процвѣлъ (protsvyòl), flowered; осѣдлый (osyòdlœy), settled; пріобрѣлъ (preobryòl), has acquired; поддѣвка (poddyòfka), undercoat of Russian peasant.

Э, э.   Like a in face.

Ю, ю.   Like u or you in your.

Я, я.   Like ya when it is not accented. At the beginning of syllables or words like yeh: as, за́яцъ (zàyets), a hare; яйцо́ (yeytsò), egg. The termination of the genitive яго is pronounced always yehva, as тре́тьяго (trètyehva).

N.B.—The terminations аго, ого are always, in like manner, òva.

Ѳ, ѳ.   Has the sound of ph, and is used only in words derived from the Greek, to represent the Greek letter θ.

Ѵ, ѵ.   Is almost obsolete. Used only in a few words of Greek origin.

§ 4.—Diphthong.

The only form of a diphthong in the Russian language is the й added to a vowel to lengthen its sound, like the English final y prolonged, as in сла́дкій (slàtkey), sweet; ступа́й (stoopäỳ), go thou. It is necessary, therefore, to bear in mind that all double vowels must be pronounced in two very distinctly separated syllables. Thus, бла́го-обра́зный (blago-obràzny), good-looking; бла́го-уха́ть (blago-oochàtь), to exhale sweet odour or incense. The vowel i is used only before a vowel or the semi-vowel й: as, стара́ніе (staràny̆eh), endeavour; си́ній (sèencey), blue (see alphabetical sounds of letters). The vowel и is used only before consonants: as, стихъ (steech), a verse; кни́га (knèega), a book. No Russian word ends with a consonant; a semi-vowel must always terminate the word so ending.

READING EXERCISE.

§ 5.—Words for Reading and Writing Exercise.

Ара́бъ,   Бу́ква,   Вы́года,   Гада́ть,
Arab,   letter of the alphabet,   profit,   to divine,

Деньщи́къ,   Ёжъ,   Жи́знь,   Зима́   Ико́на,
officer's manservant,   a hedgehog,   life,   winter,   an image,

Ію́нь,   Кла́дь,   Кла́дъ,   Ла́мпа,   Манёвръ,   Нога́,
June,   a load,   a treasure,   a lamp,   manœuvres,   a foot, a leg,

Опло́тъ,   Пра́вда,   Раска́тъ,   Солда́тъ,   Труба́чъ,
a hedge, a dam,   truth,   a slope,   a soldier,   a trumpeter,

Узда́,   Фехтова́ніе,   Хо́лмъ,   Цѣпо́чка,   Ча́ша,
a bridle,   fencing,   a hill, mount,   a small chain,   a bowl,

Ча́ща,   Шпо́ра,   Щи́тъ,   Ѣзда́,   Эскадро́нъ,
a thicket,   a spur,   a shield,   a ride,   squadron of cavalry,

Эска́дра,   Ю́нкеръ,   Ядро́,   Ѳеоло́гъ,
a squadron of ships,   under-lieutenant,   a common shot, a theologian,

Ѵпоста́съ.
hypostasis.

Capitals are used only:—

(1) For proper nouns *and in correspondence, for courtesy, for the second person plural.*

(2) For words forming the title of books or articles.

(3) For names of persons. For names of animals and inanimate objects forming the subject of fables.

(4) At the beginning of a discourse, or after a full stop.

(5) At the beginning of each line of verse.

§ 6.—Reading Exercises.

ПЧЕЛА́ И ГО́ЛУБЬ. *The Bee and the Dove.*

Пчелѣ́ хотѣ́лось пить; она́ прилетѣ́ла къ коло́дцу, что-
A bee was thirsty; she flew to a well, in

бы напи́ться, но была́ струёю унесена́
order to drink, but was by the stream carried away

и чуть не утону́ла. Го́лубь, замѣ́тивъ
and was nearly drowned. A dove, having perceived

э́то, подхвати́лъ древе́сный ли́стъ и бро́силъ его́ въ
this, picked up a leaf of a tree and threw it into

во́ду. Пчела́ схвати́ла ли́стъ и спасла́сь.
the water. The bee seized the leaf and saved herself.

Не до́лго затѣ́мъ Го́лубь сидѣ́лъ на де́ревѣ и
Not long afterwards the dove sat on a tree and

не замѣча́лъ, какъ Е́герь прицѣ́ливался въ него́
perceived not that a hunter aimed at him

ружьёмъ. Благода́рная пчела́, усмотрѣ́въ
with a gun. The thankful bee, having perceived

опа́сность, въ кото́рой находи́лся ея́ благодѣ́тель,
the danger in which was placed her benefactor,

подлетѣ́ла къ Е́герю и ужа́лила ему́ ру́ку.
flew at the hunter and stung him in the hand.

Вы́стрѣлъ пролетѣ́лъ ми́мо, и го́лубь былъ спасёнъ.
The shot flew (went) aside and the dove was saved.

ТРИ ПРІЯТЕЛЯ. The Three Friends.

(1) У одного́ человѣ́ка бы́ло три пріятеля.
Belonging to a man were three friends.
Двои́хъ изъ нихъ онъ о́чень люби́лъ. Одна́жды
Two of them he much loved. Once
онъ былъ при́званъ въ судъ пе́редъ судьёю,
he was summoned into court before the judge,
и, хотя́ не вино́венъ, но былъ си́льно обвиня́емъ.
and, though innocent, yet was hard accused.
"Кто изъ Васъ," спроси́лъ онъ, обраща́ясь къ
"Who among you," asked he, addressing (to)
свои́мъ това́рищамъ, "пойдётъ со* мно́ю и бу́детъ
his friends, "will go with me and will be
мои́мъ свидѣ́телемъ? И́бо, меня́ несправедли́во
my witness? For, me unjustly
обвиня́ютъ, и коро́ль се́рдится."
they accuse, and the king is angry."

(2) Пе́рвый изъ его́ това́рищей на́чалъ то́тчасъ
The first of his friends began immediately
извиня́ться, утвержда́я, что не въ состоя́нiи
to excuse himself, asserting, that (he was) unable
идти́ съ нимъ по слу́чаю друга́го ва́жнаго
to go with him on account of another important
дѣ́ла. Второ́й проводи́лъ его́ до вхо́да
business. The second accompanied him to the entrance

---

* Permutation of съ before мн (for euphony of diphthong).

суда, и затѣмъ повернулся и
of the court, and then turned (himself) and

ушёлъ, боясь сердитаго судьи. Третій,
went away, fearing the angry judge. The third,

на котораго онъ меньше всѣхъ надѣялся, вошёлъ
on whom he least of all relied, entered

съ нимъ въ судъ, былъ свидѣтелемъ ему
with him into the court, was witness for him,

и далъ своё показаніе такъ отчётливо и охотно,
and gave his evidence so clear and willingly,

что судья освободилъ и наградилъ обвиняемаго.
that the judge liberated and rewarded the accused.

(3) На этомъ свѣтѣ человѣкъ имѣетъ трёхъ
In this world man has three

пріятелей; посмотримъ, какъ они обойдутся съ нимъ,
friends; let us see, how they treat him,

когда Господь призываетъ его къ своему Суду.
when God summons him to his tribunal.

(Золото) деньги, первый его пріятель (другъ),
(Gold) money, first his friend,

покидаетъ и не сопровождаетъ его. Родные
forsakes and does not accompany him. Relations

и знакомые его сопровождаютъ до входа
and acquaintances his accompany to the entry

въ могилу, и затѣмъ возвращаются домой.
of the grave, and then return home.

Третій пріятель, котораго онъ всего больше въ
The third friend, whom he of all mostly in

ACCENTUATION. 15

жизни	забывалъ,	это	добрыя	дѣла	его;	они
life	forgot,	that (is)	good	works	his;	they

одни	сопровождаютъ	его	до	суда	Божьяго;
alone	accompany	him	to	the judgment (court)	of God;

они	предшествуютъ	ему,	говорятъ	за	него,	и
they	go before	him,	speak	for	him,	and

достигаютъ	милосердія	и	помилованія	для него.
obtain	mercy	and	grace	for him.

§ 7.—Remarks on Accent and Accentuation.

As the accentuation of words in the Russian language was not originally laid down according to fixed rules, but was rather the consequence of an undefined feeling and tact, no fixed rules for accentuation can be given, and the pupil must acquire the method by habit.* Sometimes the accent falls on the preposition or adverb preceding the word, and the word itself, without accent, becomes coherent with the preposition or adverb; as, изъ-дому, from home (to distinguish it from изъ-дома, out of the house); на-возъ, upon the cart-load; на-руку, in hand; на-руки, in the arms.

Examples:—

Я далъ деньги ему на-руку.
I gave the money to him in hand.

Дайте мнѣ ребёнка на-руки.
Give (me) the child into (my) arms.

---

* To assist the student in the accent, all Russian words in this work will be accentuated, and he must be particular to give the accented vowel its correct sound. This can be done effectively by "slurring" all the other vowels.

Пò-саду, in the garden (walking in the garden); нà-голову, on the head. Пò-плечу, up to, or slightly on, the shoulder. Нè-хотя, unwillingly.

Examples:—

    Онъ похлопалъ его   пò-плечу.
    He   tapped   him on the shoulder.

    Вода мнѣ   пò-плечу.
    The water is up to my shoulder.

§ 8.—Employment of the Vowels E and Ѣ.

The employment of the two vowels e and ѣ is somewhat confusing, and must be acquired chiefly by ocular memory, as the frequent identity of sound is misleading. The following rule may, however, assist the student in ascertaining which of the two vowels is required in a given word.

The vowel e being frequently pronounced yo or like o,* and the sound of the ѣ seldom changing when accented, the student, to ascertain which of the two vowels must be employed, should endeavour to find an inflection or a word where the doubtful vowel is accented. Thus:—

Слеза̀, *not* слѣза, because in the plural
    it has . . . . . слёзы.

Ель, словый, *not* ѣль, ѣловый, because
    in the diminutive it has . . ёлка.

Березнякъ, берёзникъ, *not* бѣрѣзникъ,
    because the root is . . . берёза, a birch.

---

* See Alphabetical Sounds.

Лѣдникъ, лѐдовитый, *not* лѣдникъ,
because the root is . . . лёдъ, ice.

Твердить, *not* твѐрдить, because the
root is . . . . . твёрдо, hard.

Плеть, плесть, *not* плѣть, because the
root is . . . . . плётка, a lash (dim.)

Гнѣсть, угнетѐніе, *not* гнѣсть, because
the root is . . . . гнётъ, press.

§ 9.—No Article employed.

There is no article in the Russian language, but there are the following words or prepositions without vowels:—въ, къ, бъ, жъ, съ, and ль, which are inflected into the first or last syllable of the word following them—as, съ-нѐба, from the sky; въ-садў, in the garden; къ-окнў, to the window: or into the penultimate or the last syllable of the word preceding them—as, чтò-бъ, in order to; ѐсли-бъ, if it were; однàко-жъ, but after all; тòчно-ль, is it really, etc.

§ 10.—Metaplasm or Inflection and Permutation of Letters.

Many words assume different meanings by particular inflections, which are either constant or accidental. These inflections undergo, for facilitating pronunciation, a metaplasm, sometimes necessitating a change of the final letter of the radical word or root. These metaplasms or alterations in the letters consist of—

(1.) The permutation or exchange of letters.

(2.) The epenthesis or insertion of additional letters.

c

(3.) Syncope or extraction of certain letters.

(4.) Apocope or abbreviation of words.

Permutation of letters consequent on the "in-alliability" of certain vowels with certain consonants. For example, the consonants ж, ч, ш, щ, г, к, and х, when terminating a word, cannot be allied with some vowels. Thus:

(1.) The hissing consonants ж, ч, ш, щ, cannot be followed by the soft vowels я and ю, and the latter must be exchanged for their hard counterparts а and у: as, чáша, a cup; щýка, a pike—not чашя, щюкя. Again, in the accusative: чашу, щуку—not чашю, щукю.*

(2.) The same consonants, though following the hard termination in the declension, do not admit of ы, but take и after them; as, дорóга, a road; дорóги (plur.)—not дорóгы. Рукá, a hand; рýки (plural)—not рýкы. Чáша; plural чáши—not чáшы. Щýка; plural щýки—not щýкы. Черепáха, a tortoise; plural черепáхи—not черепáхы.

(3.) *The Guttural* and Dental consonants are subject to the following permutation:—

(a.) *The Guttural* г, к, х are mollified into the Dental з, с, ц, and the hissing consonants ж, ч, ш, щ; as—

  Другъ, friend. Ликъ, image.
  Друзья, friends. Лицó, a face.
  Дрýжескій, friendly. Лúчный, personal.

   Трýхнуть, to fear slightly.
   Трýсить, to fear.
   Я трýшу, I fear.

---

* Foreign words are sometimes an exception to this rule. Thus брошюра is written with ю and not у, to obtain the exact French sound of the syllable.

APOCOPE AND EPENTHESIS.

(*b.*) *The Dental* д permutes into жд and ж; the т into щ and ч; as—

Судѝть, to judge.
Сужде́ніе, judgment.
Я сужу́, I judge.

Свѣ́тъ, light.
Освѣща́ть, to illuminate.
Свѣча́, a candle.

(4.) Some consonants permute into others for the same reason.

(*a.*) The Guttural г and к before the termination of the infinitive ть turn into ч and efface the т; as—

Бере́чь (береч-ть), to preserve.
Я берегу́, I preserve.

Течь (тек-ть), to leak.
Теку́щій, current (adj.).

(*b.*) Ск is permuted into ст and щ before some vowels and к into т; as—

Пуска́ть, пустѝть, to let.
Плеска́ть, to splash.
Пау́къ, a spider.

Я пущу́, I shall let.
Я плещу́, I splash.
Паутѝна, cobweb.

(*c.*) The Dental д and т turn into с before т and л; as—

Я веду́, I lead.
Вестѝ, to lead.
Гудѣ́ть, to play on dulcimer.

Я плету́, I plait.
Плесть, to plait.
Гу́сли, dulcimer.

(*d.*) The vowel о changes into е after ж, ч, ш, щ, and ц; as—

Птѝца, a bird.
Ко́жа, leather.

Птѝцею (*Instr. case*).
Ко́жею (do.).

Epenthesis, or the addition of a vowel or consonant for the sake of euphony, occurs in the following manner:—

(*a.*) The vowels е, и, and о are epenthesised or they permutate as follows:—

The verb бра́ть, to take, has беру́, I take.
The verb собира́ть, to collect, has собо́ръ, a cathedral.

(*b.*) The consonants в, н, and sometimes д and т, are inserted thus:—

Осемь, eight, is invariably written восемь, and so likewise all derivatives: восьмо́й, eighth; восемна́дцать, eighteen.

О́стрый, sharp (the old-fashioned way of spelling it), is now written во́стрый. Вострить, to sharpen.

Къ нему́ is written, instead of the regular form, къ-ему́, to him.

Объя́тіе, an embrace; объя́ть, to embrace, have—я обнима́ю, I embrace.

Ого́нь, fire, drops the second о in the declensions; as, Poss. Огня́, of the fire, Dat. Огню́, Inst. Огнёмъ, Prep. Объ огнѣ́.

(*c.*) The labial consonants б, в, м, п, ф, under the influence of some soft vowels, have for the same reason л introduced after them:—

Люби́ть, to love.   Лови́ть, to catch.   Купи́ть, to buy.
Я люблю́, I love.   Я ловлю́, I catch.   Я куплю́, I will buy.

Syncope, or the extraction of certain letters:—

(1.) The "fugitive" vowels о and е disappear thus:—

Оте́цъ, father.   Poss. отца́.   Dat. отцу́.   Inst. отцёмъ.
У́голъ, the corner.   „ угла́.   „ углу́.   „ угло́мъ.

(2.) The consonants in some words are also subject to elision, thus:—

(*a.*) In forming the past tense of a verb the radical д and т are dropped before лъ, ла, ло; as—Па́дать, to

SYNCOPE. 21

fall; онъ палъ, he fell; она пала, she fell; оно пало, it fell: instead of падлъ, падла, падло.

Плесть, to plait, онъ плёлъ, instead of плетлъ.

(*b.*) The л (termination of the past tense) disappears when preceded by the guttural consonants г, к, х, and б, п, р, з, с; as—

Мочь, (могать,) to be able.

Past tense.

Я могъ, I could,   instead of моглъ.
Ты могъ, thou couldst,   „   „
Онъ могъ, he could,   „   „

But она могла, she could; оно могло, it could, retake the л, euphony being reinstated by the *a* and *o* following.

The following words drop the л in the past tense:—

Умолкать, to hush; past tense, я умолкъ, not умолклъ.
Оглохнуть, to become deaf; past, я оглохъ, not оглохлъ.
Погибнуть, to perish; past, я погибъ, not погиблъ.
Прилипнуть, to adhere; past, прилипъ, not прилиплъ.
Умереть, to die; past, умеръ, not умерлъ.
Везти, to convey; past, вёзъ, not везлъ.
Нести, to carry; past, нёсъ, not неслъ.

(3.) г, к, and т are eliminated before the verbal affix *ну* (denoting future tense):—

Двигать, to move; я двину, I will move: not двигну.
Плескать, to splash; я плесну, I will splash: not плескну.
Блестѣть, to shine; я блесну, I will shine: not блестну.

Apocope is the abbreviation of words; as—

Что-бъ instead of что-бы, that .... may or must.
Когда-бъ   „   когда-бы, had (if it had happened).

Examples:—

Прикажи́те, что-бъ онъ э́то сдѣ́лалъ.
Tell him to do it (that he must do it).
Когда́-бъ я зналъ.
Had I known.

§ 11.—The Substantives.

Substantives in their declensions are subject to changes in their terminations or inflections; as—

Учени́къ-ъ,   учени́к-а́,   учени́к-у́,
A scholar,   of a scholar,   to a scholar,

of which the inflections are ъ, а, у, and the radical part or theme is учени́к.

There are seven cases:—

Nominative—Answering to the questions Кто? (who?) что? (what?) as—

Who is learning? The scholar.
Кто у́чится?   Учени́къ.

What is before him? The table.
Что пе́редъ нимъ?   Столъ.

Genitive—Кого́? (whose?) чего́? (of which?) as—

Whose is this pencil?   The scholar's.
Кого́ э́тотъ каранда́шъ?   Ученика́.

SUBSTANTIVES.

Dative—Кому̀? (to whom?) чему̀? (to which? to what?) as—

To whom has the tutor given the book? To the scholar.
Кому̀ учи́тель да́лъ кни́гу? Учени́ку̀.

To what is the leg attached? To the table.
Къ чему̀ но́жка придѣ́лана? Къ столу̀.

Note a.—There are no auxiliary verbs in the present tense in Russian; the only one, быть (to be), is used only in the past and future tenses, былъ and бу́ду, to denote the past and future.

Accusative—Кого̀? (whom?) что? (what?) as—

Whom did the tutor punish? The scholar.
Кого̀ учи́тель наказа́лъ? Учени́ка̀.

What has the scholar broken? The table.
Что учени́къ слома́лъ? Столъ.

Note b.—The Accusative is like the Genitive for Nouns animate, and like the Nominative for Nouns inanimate or abstract, except in the singular of feminine Nouns.

Instrumental—Кѣмъ? (by whom?) чѣмъ? (by or with what?) as—

By whom was the tutor insulted? By the scholar.
Кѣмъ былъ учи́тель оскорблёнъ? Ученико́мъ.

With what did he write this? With the pen.
Чѣмъ онъ написа́лъ это? Перо́мъ.

Prepositional—О комъ? (about whom?) о чемъ? (about what?)

О комъ учи́тель ду́маетъ? Объ учени́кѣ.
Of whom is the tutor thinking? Of the scholar.

О чёмъ   они спорятъ?   Объ урокѣ.
About what are they arguing?   About the lesson.

Vocative—Is like the Nominative, and is used only for a few Church Slavonic words; therefore we shall treat of six cases only.

§ 12.—Gender.

There are three genders—Masculine, Feminine, and Neuter—distinguished by their terminations.

Those of the *Masculine* are ъ, й, and ь.

    Человѣкъ,   чай,   царь,
    A man,   tea,   Czar.

Those of the *Feminine* are а, я, and ь.

    Вода,   земля,   кость,
    Water,   earth,   a bone.

Those of the *Neuter* are о, е, and мя, and the word дитя, a child.

    Окно,   поле,   время,
    A window, a field,   time.

NOTE *a*.—Substantives derived from *masculine* Nouns and ending in the *feminine* termination а and я, belong to the *masculine* gender; so do such Nouns ending in ь. A few of the latter, however, cannot be distinguished from the feminine by foreign students except by habit, such as конь (masc.), a horse, and лошадь (fem.), a horse—two different genders irrespective of the animal gender.

NOTE *b*.—Some Nouns are used occasionally in an augmentative and diminutive sense, as—

    Домъ—домище (augm.)   Домикъ (dim.)
    A house—a large unwieldy house.   A neat little house.

DECLENSIONS.

These Nouns, irrespective of their termination, belong to their original genders.

§ 13.—Declensions.

We propose to divide Nouns according to their terminations into four Declensions:—

To the First.—Nouns ending in ъ, й, о, е, and ь (masc.), as—

Рабъ,	полкъ,	сарай,	гость,
A slave,	a regiment,	a coachhouse,	a guest,
	слово,	поле,	
	a word,	a field.	

To the Second.—Those ending in а and я, a few masculine, but principally feminine, as—

Вода,	кожа,	земля,	мужчина (masc.)
Water,	leather,	earth,	a man.

To the Third.—Those in ь feminine, and the word путь (a way, a journey), which is masculine.

Мать,	кость,	ночь,	and	путь,
Mother,	a bone,	night,		a journey.

To the Fourth.—Those in мя, and the word дитя (a child).

Время,	знамя,	стремя,	дитя,
Time,	regimental colours,	a stirrup,	a child.

NOTE.—The first and second Declensions are subdivided into—

(1) Hard terminations—ъ, а, and о.
(2) Soft terminations—ь, е, й, and я, including Nouns ending with the hissing consonants ж, ч, ш or щ; as—

Кожа, leather; ключъ, a key; плащъ, a cloak.

First Declension (Первое склоненіе).

Words terminating in ъ, й, о, е, and in ь of masculine gender.

Singular Number (Единственное число).

	Hard term. in ъ and о.			Soft term. й, е, ь, and the hard preceded by a hissing consonant.			
N.	Рабъ	Полкъ	Слово	Сарай	Гость	Поле	ключъ
G.	—а́	—а́	—а	—я	—я	—я	—а́
D.	—у́	—у́	—у	—ю	—ю	—ю	—ю́
Acc.	Like the Genitive or Nominative.			(See § 11, note b.)			
Ins.	—омъ	—омъ	—омъ	—емъ	—емъ	—емъ	—омъ
Prep.	О рабѣ	—ѣ	—ѣ	О сараѣ	—ѣ	—ѣ	—ѣ

Plural Number (Множественное число).

N.	Рабы́	Полки́	Слова́	Сараи	Гости	Поля	ключи́
G.	—овъ	—овъ	—ъ	—евъ	—ей	—ей	—ей
D.	—амъ	—амъ	—амъ	—ямъ	—ямъ	—ямъ	—ямъ
Acc.	Like the Nominative or Genitive.			(See § 11.)			
Ins.	—ами	—ами	—ами	—ями	—ями	—ями	—ами
Prep.	О рабахъ	о полкахъ	о словахъ	О сараяхъ	о гостяхъ	о поляхъ	о ключахъ

§ 14.—Observations on the First Declension.

1. The soft terminations differ in their declension from the hard by the substitution of soft vowels for their counterpart hard ones. This takes place to suit the soft inflections and in order to admit the enunciation of the hissing letters. See "Permutation," § 10.

2. **The Genitive Plural** has the following terminations:—

(*a.*) For all Neuter Nouns of hard termination, ъ.
(*b.*) For all Masc.   „   „   „   овъ.
(*c.*) For all Nouns ending in й   „   евъ.
(*d.*) For all other Nouns of soft termination,   ей.

3. **The Masculine Singular.**

(*a.*) Some Nouns ending in ъ or й, when they express divisible matter, have for the Genitive the Dative termination у or ю, instead of а or я; as—

Сáхаръ, sugar.   Фунтъ сáхару (Gen.), a pound of sugar.
Чай,   tea.   Чáшка чáю (Gen.), a cup of tea.

But when otherwise employed, these words retain their regular inflection; as—

Цвѣтъ чáя, зелёный,   the colour of tea is green.
Вкусъ сáхара, слáдкій, the taste of sugar is sweet.

(*b.*) Other similar Nouns take the following exceptions in the Prep. case:—

(1.) When answering to the question Where? (гдѣ?) they take the Dative, with the accent on the last syllable; as—

    Where is the enemy?   In the wood.
    Гдѣ непріятель?   Въ лѣсу́.

The following Nouns are included in this rule:—

(i.) *Requiring the Preposition* на *before them.*

Балъ, a ball (dance).   Берегъ, a shore.   Бокъ, a side.
Глазъ, an eye.   Лобъ,* forehead.   Лугъ, meadow.
Мостъ, a bridge.   Полъ, a floor.   На полу́.

(ii.) *Requiring the Preposition* въ.

Лѣсъ, a wood.   Полкъ, a regiment.   Рай, paradise.
Ротъ,* mouth.   Садъ, a garden.   Шканъ, a cupboard.

(2.) When answering to Whither? (куда?) they take the Acc. (*like the Nomin. for inanimate objects*); as—

    Whither did the enemy go?   To the wood.
    Куда́ непрія́тель ушёлъ?   Въ лѣсъ.

(3.) When answering to the questions Of what? about what? (о чемъ?), Of whom? about whom? (о комъ?), they retain the original inflection of the Prepositional case, *i.e.* ѣ; as—

    I speak of the wood.   Я говорю́ о лѣсѣ.

4. The Masculine Plural.

(*a.*) The Nom. plur. of some Nouns which end in ъ, ь, and й in the singular, is formed by changing these terminations into а or я (instead of ы or и) and transferring the accent on to the last syllable; as—

Го́родъ,   города́,   Ле́карь,   лекаря́,
A town,   towns.   A doctor,   doctors.

Край,   края́,   Сто́рожъ,   сторожа́,
A country, countries (lands). A watchman, watchmen.

Бе́регъ,   берега́,   Учи́тель,   учителя́,
A shore,   shores.   A teacher,   teachers.

---

* Лобъ has на лбу, лба, лбомъ, лбѣ, etc., not на лобу, etc. Ротъ has на рту, рта, ртомъ, ртѣ, etc., not на роту, etc.

THE FIRST DECLENSION.   29

(*b.*) Some Nouns in ъ and ь have ья and овья for the Nom. plur., and retain this construction for the other plural cases, except the Gen., which sometimes has ей, dropping the ь, instead of евъ; as—

Nom. sing.	Nom. pl.	Gen. pl.	Dat. pl.	Prep. pl.
Братъ,	братья,	братьевъ,	братьямъ,	о братьяхъ.
Уголь,	уголья,	угольевъ,	угольямъ,	объ угольяхъ.
Сынъ,	сыновья,	сыновей,	сыновьямъ,	о сыновьяхъ.
Князь,	князья,	князей,	князьямъ,	о князьяхъ.
Другъ,	друзья,	друзей,	друзьямъ,	о друзьяхъ.

Листъ, a leaf of a tree, has листья, листьевъ, листьямъ, etc.
Листъ, a sheet of paper, has листы, листовъ, листамъ, etc.

(*c.*) Nouns terminating in анинъ and янинъ form their Nom. plur. by changing инъ into е; as—

Гражданинъ,   граждане,   Крестьянинъ,   крестьяне,
A citizen,   citizens.   A peasant,   peasants.

and follow the declension of words ending in o for the other plural cases; as—

Gen.   Гражданъ,   Крестьянъ,
Dat.   Гражданамъ.   Крестьянамъ.

(*d.*) The names of young animals are formed, with few exceptions, by adding ёнокъ to the root of the Noun, and these change ёнокъ into ята for the Nom. plural, retaining the inflection ят for all the other plural cases; as—

Тёл-ка,   тел-ёнокъ,   телята,   телятъ,
A heifer,   a calf,   calves,   of the calves,
   телятамъ,   о телятахъ,
   to the calves,   about the calves.

Жереб-ецъ, жереб-ца, жереб-ёнокъ, жереб-ята, жереб-ятъ.
A stallion, of a stallion, a foal, the foals, of the foals.

	Пòроз-ъ,	пòроз-а,
	A boar,	of a boar.
Порос-ёнокъ,	порос-ята,	порос-ятъ,
A sucking pig,	sucking pigs,	of sucking pigs.
	Козёл-ъ,	коз-ла,
	A he-goat,	of a goat.
Козл-ёнокъ,	козл-ята,	козл-ятъ,
A kid,	kids,	of the kids.
	Гус-ь,	гỳс-я,
	A goose,	of a goose.
Гус-ёнокъ,	гус-ята,	гус-ятъ,
A gosling,	the goslings,	of the goslings.
	Орёл-ъ,	орл-à,
	An eagle,	of an eagle.
Орл-ёнокъ,	орл-ята,	орл-ятъ,
An eaglet,	eaglets,	of the eaglets.
	Ỳт-ка,	ỳт-ки,
	A duck,	of a duck.
Ут-ёнокъ,	ут-яти,	ут-ятъ,
A duckling,	ducklings,	of the ducklings.

(e.) Some Nouns ending in ъ in the Nom. sing. retain the same termination for the Gen. plur.; as—

Солдàтъ (*Nom. sing.*) рòта солдàтъ (*Gen. plur.*).
A soldier   a detachment of soldiers.

Сапòгъ   „ онъ купѝлъ пàру сапòгъ (*Gen. plur.*).
A boot   he bought a pair of boots.

N.B.—The following exceptional plurals should be noted:—
Господѝнъ, госпудà, госпòдъ (Gen.). Хозяинъ, хозяева, хозяевъ (Gen.).

THE FIRST DECLENSION.

Чуло́къ (*N. sing.*) она́ вя́жетъ па́ру чуло́къ (*Gen. pl.*).
A stocking   she is knitting a pair of stockings.

N.B. — Сосѣ́дъ (a neighbour) and чёртъ (devil) are declined in the plural like Nouns with the soft termination ь; as—

Сосѣ́ди,	сосѣ́дей,	сосѣ́дямъ,	сосѣ́дями.
Чёрти,	чертей,	чертя́мъ,	чертя́ми.

5. The Neuter Gender.

(*a.*) The following Nouns, though ending in о (Nom. sing.), have ья for their Nom. plur.:—

Де́рево, крыло́, перо́, полѣ́но, ши́ло,
A tree, a wing, a pen, a feather, a log of wood, an awl;
as—

I spoke of the trees, Я говори́лъ про дере́вья (Accus.).

The leaves of the trees are falling.
Ли́стья дере́вьевъ (Gen.) па́даютъ.

The eagle has great power in his wings.
Орёлъ имѣ́етъ большу́ю си́лу въ свои́хъ кры́льяхъ.

Goose pens (quills) are now used instead of
Гуси́ныя пе́рья тепе́рь употребля́ются вмѣ́сто
steel pens.
стальны́хъ пе́рьевъ (Gen.).

This pen is made from the feather of a goose-wing.
Э́то перо́ сдѣ́лано изъ пера́ гуси́наго крыла́.

(*b.*) Nouns ending in ко have ки in the Nom. plur.; except Во́йско, an army, and о́блако, a cloud, which have Войска́ (plur.), облака́ (plur.).

Ex.:—Я́блоко, an apple,   я́блоки, apples.
Ушко́, an ear (dim.),   ушки, ears.

(c.) Nouns in ie (Nom. sing.) take ій for the Gen. plur.; as—

Зва́ніе, profession,   зва́ній, of the professions.

(d.) Nouns ending in ье have ьевъ generally in the Gen. plur.; as—

У́стье, mouth of a river,   у́стьевъ.

Exceptions:—

Ружьё,	ружей,	ру́жьямъ.
A gun,	Gen. plur.	Dat. plur.
Питьё,	питей,	питьямъ.
A drink,	Gen. plur.	Dat. plur.
Копьё,	ко́пій,	о ко́пьяхъ.
A lance,	Gen. plur.	Prep. plur.

and a few others. Помѣстье (an estate) has помѣстьевъ and помѣстій (Gen. plur.).

(e.) Nouns ending with the hissing consonants (ж, ч, щ, or ш), or ц in the last syllable, take ъ in the Gen. plur., like Nouns of the hard declension; as—

Учи́лище,   учи́лищъ,   объ учи́лищахъ,
A school,   of the schools,   about schools.

Лицо́,   лицъ,   о ли́цахъ,
A face, a person,   of the faces,   about persons.

N.B.—Не́бо (the sky) and чу́до (a wonder) are declined in the plural—

Небеса́, небе́съ, небеса́мъ, небеса́ми, о небеса́хъ.
Чудеса́, чуде́съ, чудеса́мъ, чудеса́ми, о чудеса́хъ.

EXERCISE ON FIRST DECLENSION.

Окò, an eye (in poetry), and ўхо, an ear, have in the plural—

Òчи, очѐй, очàмъ, etc.   Ỳши, ушѐй, ушàмъ, etc.

N.B.—The student will observe that words of the regular declension ending in o and e adopt for their Nom. and Acc. plur. the termination of their Gen. sing. with the accent reversed :—

		Gen. sing.	Nom. and Acc. pl.
A word	Слòво,	словà,	слòва.
A window	Окнò,	окнà,	òкна.
Cloth	Сукнò,	сукнà,	сỳкна.
A village	Селò,	селà,	сёла.
A field	Пòле,	полuя́,	полuя́.
The sea	Мòре,	мòря,	моря́.
A troop	Вòйско,	войскà,	войскà.
A gun	Ружьѐ,	ружья́,	рỳжья.
A cloud	Òблако,	òблака,	облакà.

§ 15.—First Exercise (Первый Урокъ).

On the First Declension.

Correct the irregularities in the spelling and inflections of the following Nouns, and give the rule :—

Мỳжъ (a husband), мýжя, мýжю, мýжы.
Стòрожъ (a watchman), стòрожы, стòрожѐвъ, стòрожѐю.
Мужы́къ (a peasant), мужыкы́, мужыкю́, мужикя́.
Пòжыкъ (a knife), нòжыкы, нòжыкями, нòжыкю.
Пирòгъ (a pie), пирогы́, пирогѐй, пирогя́ми.
Сапòгъ (a boot), сапогы́, сапогю́, сапогя́, сапогѐй.
Мечъ (a sabre), мèчы, мечя́, мечью́, мечья́мъ, мечя́хъ.
Чинъ (rank), чы́ны, чы́ню, чы́нями, о чи́няхъ.

Числó (a number), числю́, числя́, числю́, число́въ.
Плáщъ (a man's cloak), плащá, плáща, плáщы.
Пóрохъ (gunpowder), пóроха, пóроху, пóрохы.
Тесáкъ (a short sword), тесакы́, тесакю́, тесакя́.
Вóйско (an army), войскы́, войско́въ, войскя́мъ.
Я́блоко (an apple), я́блоки, я́блоковъ, я́блокамъ.
Солдáтъ (a soldier), солдáтовъ, солдáты, солдáтамъ.
Сосѣ́дъ (a neighbour), сосѣ́довъ, сосѣ́ды, сосѣ́дамъ.
Чёртъ (a devil), чёртовъ, чёрты, чёртамъ.

§ 16.—Words (*Слова*).*

Король,	a king.	Сапо́жный	a bootmaker.
Домъ,	a house.	мáстеръ,	
До́ма,	at home.	Солдáтъ,	a soldier.
Дворе́цъ,	a palace.	Сѣ́но,	hay.
Дворъ,	a courtyard, a court.	Конь,	a charger.
		Офице́ръ,	an officer.
Со-дворá,	out of doors.	Полко́вникъ,	a colonel.
Дво́рникъ,	a house-porter.	Генерáлъ,	a general.
Хлѣ́бъ,	bread.	Капитáнъ,	a captain.
Столъ,	a table.	Маіо́ръ,	major.
Стулъ,	a chair.	Подполков-	lieut.-colonel.
Часъ,	o'clock.	никъ,	
Часы́,	clock or watch.	Командíръ,	chief in com-
Сапо́жникъ,	a cobbler.		mand.
Ку́шать,	to eat (used for politeness when addressing a person), as, Вы ку́шаете, you eat.		
Ѣсть, to eat: as, Я ѣмъ, I eat.			

И, and; да, yes; нѣтъ, no; не, not; есть, is; гдѣ, where.

---

* These words preceding the Exercises for Translation are to be well committed to memory.

FIRST DECLENSION.

Этотъ, this; эти, these.   Тотъ, that; тѣ, those.
Эта (fem.); это (neut.).   Та (fem.); то (neut.).

§ 17.—First Declension.

To interrogate, the particle ли is added to the verb; as—
Has he? есть-ли у него?   имѣетъ (has) -ли онъ?
Have you? есть-ли у Васъ?   имѣете (have) -ли Вы?

The particle ли is omitted with an interrogative pronoun or adverb; as—
    Who is this man?   Кто этотъ человѣкъ?
    Where is the ammunition?   Гдѣ снарядъ?
When was he at your house?   Когда онъ былъ у Васъ?

The present tense of the verb to be (быть) is not used. *There is* and *there are* are expressed by есть; as—
    A house is not a palace.
    Домъ .. не дворецъ.
    The gunpowder is in the cartridge.
    Порохъ .. въ патронѣ.

Есть-ли у Васъ домъ?   *Есть*-ли у Васъ дома? (plur.)
Are there soldiers in the palace? Есть-ли солдаты во дворцѣ? (во instead of въ, for euphony.)

I have,	У меня есть.	I possess,	Я имѣю.
Thou hast,	У тебя есть.	Thou possessest,	Ты имѣешь.
He } has,	У него }	He } possesses,	Онъ }
She	У ней } есть.	She	Она } имѣетъ.
It	У него }	It	Оно }
We have,	У насъ }	We possess,	Мы имѣемъ.
You have,	У Васъ } есть.	You possess,	Вы имѣете.
They have,	У нихъ }	They possess,	{ Они имѣютъ. Онѣ (fem.) ,,

Have you not? Нѣтъ-ли у Васъ? Не имѣете-ли Вы?

When before a Noun, *y* governs the Genitive case; as—

У солдата патронъ. У солдатъ патроны.

When an interrogation or assertion is made with the negative нѣтъ (is not), the objective Noun is in the Genitive; as—

Нѣтъ-ли у Васъ ножика? У меня нѣтъ ножика.

But *не* requires the Nominative after it; as—

Этотъ мечъ не ножикъ. Солдатъ не офицеръ.
Не офицеръ-ли онъ? Is he not an officer?

The object likewise takes the Genitive when it is represented by divisible matter, and is rendered into English with the adverb "some;" as—

Have you some bread? Есть-ли у Васъ хлѣба?
Have you *the* bread? Есть-ли у Васъ хлѣбъ? (Nom.)

Человѣкъ (man) has люди in the plural; and when meaning "mankind," it retains this form for the other cases plural. For the different applications of людей and человѣкъ, see "Alexándrof's Dictionary."

N.B.—The following Numerals of all genders—два (two), три (three), четыре (four)—when in the Nominative govern the Noun in the Genitive *singular*; as, Два человѣка, двадцать два человѣка, три дома, четыре сапога. Five and upwards govern the Genitive *plural*.

§ 18.—Reading Exercise (Урокъ для чтенія).

Король во дворцѣ. Дворникъ ѣстъ хлѣбъ. Офицеръ и солдатъ. Есть-ли у дворника ножикъ? Да, у него три ножика. Нѣтъ-ли у сапожника сапоговъ? Я ѣмъ хлѣбъ. Вы кушаете пирогъ. Нѣтъ-ли у Васъ хлѣба? Да, у меня есть хлѣбъ. Этотъ человѣкъ не солдатъ. Не солдатъ ли этотъ человѣкъ? Этотъ домъ дворецъ. Порохъ въ патронѣ. Ножи, ножики (dim.) и мечи. Дворникъ на дворѣ. Есть-ли дворники на дворѣ? Нѣтъ-ли дворниковъ на дворѣ? Нѣтъ, они ушли (have gone) со-двора. Мужчина и женщина (man and woman). Человѣкъ ѣстъ хлѣбъ. Полки солдатъ. Ручка стула. Ножки стола. Который часъ? Два часа. Пять часовъ. Три часа. Часъ. Есть-ли у маiора часы? Нѣтъ-ли у генерала часовъ? Сколько (how many) у Васъ часовъ? Сѣно мужика. Дома мужиковъ. Друзья мужика и солдата на дворѣ.

§ 19.—Exercise for Translation (*Урокъ для перевода*).

This regiment and these soldiers. The number of this regiment. The cartridge of this soldier. Has he a gun? Has he not a gun? No, he has not a gun. Yes, he has a gun. This man is a soldier. I am eating (I eat) bread. You do not eat the pie. He is at home. He is not at home. Is he at home? Is he not at home? The yard-porter is in the yard. The soldier is gone (пошёлъ) into the yard. Has the soldier cartridges? No, he has no cartridges. And the officer has no sabre. The soldier has a pound of tea. Will you have (желаете-ли) a cup of tea? Bring (принесите) some sugar. The colour of this sugar is yellow (жёлтый). The regiment is in the wood. Where is the enemy? In the wood. Whither did the troops go? They have gone (они ушли) into the wood. About what are you talking (Вы говорите)? About the wood. Have you not some bread? I have no bread. Have you some bread? Have you the bread? Have you a knife? Have you not a knife? Yes, I have a knife. No, I have not a knife. This man is a soldier. This man is not a soldier. These are officers and not soldiers. These are houses and those are palaces. This house is the cobbler's. These boots are the cobblers' (plur.). A regiment of soldiers. The troops have no guns. Have the troops any guns? The house-porter is at home. The house-porter is in the house.

§ 20.—Conversation (Разговоры).

Дома ли офицеръ?	Нѣтъ, его нѣтъ дома.
Онъ во-дворѣ?	Нѣтъ онъ ушёлъ со-двора.
Эти дома дворцы?	Да они дворцы короля.
Дворникъ на дворѣ?	Нѣтъ онъ въ своёмъ домѣ.
Есть-ли у него домъ?	Нѣтъ у него нѣтъ дома.
Солдатъ пошёлъ домой?	Нѣтъ онъ пошёлъ въ домъ офицера.
У офицера-ли онъ?	Да онъ въ домѣ офицера.
Онъ пошёлъ къ нему на-домъ?	Да онъ у него.
Есть-ли у солдата патроны?	Нѣтъ у него нѣтъ патроновъ.
Есть-ли у офицера плащъ?	Нѣтъ, у него нѣтъ плащей.
Эти сапоги сапожниковъ?	Нѣтъ они сапоги офицеровъ.
Гдѣ солдатъ съ мечёмъ?	Онъ въ своёмъ полку (Prep.).
Полковникъ дома?	Нѣтъ онъ пошёлъ въ полкъ (Acc.).
Есть-ли у Васъ ножики?	Нѣтъ у насъ есть ножи.
Нѣтъ-ли у Васъ ножиковъ?	Нѣтъ у насъ нѣтъ ножей.
Кушаете-ли Вы хлѣбъ?	Нѣтъ я его не ѣмъ.
Ѣстъ-ли конь сѣно?	Да онъ его ѣстъ.
Въ которомъ часу Вы кушаете?	Въ два часа.
Который часъ?	Пять часовъ.
Сколько у Васъ часовъ?	У меня двое часовъ.
Сколько оконъ во-дворцѣ?	Двадцать два окна.
Гдѣ Ваши братья?	Они смотрятъ изъ оконъ дворца.

§ 21.—Second Declension (Второе Склоненіе).

Words ending in а and я, Feminine and Masculine.

Singular.

	Hard termination а.			Soft termination я, changing into а when preceded by a hissing consonant.		
N.	Водá	Мужчи́на	Ногá	Землá	Кóжа	Ханжá
G.	——ы́	——ы	——и́	——и́	——и	——и́
D.	——ѣ́	——ѣ	——ѣ́	——ѣ́	——ѣ	——ѣ́
Acc.	Вóду	——у	Нóгу	Зéмлю	——у	——у́
Ins.	——óю	——ою or —ой	——óю or —óй	——éю	——ею or —ей	——óю
Prep.	О водѣ́	——ѣ	——ѣ́	О землѣ́	——ѣ	——ѣ́

Plural.

N.	Вóды	Мужчи́ны	Нóги	Зéмли	Кóжи	Ханжи́
G.	——ъ	——ъ	——ъ	Земéль	——ъ	——éй
D.	——áмъ	——амъ	——áмъ	Зéмлямъ	——амъ	——áмъ
Acc.	——ы	——ъ	——и	——и	——и	——éй
Ins.	——áми	——ами	——áми	——ями	——ами	——áми
Prep.	О водáхъ	——ахъ	——áхъ	О земляхъ	——ахъ	——áхъ

§ 22.—Observations on the Second Declension.

The rule of permutation and of inflections of the hard and soft terminations should be carefully noted.

The Genitive Plural.

(1.) Nouns with a hissing termination to the root have two different inflections, viz. :—

(*a.*) Ъ, if the hissing letter is preceded by a vowel; as, ножъ.

(*b.*) Ей, if by a consonant; as, ханжей.

Exceptions:—юноша (a youth), юношей; паша́ (a pasha), пашей. Свѣча́ (a candle) and межа́ (a boundary) have свѣчъ and свѣчей, межъ and межей.

(2.) Nouns ending in ья have likewise two different inflections:—

(*a.*) Ей, when the accent is on the last syllable, as—

Скамья́ (a bench), скамей.

(*b.*) Iй, when the accent is not on the last syllable; as—

Колду́нья (a witch), колду́ній.

(3.) Nouns ending in ня have, in most cases, the ъ in the Gen. plur. instead of the ь: as, часо́вня (a chapel), часо́венъ; пѣсня (a song), пѣсенъ. But дере́вня (a village) has деревѐнь.

N.B.—The Inst. sing. inflection ою is very frequently from usage changed into ой.

§ 23.—Words.

Королѐва,	a queen.	Войнà,	a war.
Дорòга,	a road.	Вòинъ,	a warrior.
Моя́ сестрà,	my sister.	Телѣга,	a wagon.
Вдовà,	a widow.	Телѣжка,	a small cart, a wheelbarrow.
Корòва,	a cow.		
Мнòго,	much, many.	Рукà,	a hand, an arm.
Но, а,*	but.	Ру́чка,	a handle (dim. for hand).
Семѐйство, Семья́,	a family.		
		Ку́рица,	a hen.
Саранчà,	a locust.	Чàща,	a thicket.
Головà,	a head.	Ханжà,	a hypocrite.
Ладòнь,	the palm of the hand.	Дàма,	a married lady.
		Дѣви́ца,	a young lady.
Лàдонъ,	incense.	Дѣвушка,	a girl.
Ногà,	a leg, a foot.	Дѣвчѐнка,	a lass (contemp.).
Нòжка,	a leg of furniture (dim. of leg).		
		Дѣвочка,	a little girl, child.
Слугà,	a servant.	Тарѐлка,	a plate.
Служа́нка,	a maid-servant.	Сàбля,	a sword.

Когдà, when; тàкже, also; тòлько, only; скòлько, how much, how many.

Заму́жняя, married woman. Женàтый, married man.
Вашъ покòрнѣйшій слугà, your most obedient servant.

Я,	ты,	онъ,	онà,	онò,
I,	thou,	he,	she,	it,

---

* *A* is translated into *and* as a disjunction; as, Я заму́жняя *a* она дѣви́ца, I am a married woman *and* she is a girl.

мы,	Вы,	они,	онѣ,
we,	you,	they (masc.),	they (fem.).

N.B.—The English personal pronoun *it* for inanimate objects is rendered by a personal pronoun agreeing in gender with its Nominative, as—

Is this boot yours?	Вашъ-ли этотъ сапогъ?
Yes, it (he) is mine.	Да, онъ мой.
Is this sword yours?	Ваша-ли эта сабля?
No, it (she) is not mine.	Нѣтъ, она не моя.
Is this gun yours?	Ваше-ли это ружьё?
No, it is my brother's.	Нѣтъ, оно моего брата.
It is raining.	Дождь идётъ.
It is light or dark.	Свѣтло или тёмно.
It is cold or warm.	Холодно или тепло.

§ 24.—Reading Exercise.

Телѣга на дорогѣ, а телѣжка на дворѣ. Курица женщины. Сестра держитъ (holds) телѣжку рукою. Ваша-ли эта корова? Нѣтъ, она этой дѣвушки. Моя сестра вдова, а ваша дѣвица. Эта дама незамужняя. Головы и ноги служанокъ. Вашъ-ли этотъ слуга? Рука дѣвицы и руки дѣвицъ. Есть-ли у Васъ служанки? Нѣтъ, у меня нѣтъ служанокъ. Есть-ли у дамы свѣчи? Да, у ней есть одна свѣча. Перья курицы. Нѣтъ-ли на-полѣ саранчей? Нѣтъ-ли деревьевъ въ чащахъ. На-полѣ нѣтъ чашъ. Сколько семей въ деревнѣ?* Сто (100) семей. Нѣтъ-ли тамъ (there) также колдуній? Тамъ только одна (one) колдунья. Служанка держитъ въ рукѣ ручку дѣвочки.

---

* The preposition *у* governs the Genitive. Сколько requires the Noun following to be in the Genitive; только, in the Nominative.

EXERCISE FOR TRANSLATION. 43

Сколько свѣчей въ домѣ Вашей сестры? У насъ нѣтъ свѣчей. У вдовы на ладони только три свѣчи. Воинъ сражается (fights) на войнѣ саблею. Дайте мнѣ (give me) тарѣлку. Ножка этой дѣвицы.

§ 25.—Exercise for Translation.

My sister has a plate. The maid-servant has a plate on the palm of her hand. These swords are for (для) the regiment of soldiers. We have many cows and calves. This servant is the head of the family. The foot (dimin.) of this young lady is small (маленькая). Your most obedient servant. How many families are there in the village of this widow? Incense is in many churches. There are no churches without incense. The wheelbarrow is in the garden. I have only a cow and a hen. This gun is not mine. It is my servant's. The maid-servant of the young lady. The kid of this little girl. The ducklings of this girl. My sister is knitting a pair of stockings. Have you a foal? No, we have no foals. She has no goslings. We have sucking-pigs. A detachment of soldiers. How many soldiers are there in a detachment? This duck has no feathers. The young lady has pens. The brothers of the maid-servants. The married lady has a pound of sugar. Where (whither) did the young lady go? She went (пошла) to the wood. Where is the young lady? In the wood. Has the girl a guide? Of what is she speaking? Of the wood. Has the married lady peasants? No, she has no peasants in the village.

§ 26.—Conversation.

Куда ведётъ эта дорога?	Она ведётъ въ лѣсъ.
Гдѣ моя сестра.	Она пошла (went) въ лѣсъ.
Гдѣ рота этого [1] офицера.	Въ лѣсу.
Гдѣ крестьяне и лошади?	Они въ домѣ полководца.
Куда пошла королева?	Она пошла во-дворецъ.
Во-дворцѣ-ли король?	Нѣтъ, онъ на войнѣ.
Есть-ли у война ружьё?	Нѣтъ, онъ сражается[2] саблею.*
Будетъ-ли [3] война?	Да, кажется,[4] будетъ.
Сколько убито[5] солдатъ?	Солдатъ немного, а офицеровъ много.
Есть-ли въ этой деревнѣ вдовы?	Нѣтъ, здѣсь (here) нѣтъ вдовъ.
Есть-ли въ этомъ домѣ вдова?	Да, эта женщина вдова.
Когда умеръ[6] мужъ этой вдовы.	Онъ умеръ на войнѣ.
Большая[7] ли у ней семья?	У ней только три дочери.
Есть-ли у этой вдовы дочери?	Нѣтъ, у ней нѣтъ дочерей.
Гдѣ рука этого солдата?	У него нѣтъ ни руки, ни ноги.
Гдѣ ручка этой телѣжки.	Она сломана.
Поцѣлуйте[8] ручку у этой дѣвицы.	Я не смѣю.[9]
Что у ногъ этой дѣвочки?	У ея ногъ козлята.

---

[1] Of this. [2] Fights. [3] Will there be. [4] Apparently. [5] There are killed. [6] Died. [7] Large (f.). [8] Kiss (Imp. pl.). [9] Dare not.

* Съ (with), governing the Inst. case, is omitted when instrumentality is implied. Ex.:—Солдатъ съ одною рукою (a soldier with one hand); and, Онъ ударилъ его рукою (he struck him with the hand).

§ 27.—Third Declension (Трéтье Склонéніе).

FEMININE NOUNS ENDING IN ь, AND THE MASCULINE WORD Путь (A WAY).

Singular.		Plural.
N.	Кость.	Кости.
G.	——и.	——ей.
D.	——и.	——ямъ.
Acc.	——ь.	Like the Nom. or Gen.
Ins.	——ью.	——ями.
Prep. О ——и.		О ——яхъ.

§ 28.—Observations on the Third Declension.

(1.) The termination of the Instrum. singular ью is sometimes for euphony changed into ію (never into сю, as in the second declension); for example, жизнію, with or by life.

(2.) The Inst. plural has frequently ьми instead of ями: as, дверьми, with the doors; съ лошадьми, with horses; плетьми, with lashes; съ дочерьми, with daughters.

(3.) The Substantives мать and дочь are declined with the epenthesis ер; as, матери, матерью, матерей, etc.; дочери, дочерей, дочерямъ, дочерьми, о дочеряхъ.

(4.) The Acc. is always like the Nom. in the sing., and like the Gen. for anim. and the Nom. for inanim. objects, in the plural.

(5.) N.B.—Любовь, love; ложь, a lie; церковь, a church; рожь, rye, drop the о in all the cases except the Inst. sing., as—

Gen. любви, лжи, ржи, церкви.

Ins. любовью, ложью, рожью; but церквою, not церковью.

(6.) The word сажёнь, fathom, when preceded by a cardinal number, from five upwards, has сажень instead of саженей; as, шесть (six) сажень, восемь (eight) сажень.

(7.) The word путь, which belongs to this declension though of the masc. gender, has путёмъ in the Instrumental singular.

§ 28a.—Words.

Возжа́,	the rein.	Разстоя́ніе,	distance.
Во́зжи,	the reins.	Любо́вь,	love.
*Слоно́вая кость,	ivory.	Ка́ждый день,	every day.
Кость слона́,	bone of an elephant.	Ежедне́вно,	daily.
		Еженедѣ́льно,	weekly.
Ткань,	texture.	Подави́ться,	to choke.
Крѣпость,	a fortress, strength.	Любова́ться,	to admire.
		Пожа́луйста,	please.
Графи́ня,	a countess.	Да́йте мнѣ́,	give me.
Крѣпкое вино́,	strong wine.	Подкрѣпле́ніе,	reinforcement.
Си́льная ло́шадь,	a strong horse.	Укрѣпле́ніе,	fortification.
Соба́ка,	a dog.	Укрѣплён,	fortified.
Вѣтеръ,	wind.	Крѣпко,	tightly.
У́лица,	street.	Пра́вить,	to hold the reins.
Ку́черъ,	a coachman.		
Си́льный человѣ́къ,	a strong man.	Драгоцѣ́нно,	costly.
		Сего́дня,	to-day.
Потому́-что,	because.	Горди́ться,	to be proud of.
Куль (m.),	mat-bag.	За́втра,	to-morrow.
Ви́дѣть,	to see.	Ширина́,	width.
Извѣстно,	known.	Длина́,	length.
Попути,	on the way.	Глубина́,	depth.

---

* From *Слонъ*, an elephant, and *овая*, termination of feminine adjective.

Овёсъ, oats (masc.), used invariably in the singular, drops the ё in all the cases except Nom. sing., as, горсть овса́, a handful of oats, and is always in the Gen. sing. when preceded by a word signifying measure, as, горстью овса́, with a handful of oats; о го́рсти (prep.) овса́, etc.

§ 29.—Reading Exercise.

Ру́чка моего́ ножика изъ слоновой кости. У моей матери двѣ руки́. Соба́ка подави́лась (has choked) ко́стью. До́чери этой графи́ни любу́ются (are admiring) лошадьми́ (*i.e.* pleasing themselves with the sight of the horses). Ку́черъ бьётъ (thrashes) лошадей (Acc.) плетьми́. Каза́къ лю́битъ свою́ ло́шадь (Acc.). Онъ её ко́рмитъ (feeds) ро́жью. Нѣтъ-ли у же́нщины го́рсти ржи? Да́йте мнѣ куль ржи. Я ви́дѣлъ рожь на пути́. Сколько дочере́й у этой да́мы? У ней* три дочери, а у меня́ нѣтъ дочере́й. Сколько у Ва́шей матери дѣте́й? У ней шесть дочере́й и два сы́на. Сестра́ моя имѣетъ двухъ дочере́й и семь сынове́й. Она́ горди́тся свои́ми дочерьми́. Каки́мъ путёмъ пришли́ Вы? Мнѣ это бы́ло попути́. Туда́ есть нѣсколько путе́й. Онъ дѣлаетъ это изъ любви́ къ оте́честву (Dat.). Сколько церкве́й въ этой дере́внѣ? Въ го́родѣ четы́ре це́ркви. Въ дере́внѣ одна це́рковь. На этой у́лицѣ пять церкве́й. Ка́ждая це́рковь на разстоя́нии пяти́ са́женъ одна отъ друго́й. Эти две́ри въ двѣ са́жени ширины́ и шесть са́женъ вышины́ (height). Въ артилле́рии три́дцать шесть лошаде́й. У этого офице́ра три ло́шади. Три до́чери имѣютъ пять сестёръ и семь бра́тьевъ. Два бра́та имѣютъ три сестры́ и во́семь (eight) дочере́й.

---

* У ней (Gen.) has from usage been turned into у ней by the Russians.

§ 30.—Exercise for Translation.

The bones of the elephant are large (большія). Ivory is very costly. Is there a fortress in this town? The strength of this texture is known. The enemy has no fortress. The town is strongly fortified. Please give me some strong tea. The wind is strong to-day. This lady holds her horse tightly. She has a strong horse. Her daughters have no horses. This mother has four or five daughters. They live a distance of six fathoms from the village. The village is four fathoms from town. A distance of four fathoms from town. The family consists of two sons and five daughters. My horses eat four mat-bags of oats a week. The horse of my daughter is satisfied (довольна) with a handful of oats. The house is on my way. In this (by this) way you will attain (достигнете) your aim (цѣль). He was going (шёлъ) this way. I met him (встрѣтилъ его) on the way. He is happy with the love of his daughter. He did this for the love of his country.

§ 31.—Conversation.

Сколько лошадей у Вашей дочери?	У ней три лошади.
Есть-ли у Вашей сестры лошади?	Да, у ней пять лошадей.
Онъ гордится своими лошадьми.	Потому-что онѣ сильныя.
Пьёте-ли Вы (do you drink) крѣпкій чай?	Нѣтъ, я люблю слабый.
Есть-ли у Васъ сильная лошадь?	Нѣтъ, я люблю только собакъ.

Дайте мнѣ крѣпкую саблю.	Чтобы защититься (to defend oneself) отъ сильнаго непріятеля.
Сегодня сильный вѣтеръ.	Да, всевремя холодно.
Какія укрѣпленія у непріятеля?	У него пять крѣпостей. [солдатъ.
Какая сила у него?	Пятьдесятъ тысячъ (50,000)
Получилъ-ли онъ подкрѣпленія?	Нѣтъ, но онъ ожидаетъ ихъ ежедневно.
Сколько сажен до той крѣпости?	Двадцать три сажени.
Какое разстояніе до того города?	Пятьсотъ сажен.
На сколько сажен бьётъ Ваше ружьё?	На тысячу сажен.
Крѣпкое-ли это вино?	Нѣтъ, оно слабое.
Сильный-ли этотъ человѣкъ?	Да, онъ сильный.
У него крѣпкое тѣлосложеніе (constitution).	Отецъ у него сильный.
Пойдёте-ли Вы въ церковь?	Да, сёстры наши въ церкви.
Дайте овса Вашей лошади.	Не кормите (feed) её рожью.
Сколько ржи у Вашего сосѣда?	У него три куля ржи и пять кулей овса.
Держите возжи крѣпко.	Ваша лошадь сильная.
Кучеръ моей сестры хорошо правитъ.	Онъ привыкъ (accustomed) къ лошадямъ.
Зайдите (call in) завтра къ намъ.	Вамъ будетъ по-пути.
У насъ будетъ графиня съ дочерьми.	Я зайду (I will call in) завтра.
Что ѣстъ собака моего кучера?	Она ѣстъ кости.
Изъ чего ручка этого пера?	Изъ слоновой кости.
Чѣмъ гордится эта дама?	Любовью своихъ дочерей.
Чѣмъ гордится Москва?	Своими церквами.

§ 32.—Fourth Declension.

NOUNS ENDING IN мя AND THE WORD Дитя.

	Singular.	Plural.
N.	Врéмя (time).	Временá.
G.	——ени.	——éнъ.
D.	——ени.	——áмъ.
Acc.	Like the Nom.	Like the Nom.
Ins.	——енемъ.	——áми.
Prep.	О Врéмени.	О Временáхъ.

Declension of the word дитя (a child), of the neuter gender:—

	Singular.	Plural.
N.	Дитя (a child).	Дѣти.
G.	Дитяти.	Дѣтéй.
D.	Дитяти.	Дѣтямъ.
Acc.	Like the Nom.	Like the Gen.
Ins.	Дитятею.	Дѣтьми.
Prep.	О Дитяти.	О Дѣтяхъ.

§ 33.—Remarks on the Orthography of the Declensions.

(1.) The terminations of the Dative and Prepositional singular, when sounding like *e*, should always be *ѣ*: Водѣ, о водѣ, о рости.

(2.) Nouns of the 1st Declension terminating in *iй* and *ie* have *iи* not *iѣ* in the Prepositional singular: as, Василій, о Василіи; ученіе, объ ученіи.

(3.) Nouns of the 2nd Declension in *ia* likewise take *iи* and not *iѣ* in the Dative as well as the Prep. singular: as,

Марія, Dat. Маріи, Prep. о Маріи; армія, Dat. арміи, Prep. объ арміи; линія, Dat. линіи, Prep. о линіи. But this is not the rule for words that have the i replaced by ь in іе and ія : these generally have иѣ. All words, however, with the accent on the last syllable have иѣ in the Dative and Prep. sing.: as, житьѐ, Prep. о житьѣ; бытьѐ, Dat. бытьѣ, Prep. о бытьѣ.

(4.) Nouns ending in a hissing consonant have a hard or soft termination, according to gender, for the Nom. and Acc. sing., when the latter agrees with the Nom.:—

    Masc. Nouns have the hard ъ; as, мечъ, a sabre.
    Fem.   „   „   „   soft ь; as, печь, a stove.

(5.) Words terminating with a hissing consonant or ц, always take ъ not ь in the Gen. plur.; as, кож-ъ, свѣч-ъ, училищ-ъ.

§ 34.—Words.

Порà,	it is time.	Лѣто,	summer.
Во всякое время,	at all times.	Осень,	autumn.
Со временъ,	from the period.	Зима̀,	winter.
Съ тѣхъ поръ,	since.	Стрѐмя,	a stirrup.
Никогда̀,	never.	Плѐмя,	a tribe.
Нѣкогда (adv.),	to have no time.	Пламя,	a flame.
Нѣкогда (adv.),	once, formerly.	Исчезаетъ,	disappears.
Никтò,	nobody.	Ещѐ,	yet, more.
Нѣкто,	somebody.	Прежде,	before.
Ничегò, ничтò,	nothing.	Раньше,	earlier.
Нѣчто,	something.	Различный,	various.
Нѐчего,	it is useless.	Цыганскій	of a gipsy.
Тому̀ назадъ,	ago.	(adj.),	
Весна̀,	spring.	Нисколько,	not at all.

Нѣсколько,	a few, a little.	Дѣтская (adj.),	a nursery
Не слѣдуетъ,	it is not proper.		(room).
Течь,	a leakage.	Ребёнокъ,	a child.
		plur. ребята,	rustic.
Мышь,	a mouse.	Плащъ,	a cloak.
Сургучъ,	sealing-wax.	Письмо̀,	a letter.
Зданіе,	a building.	Сердиться на,	to be cross at.

Годъ (the year) has in plur. года, when governed by the numerals два, two; три, three; and четы́ре, four; and лѣтъ for all numbers beyond four. For a negative in Russian, a double negation is necessary; as—

Я ничего̀ не говорилъ.   I nothing did not say.
Никто̀ этого не знаетъ.   Nobody of this knows not.

§ 35.—Reading Exercise.

У меня нѣтъ вре́мени. Приходи́те къ намъ во вся́кое вре́мя. Онъ заходи́лъ нѣсколько вре́мени тому̀ наза́дъ. Со времёнъ Петра̀ Вели́каго (of Peter the Great). Я говорю̀ о времена́хъ францу́зской револю́ціи. Съ тѣхъ поръ прошло̀ уже мно́го лѣтъ. О́коло ста лѣтъ тому̀ наза́дъ. Этому ребёнку четы́ре го́да. На́шимъ дѣтямъ шесть и семь лѣтъ. Ма́льчику пятна́дцати лѣтъ не слѣдуетъ ребя́читься. Ру́сскій команди́ръ называ́етъ свои́хъ солда́тъ ребя́тами. Дѣти на́шего сосѣ́да не имѣ́ютъ дѣтской. У этого кавалери́ста ло́пнуло стре́мя. Онъ ѣздитъ безъ стремёнъ. Я пришёлъ нѣсколько мину́тъ ра́ньше его̀. Мы нисколько не се́рдимся на Васъ. Въ Амери́кѣ инди́йское пле́мя исчеза́етъ. Пре́жде было та́мъ мно́го разли́чныхъ племёнъ. Она̀ горди́тся свои́мъ пле́менемъ. Пла́мя обхвати́ло все зда́ніе. Отъ си́льнаго пла́мени загорѣ́лся домъ графи́ни. Мнѣ не́когда заходи́ть къ Вамъ сего́дня.

READING EXERCISE.

Вы никогда не заходите къ намъ. Нѣкогда русскій дворъ проживалъ въ Москвѣ. Никто изъ царскаго семейства, съ тѣхъ поръ, тамъ не живётъ. Нѣкто приходилъ къ Вамъ сегодня утромъ. Нѣчего его ждать (to await). Я ему ничего не говорилъ. Потому что онъ почитаетъ (considers) меня за ничто. Развѣ нѣчто Васъ огорчаетъ? Меня ничто не огорчаетъ.

§ 36.—Exercise for Translation.

It is time to go home. You will find (найдёте) me at home at all times. Much time has elapsed (протекло) since. Many years ago. Many years have passed (прошло) since I saw him last. I have no stirrups. Before that I had stirrups. This cloak is the gipsy boy's. The gipsy girl is proud of her tribe. She is not at all cross with (has no grudge against) you. Give her a few pence (copecks). She loves children (ребятъ). Your children are in the nursery. They want nothing to eat. How old is your daughter? She is ten years old. My son is two years old. He is yet an infant. Another three years and he will be five. His father came a few minutes earlier than he. He is (not at all) not in the least afraid of him. Before the time of the French Revolution. I have no time to call in for you to-day. Since you called much time has elapsed. You never call for me. Formerly you often called. Nobody has any grudge against you. There was nobody in church to-day. Somebody came this morning. It is useless for you to have a grudge against me. I said nothing. Nothing will induce me (не побудитъ меня) to have a grudge against him. Is something annoying your sister? Nobody knows that you are here.

§ 37.—Conversation.

Который часъ?	Два часа. Пять часовъ.
Время-ли идти домой?	Да, пора двигаться.
Въ которое время Вы бываете дома?	Во всякое время.
Со-временъ Николая I^{го} прошло много лѣтъ.	
Съ тѣхъ поръ, кажется, не было войны съ Англіей.	
Это уже тридцать три года тому назадъ.	
Никто не любуется моими цвѣтами!	Потому что намъ некогда.
Вы никогда не заходите.	Раньше весны не могу.
Некогда Вы заходили зимою.	Это много лѣтъ тому назадъ.
Нѣкто Васъ спрашивалъ.	Онъ ничего не сказалъ.
Нѣтъ-ли у Васъ еще нѣсколько копѣекъ?	Нѣтъ, у меня нѣтъ нисколько денегъ.
У Вашего брата нечего и спрашивать.	Потому что ему некогда.
Чей этотъ ребёнокъ?	Это дитя графини.
Сколько ему лѣтъ?	Ему два года.
Въ нашемъ домѣ много мышей.	Раньше ихъ не было.
Никто этого не знаетъ.	Я никому не говорилъ.
Почему Вы знаете? (how do you know?)	Я читалъ (read) въ письмахъ его.

§ 38.—Definition of Compound Words.

The student, to be able to commit to memory rapidly an extensive vocabulary and to recognise at once the meaning of a given simple or compound word, must proceed to dissect the word into root, prefix, affix, and interfix. All words formed direct from the root, by adding an affix, are termed primitive; as, у̀м-ъ (intellect), бѣд-à (calamity). Those formed with the aid of an interfix are derivative; as, у̀м-н-ый (wise), бѣд-о̀в-ый (dangerous, perilous). Again, words formed of a single root are termed simple; those of two or more roots are compound; as—

с-вид-ѣ-тель (witness)—simple word.
рыб-о-ло̀в-ля (the occupation of fishing)—compound.

The first has вид-ъ (aspect) for its single root; the second is composed of ры̀б-а (a fish), first root, and лов-ѝть (to catch), second root, and between which the *o* is inserted for the sake of euphony for the hard termination of the first root рыб. In the case of a soft termination of the first root of a compound word, the epenthesis is *e* not *o*; as, пут-е-шѐствіе (a journey), from the root путь, and шѐствіе (a march, a procession). For the purpose of example we shall take the word *Не-раз-у̀м-н-ый* (unreasonable), раз-у̀м-н-ый (reasonable), у̀м-н-ый (wise), ум-ѣ́-ю (I understand), у̀м-ъ (intellect). In all these words we observe unchangeable only the sound ум, and the other sounds appear, disappear, and reappear. The root, therefore, must be *ум*, and consequently every word with this root is a derivative of the word ум, intellect. It thus follows that the root of a word, or a succession of words, must be that sound without which the word cannot be construed, and which by recurring constantly in the derivatives conveys to them all a similarity of meaning.

§ 39.—On Prefix, Affix, and Interfix.

Prefix is that part of a word which precedes the root: thus in the above-quoted example the prefix is *раз*, with its negative *не*.

N.B.—A prefix is generally either a preposition or a negative adverb.

Affix is the changeable termination of a word; in the example given above the inflections *ый*, *ю*, and *я* are the affixes. Affixes are therefore only to be found in parts of speech which are declinable, or that can be conjugated.

Interfix is the epenthesis between the root and the affix, with the aid of which the root receives a new grammatical construction. In the examples above the interfixes are *н* and *ъ*.

Root.—That part which precedes the affix is called the foundation or root of the word.

§ 40.—Prefixes are used in the following manner to qualify some Verbs. (See § 59.)

Ходи́ть (to go), the root of which is *ход*, and *ть* the affix or termination of the infinitive mood.

Вос–ходи́ть, to go up; as, Со́лнце восхо́дитъ, the sun rises.

Вы–ходи́ть, to go out; as, Онъ выхо́дитъ у́тромъ, he goes out in the morning.

До–ходи́ть, to go up to; as, Онъ дохо́дитъ до угла́ у́лицы, he goes (as far) up to the corner of the street.

N.B.—The prefix *до* requires the preposition *до* after the verb.

За–ходи́ть, to go behind; as, Со́лнце захо́дитъ за́-гору, the sun is going (setting) behind the hill. Заходи́ть is also used for to call in for, or on; as, Онъ заходи́лъ за мной, he called in for me. Онъ заходи́лъ къ намъ, he called on us (see § 31).

На–ходи́ть, to go upon, to discover; as, Онъ нахо́дитъ зо́лото, he finds gold.

Об–ходи́ть, to go round; as, Полице́йскій обхо́дитъ дома́, the policeman goes round the houses.

От–ходи́ть, to go aside, to go away from; as, По́ѣздъ отхо́дитъ отъ ста́нціи, the train goes away (starts) from the station. Часово́й отоше́лъ (past tense), и аресга́нтъ проскачи́лъ въ отве́рстіе, the sentry went aside, and the convict leaped through the opening.

По–ходи́ть, to go awhile, to resemble; as, Походи́те съ больны́мъ въ саду́, walk awhile with the invalid in the garden. Сынъ Вашъ похо́дитъ на Васъ, your son resembles you.

По–хо́дъ (subst.), a campaign.

Под–ходи́ть, to come to, to approach; as, По́ѣздъ подхо́дитъ къ ста́нціи, the train is approaching the station. Непріятель подхо́дитъ къ лѣсу, the enemy is approaching the woods.

Пере–ходи́ть, to cross to, pass over; as, Непріятель пере-ше́лъ рѣку́ на лошадя́хъ въ бро́дъ, the enemy crossed the river (forded) on horses.

При–ходи́ть, to come; as, Онъ прихо́дитъ за прика́зами, he comes for orders. Скажи́те ему́, чтобъ приходи́лъ за́втра, tell him to come to-morrow.

Про–ходи́ть, to go through, or pass; as, Отря́дъ прохо́дитъ че́резъ лѣсъ, the detachment is passing through the wood. Ро́та проходи́ла, когда́ команди́ръ закрича́лъ, "здо́рово ребя́та!" the company was passing when the commander exclaimed, "Hail! my children."

Рас–хо́дъ (noun), expense, a going asunder.

Рас–ходи́ться, to go asunder; as, Солда́ты расхо́дятся по пала́ткамъ тепе́рь, the soldiers are now dispersing to their tents. Мы разошли́сь, we missed each other, *i.e.* did not meet.

С–ходи́ть, to go off or from; as, Сходи́те на по́чту, go off (just go) to the post. Я сходи́лъ въ почто́вую конто́ру, I went off (have just been) to the post-office. Не на́до сходи́ть съ лѣстницы, you must not come off the ladder or stairs.

У–ходи́ть, to go away; as, Часово́й не до́лженъ уходи́ть съ своего́ поста́, a sentry must not go away from his post. Онъ уше́лъ, he is gone away.

Уха́живать is not a compound verb (*i.e.* the у is not a prefix) and means to take care of one, to court; as, За да́мами слѣ́дуетъ уха́живать, one must attend to the ladies (take care of). Онъ уха́живаетъ за не́ю, he is courting her. This verb requires the preposition за immediately after it, and governs the Instrum. case.

N.B.—While studying the verb ходи́ть in all its variations with prefixes, it should be observed :—

(1.) That the verb идти́—the Perfect aspect of the

verb ходить (to go, to walk: see § 58)—admits the same prefixes with the same meaning.

(2.) That the verbs ѣхать and ѣздить, which also adopt the same prefixes—though signifying *to ride* or *drive*—are employed by the Russians almost invariably as the English do the verb *go* or *come*, when visiting each other: as—

Пора намъ *ѣхать* домой, it is time for us *to go* home.

Надо съ-*ѣздить* къ нему, one must *go* and see him.

Когда Вы при-ѣдите* къ намъ? when will you come to see us?

При-ѣхалъ-ли онъ? has he arrived?

Они у-ѣхали вчера въ Парижъ, they went away yesterday to Paris.

§ 41.—Affixes for converting the Root of certain Words into Nouns animate.

The following are some of the affixes for the masculine and feminine genders, viz. :—

Masculine.

никъ; as, всад-никъ (from в prefix and садиться, to sit), a horseman.

работ-никъ (from работа, work), a workman.

плѣн-никъ (from плѣнъ, captivity), a captive.

---

* The *з* is epenthesised in the Perfect aspect. The imperative is по-ѣзжайте, go (you), при-ѣзжайте, come. The hyphen is not employed with the prefixes; we insert them only for clearness in the above examples.

окъ ; as, стрѣл-о́къ (from стрѣля́ть, to shoot), a sharp-shooter.

сѣд-о́къ (from сѣдло́, a saddle), a fare, a passenger.

зам-о́къ (from замкну́ть, to lock), a lock.

N.B.—За́мокъ, with the accent on the first syllable, is "a castle."

Feminine.

ница ; as, всад-ница, a horsewoman; работ-ница, a workwoman; плѣн-ница, a female captive.

§ 42.—The Verb "to be." (See § 56.)

The formation of the present tense Indicat. of the auxiliary verb "to be" is, except in interrogation, omitted, and is generally understood; as—

I am an officer of the British-India Army.
Я офице́ръ Брита́нско-Инді́йской Арміи.

Soldiers are hardy, because they are trained to
Солда́ты выно́сливы, потому́что они́ пріу́чены къ
терпѣ́нію.
endurance.

§ 43.

—The negative particle *не* (not or dis-) always precedes the word to which it particularly refers. It must not be confounded with the conjunction *ни*.

Не Вы, а полко́вникъ до́лженъ кома́ндовать.
Not you, but the colonel should command.

Не мужчи́на, а же́нщина говори́ла.
It was not the man, but the woman who spoke.

§ 44.

—The conjunction *ни* (neither, nor, and either, or) is employed in the following manner, viz.:—

Ни за *ни* про́тивъ, neither for nor against.

THE VERB "TO BE."

Ни тотъ *ни* другой, neither the one nor the other.
Ни то ни сё, it is neither this nor that.
Ни за что на свѣтѣ, not for the world.
Что́-бъ онъ ни говорилъ, whatever he may say.

§ 45.—An interrogative is rendered by the particle *ли*, which must always follow the interrogative word; as—

Храбръ-ли солдатъ? Is the soldier brave?
*Храбрый-ли онъ солдатъ? Is he a brave soldier?
Солдатъ-ли онъ? Is he a soldier?

Exercise to be read aloud, translated in writing into English, and committed to memory for reversing the translation orally:—

Когда всадники пріѣхали во дворъ замка, ихъ предводитель приказалъ[1] отвести[2] всѣхъ плѣнниковъ въ темницу[3].

Между рабочими[4] было много работниковъ, но весьма[5] немного работницъ, между тѣмъ[6] ни тѣ, ни другія не хотѣли[7] работать.

При темной[8] ночи и мертвой тишинѣ,[9] мы, выславъ[10] стрѣлковъ впередъ, подошли къ непріятельскимъ траншеямъ.[11]

Извощикъ[12] подъѣхалъ съ сѣдоками а не пустой,[13] между тѣмъ, ни Вы, ни я не видали[14] его.

---

[1] Past sing. of приказать, to order. [2] To conduct. [3] A dungeon. [4] Inst. of рабочіе, workpeople. [5] Very. [6] Meanwhile. [7] Pl. past of хотѣть, to wish. [8] Dark. [9] Dead silence. [10] Gerund of выслать, to send out. [11] Trenches. [12] Cabman. [13] Empty. [14] Past pl. of видать, to see.

* See observation on Apocopated Adjective (§ 62).

Когда Вы съ братомъ пріѣдите къ намъ?
Ни того, ни другаго никогда не видать.[15]
Не Вы ли это шли[16] съ полковникомъ по улицѣ, когда дѣвушка съ матерью подошла къ окну казармы?[17]

---

[15] Not to be seen.   [16] Past pl. of идти, to go.   [17] Gen. pl. of казарма, a barrack.

DECLENSION OF SUBSTANTIVES. 63

Table for reference only.

DECLENSION OF SUBSTANTIVES OF ALL GENDERS.

	Nominative.	Singular.						Plural.					
		Gen.	Dat.	Acc.	Inst.	Prep.	Nom.	Gen.	Dat.	Acc.	Inst.	Prep.	
1	ъ	а	у	Like the Nom. or Gen.	омъ	ѣ	ы	овъ	амъ	Like the Nominative or Genitive.	ами	ахъ	1
2	й	я	ю		емъ	ѣ	и	евъ	ямъ		ями	яхъ	2
3	и after i . .	я	ю		емъ	и	и	евъ	ямъ		ями	яхъ	3
4	ъ after ж, ш, ч, щ	а	у		емъ	ѣ	и	ей	амъ		ами	ахъ	4
5	ь of masculine nouns	я	ю		емъ	ѣ	и	ей	ямъ		ями	яхъ	5
6	о	а	у	Like the Nom.	омъ	ѣ	а	ъ	амъ		ами	ахъ	6
7	е after ж, ч, ц, щ	а	у		емъ	ѣ	а	ъ	амъ		ами	ахъ	7
8	е after л, р	я	ю		емъ	ѣ	я	ей	ямъ		ями	яхъ	8
9	ё (accented) after е, ье	а	у		емъ	ѣ	я	ій, ей	ямъ		ями	яхъ	9
10	е after i, ье, unaccented	я	ю		емъ	и	я	ій, ій	ямъ		ями	яхъ	10
11	а	ы	ѣ	у	ою	ѣ	ы	ъ	амъ		ами	ахъ	11
12	я after consonants	и	ѣ	ю	ею	ѣ	и	ь	амъ		ями	яхъ	12
13	я after а, с, ѣ, и, о, у, ы	и	ѣ	ю	ею	ѣ	и	ій, ей	ямъ		ями	яхъ	13
14	я after i and ы unaccented	и	и, ѣ	ю	ею	и, ѣ	и	ій	ямъ		ями	яхъ	14
15	ь of feminine nouns	и	и	ь	ью	и	и	ей	ямъ		ями	яхъ	15

The Verb (Глаго́лъ).

§ 46.—Verbs undergo certain changes of inflections, like Nouns, for gender, number, and person, and of structure, to indicate tenses, moods, voices, and aspects.

§ 47.—*The three genders* are indicated by change of inflection in the Past tense only, viz. стоя́ть, to stand:—

Онъ сто-я́лъ (m.), она́ сто-я́ла (f.), оно́ сто-я́ло (n.).

The inflection of the Past tense of the verb must always agree with its Nominative in gender; as—

я стоя́лъ (m.); я стоя́ла (f.).

§ 48.—*There are two numbers* (Singular and Plural), and only three tenses, *Present, Past,* and *Future*.

Singular.

Present.		Past.	
я сто	–ю́	я, ты, онъ сто–я́лъ	(m.)
ты ,,	–и́шь	она́ ,, –я́ла	(f.)
онъ, она́, оно́	–и́тъ	оно́ ,, –я́ло	(n.)

Future.

я бу́ду
ты бу́дешь   } стоя́ть.
онъ, а, о бу́детъ

Plural.

Present.		Past.
мы сто–и́мъ		
вы ,, –и́те	} –я́тъ	стоя́ли.
они́ (masc. and neut.)		
онѣ́ (fem.)		

Future.

мы бу́демъ
вы бу́дете   } стоя́ть.
они́ } бу́дутъ
онѣ́

THE VERB.

N.B.—There is no change of inflection for person in the past tense; the personal pronoun must therefore always accompany the verb, which is not always necessary with the other two tenses. For example :—

Стою одинъ въ глубокой темнотѣ почной (pres.).
(I) stand alone in the deep darkness of the night.

Повѣрь мнѣ, и будешь счастливъ (imp.).
Believe (thou) me and (thou) shalt be happy.

Пойдёмъ or пойдёмте* вмѣстѣ (imper.).
Let (us) go together.

Пойдутъ-лп они? Да, пойдутъ (fut.).
Will they go? Yes, (they) will go.

§ 49.—*There are three persons*, and, as shown in the preceding paragraph, in the present and future tenses each person has its own inflection for the verb. For example—читàть, to read; стучàть, to knock.

Singular.

1st person, ю or у: читà-ю, I read; стуч-у́, I knock; буду читàть, I shall read, etc.

2nd „ ешь or ишь: читà-ешь, thou readest; стуч-ишь, thou knockest; будешь читàть, thou shalt, etc.

3rd „ етъ or итъ: читà-етъ, стуч-итъ, будетъ стуч-àть.

Plural.

1st person—емъ or имъ: читà-емъ, стуч-имъ; будемъ читàть, стучàть.

2nd „ ете, ите: читà-ете, стуч-ите, будете читàть, etc.

3rd „ ютъ or ятъ: читà-ютъ, стуч-àтъ, буд-утъ стучàть, etc.

---

* The Imperative with the prefix ПО, meaning "let us," is put in the plural for courtesy.

The inflections for the past tense differ for gender only.

Я, ты, онъ чита́-лъ (masc. nom. singular).
Я, ты, она чита́-ла (fem. nom. singular).
Мы, вы, они, онѣ чита́-ли (masc. and fem. plur.).

§ 50.—**The Moods** are four, viz.:—

The Infinitive (Неопредѣлённое).
The Indicative (Изъявительное).
The Imperative (Повелительное).
The Subjunctive or Conditional (Сослагательное).

For the Infinitive Mood the terminations are ть, чита́-ть; чь, же-чь, to burn; and ти, нес-ти́, to carry. It generally governs the accusative.

The Indicative Mood has three tenses—Present, Past, and Future.

The Imperative Mood suggests future action by command or determination.

Чита́йте (read you) хоро́шія кни́ги; чита́й, read thou; пусть онъ чита́етъ, let him read; пусть они чита́-ютъ, let them read.

Two persons are generally used in the Imperative, viz. second and third; but there are cases when the first person is used, as, будь я на Вашемъ мѣстѣ, я этого не сдѣлалъ-бы, were I in your place I should not have done it; учись я прилежнѣе, я бы теперь не раскаявался, had I studied more diligently, I should not repent now. Likewise in the plural of the present and future perfect, as, идёмъ, пойдёмъ, let us go; ѣдемъ, поѣдемъ, let us drive off; останемся, let us remain; послу́шаемъ, let us listen, etc. The syllable те is added for politeness to the first person plural, as, пойдёмте, поѣдемте, послу́шаемте.

THE VERB.

The Subjunctive Mood denotes a proposed action not actually taking place. This contemplated action is expressed usually by adding the particle бы directly after the verb in the past tense, as—

Мы пришли-бы къ Вамъ, да дождь помѣшалъ.
We should have come to you, but the rain prevented (us):

§ 51.—Verbs are divided into six voices (залоги)—the Active, Neuter, Passive, Reflective, Reciprocal, and Common.

These voices may be subdivided by their terminations of the Infinitive Mood into two branches.

To ю, the first branch, belong the Active, and most of the Neuter verbs having the termination in ть, чь, and ти (§ 50).

To the second branch belong the remaining voices which add to the above terminations the particle ся (ться, чься, and иться or тись); as—

Кормиться хлѣбомъ, to (feed) nourish oneself with bread. Увлечься женщиною, to be captivated by a woman. Нестись стрѣлой, to fly (to carry oneself away) like an arrow.

(1.) *The Active Voice* (terminations ть, чь, ти) denotes the action of an agent upon an object and governs the accusative case; as—

Нужно прочитать эту книгу, эти книги.
It is necessary to peruse this book, these books.

But in a negative form, with the particle не before it, the Active verb governs the genitive; as—

Не читайте худыхъ книгъ, худой книги.
Do not read bad books, a bad book.

F 2

Не слѣдуетъ забывать Бога.
It is not proper to forget God.

(2.) *The Neuter*, like the Active voice, ends in ть, чь, ти; but it has a different signification. It denotes:—

(*a.*) The state of an object: as, спать, to sleep; сидѣть, to sit; стоять, to stand.

(*b.*) An action not transmitted to another object, but remaining with the acting subject: as, летать, to fly; птица летаетъ, the bird flies. Плавать, to swim; рыба плаваетъ, the fish swims. Течь, to run (like liquid); вода течётъ, water runs.

Remark.—To the above class belong verbs denoting the gradual acquirement of a quality or condition; as, блѣднѣть, бѣлѣть, краснѣть, to grow pale, white, red. Сохнуть, to dry up. Гнить, to decay.

(*c.*) An action passing over to another object without governing the accusative case, but allowing the preposition, which follows, to govern its own relative case; as, ходить по-полу (dat.), to walk on the floor. Звонить въ колоколъ (acc.), to ring the bell (church). Ordinary bell is колокольчикъ.

In the threefold signification of the Neuter verbs may be included some verbs ending in ся; as, снѣгъ бѣлѣется, the snow becomes white. Нитка рвётся, the thread breaks (tears itself). Стучаться въ двери, to knock at the door. Молиться Богу, to pray to God.

By adding the particle ся, Active verbs are transformed into Passive, Reflective, and Reciprocal.

(3.) *The Passive Voice* denotes the suffering of an action by a certain object at the hands of another, and it requires that the subject suffering the action should be

THE VERB.

in the nominative, and the one producing the action in the instrumental case; as—

  Письмо́ (nom.) пи́шется мно́ю (instr.).
  The letter is being written by me.
  Ого́нь зажига́ется спи́чкою.
  The fire is ignited by a match.
  Ружьё заряжа́ется патро́номъ.
  The gun is being loaded with a cartridge.

(4.) *The Reflective Voice* denotes the action of an agent, not on another object as with the Active, but reverting on the agent himself, so that the agent of the Reflective voice is both object and subject of the verb; as—

  Э́тотъ челове́къ два́жды въ день умыва́ется.
  This man twice daily washes himself.

Consequently the particle ся of the Reflective verb may mentally always be turned into себя́ (self), which is not the case with the Passive.

N.B.—The tutor should, by quoting examples, show how the same verb may have a passive or reflective form.

Say, Э́тотъ челове́къ всегда́ умыва́ется свои́мъ слуго́ю а тотъ умыва́ется (себя́) мы́ломъ.*

(5.) *The Reciprocal Voice* denotes an action taking place and falling reciprocally upon two or more agents, and answering to the question with whom; as, Ру́сскіе драли́сь съ Ту́рками, the Russians fought with the Turks. Въ свяще́нной исто́ріи разска́зывается (Passive), что Я́ковъ боро́лся (Recip.) съ А́нгеломъ, in the Sacred History it is related that Jacob wrestled with the angel.

(6.) *The Common Voice* resembles the Neuter in its

---

* This man is always washed by his servant (Pass.). That one always washes *himself* with soap (Refl.).

signification, but ends in ся, and is not used without the latter particle: as, боя́ться, to fear; стара́ться, to strive; надѣ́яться, to depend upon, to rely.

§ 52.—The Aspects (Ви́ды).

For person, number, moods, and voices verbs change their inflections, but they also change in structure; *i.e.* the root of a verb (see § 38) undergoes a slight alteration in order to express different durations of an action or condition.

Ex.: Ребёнокъ кат-а́-лъ } шаръ { The child rolled, or was rolling, the ball simply, or an indefinite number of times.
кат-и́-лъ

Ребёнокъ кат-ну́-лъ шаръ, rolled it once or suddenly.
Ребёнокъ кат-ыва́-лъ шаръ, rolled it repeatedly.

Such changes in the construction of the verb, denoting a variety of duration of an action or condition, expressed partly in our English grammar by additional tenses, is in the Russian grammar termed ви́ды, aspects, of which there are three, viz. :—

(1) The Imperfect (Несоверше́нный); (2) the Perfect (Соверше́нный); and (3) the Iterative (Многокра́тный).

(1.) *The Imperfect Aspect* denotes an action or condition taking place, having taken place, or about to take place at an indefinite time, *i.e.* without conditions as to the beginning: as, ката́ю, I roll; я ката́лъ, I rolled; я бу́ду ката́ть, I shall roll.

Thus the Imperfect aspect has all three tenses—present, past, and future. The future of the Imperfect is always formed by adding the auxiliary verb бу́ду to the Infinitive Mood.

THE PERFECT ASPECT OF THE VERB. 71

(2.) *The Perfect Aspect* denotes the action or condition as having taken place, or about to take place with a finish at the time of speaking, and is employed in the past and future tenses only: as, я катнулъ шаръ, I have rolled the ball; я катну шаръ, I am going to roll the ball.

Observation.

The Perfect aspect comprises generally verbs with a prefix: as, про-читать, to read through, to peruse; увидать, to see at the instant, to perceive; вы-чистить, to clean thoroughly, to cleanse; вы-гладить, to iron out (linen, etc.); по-любить, to love suddenly, to fall in love. But such verbs should not be confounded with verbs which are not compound (without prefix), because a prefix often conveys a totally different meaning to the verb (see § 40. Ухаживать).

Садить на лошади.   To seat a person on horseback.
Ссадить (a different verb) съ лошади.   To unhorse a person.
Любить друга.   To love a friend.
Раз-любить (different verb).   To cease loving.

Ходить, to walk; and На-ходить, to find, etc.

The Perfect aspect has no present tense, but only the past and future:

Я прочиталъ Вашу книгу.
I have perused your book.
Я прочту это письмо.
I shall read this letter.
Онъ увидалъ меня изъ-дали.
He perceived me at a distance.
Вычистите моё платье завтра.
Clean thoroughly my clothes to-morrow.

* Вы́чищу, полюблю́, прочпта́ю are the future of the Perfect aspect of the verbs вы́чистить, to cleanse; полюби́ть, to fall in love; and прочита́ть, to peruse.

(3.) The Iterative aspect denotes an action or condition repeatedly accomplished at some distant period, ends generally in ивалъ or ывалъ, and is employed in the past tense only; as—

Я ка́т-ывалъ шары́ въ мо́лодости.	I used to roll balls in my youth.
Онъ си́ж-ивалъ у меня́ по це́лымъ часа́мъ.	He used to sit at my house for hours.
Мы ха́ж-ивали пре́жде.	We were formally in the habit of going.
Мы чи́т-ывали въ старину́.	We used to read in olden times.

§ 53.—Conjugation.

There are only two conjugations, and they are distinguished by the inflection of the second person singular and the third person plural of the present Indicative, and the future of the Perfect aspect.

The First Conjugation has—

In the 2nd person sing., ешь (нес-ёшь, pres.; по-несёшь, fut. perf.), which must have for the 3rd pers. plur.

---

* N.B.—In employing the future tense, the primary object is to ascertain whether the Perfect or Imperfect aspect is required:—

If the first, use a verb of a Perfect aspect, *i.e.* with the necessary prefix.

If the second, employ the auxiliary бу́ду, with the verb in the Infinitive.

FORM OF CONJUGATION. 73

утъ (нес-ýтъ, pres.; по-нес-ýтъ, fut. perf.) or ютъ (читà-ютъ, pres.; про-читà-ютъ, fut. perf.).

The Second—

In the 2nd pers. sing., ишь (хвàл-ишь, pres.; похвàл-ишь, fut. perf.), which must have for the 3rd pers. plur. атъ (крич-àтъ, pres.; покрич-àтъ, fut. perf.) or ятъ (хвàл-ятъ, pres.; похвàл-ятъ, fut. perf.).

Exceptions—бѣжàть, to run, and хотѣть, to wish.
    2nd pers. sing., бѣж-ѝшь,   хòч-ешь.
    3rd pers. plur., бѣг-ýтъ,   хот-ятъ.

§ 54.—Form of Conjugation.

INFINITIVE MOOD.

Нес-тѝ, to carry; Чит-àть, to read; Крич-àть, to cry out; Хва-лѝть, to praise.

INDICATIVE MOOD.

Present Tense.

Singular.

Я нес-ý	читà-ю	крич-ý	хвал-ю́.
Ты нес-ёшь	читà-ешь	крич-ѝшь	хвàл-ишь.
Онъ, а, о, нес-ётъ	читà-етъ	крич-ѝтъ	хвàл-итъ.

Plural.

Мы нес-ёмъ	читà-емъ	крич-ѝмъ	хвàл-имъ.
Вы нес-ёте	читà-ете	крич-ѝте	хвàл-ите.
Они́ Онѣ́ } нес-ýтъ	читà-ютъ	крич-àтъ	хвàл-ятъ.

Past Tense.
Singular.

Mas.	Я, ты, онъ	нёс-ъ	чита́-лъ	крича́-лъ	хвали́-лъ.
Fem.	Я, ты, она	нес-ла́	чита́-ла	крича́-ла	хвали́-ла.
Neut.	оно	нес-ло́	чита́-ло	крича́-ло	хвали́-ло.

Plural.

Мы
Вы } нес-ли́   чита́-ли   крича́-ли   хвали́-ли.
Они, онѣ

Future Tense.
Singular.

Imprf. { я бу́ду / ты бу́дешь / онъ, она, о, бу́детъ } нес-ти́, чита́-ть, крича́-ть, хвали́ть.

Plural.

Imprf. { мы бу́демъ / Вы бу́дете / они, онѣ бу́дутъ } нес-ти́, чита́-ть, etc. etc.

IMPERATIVE.
Singular.

2 pers. Нес-и́   чита́-й   крич-и́   хвал-и́.
3 pers. Пусть онъ, а, о, нес-ётъ   чита́-етъ   крич-и́тъ.

Plural.

2 pers. Нес-и́те   чита́-йте   крич-и́те   хвал-и́те.
3 pers. Пусть они, онѣ нес-у́тъ, чита́-ютъ, крич-а́тъ, хвал-[ятъ.

SUBJUNCTIVE OR CONDITIONAL

is formed from the past Indicative with the addition of the particle бы.

Singular.

Mas. я   Fem. я   Neut. я
„ ты } нёсъ-бы   „ ты } несла́-бы   „ ты } несло́-бы
„ онъ   „ она   „ оно

FORM OF CONJUGATION.

Plural.
мы, вы, они, онѣ песли-бы   читали-бы.

Remark I.—Verbs of the Perfect aspect are conjugated according to the above given example, with the following exception:—In the future tense they take the inflection of the Indicative present with a prefix, and have no Indicative present (§ 52. 2). Example:—

Infinitive Mood.
Прочтать, to peruse, to read through.

Indicative Mood.
Present tense, wanted.
Past sing., прочтàлъ, -ла, -ло; plur., прочтàли, etc. (have read through).
Future sing., прочтà-ю, -ешь, -етъ; plur., -емъ, -ете, -ютъ.

Imperative Mood.
2nd pers. sing., прочтà-й; plur., прочтà-йте.

Subjunctive Mood.
я прочтà-лъ-бы, I would have read, etc.

Remark II.—Verbs ending in ся are also conjugated by above example with the addition of the particle ся to the various inflections, and which is changed into сь when preceded by a vowel; as, я мою-сь (I am washing myself) instead of мою-ся.

§ 55.—Irregular Verbs.

Though there are many verbs which deviate somewhat from the rule of conjugation, the changes they undergo can be easier understood and committed to memory by *vivá voce* exercise with the tutor, and by very careful reading, than by the study of a perplexing table of inflections. We shall content ourselves by giving a few general observations on the irregular constructions of some of the most important examples.

Бѣжа́ть, бѣгать, to run; хотѣть, to wish; ѣсть, to eat; дать, to give, are exceptions to the regular rule—the first three in the present, the last in the future, viz.:—

Singular.

Present Tense.			Future Tense.
я бѣг-у́	хоч-у́	ѣ-мъ	да-мъ
ты бѣж-и́шь	хо́ч-ешь	ѣ-шь	да-шь
онъ бѣж-и́тъ	хо́ч-етъ	ѣс-тъ	дас-тъ

Plural.

мы бѣж-и́мъ	хот-и́мъ	ѣд-и́мъ	дад-и́мъ
вы бѣж-и́те	хот-и́те	ѣд-и́те	дад-и́те
они бѣг-у́тъ	хот-я́тъ	ѣд-я́тъ	дад-у́тъ

It will be seen from the above—(1) that in the verbs бѣгу́, хочу́, and ѣмъ, the inflections of the 2nd pers. sing. and 3rd pers. plur. are irregular, and that the 1st pers. sing. and 3rd pers. plur. of бѣгу́ take their inflection from the verb бѣгать, and the rest from бѣжа́ть; (2) that the verb ѣсть in the 1st pers. sing. present, and the verb дать in the 1st pers. sing. future, have an exceptional (archaical) inflection, мъ.

§ 56.—Conjugation of the Verb *быть*, to be.

Indicative Mood.

Present Tense.

Singular.
я *есмь**
ты *еси**
онъ, а, о есть

Plural.
мы *есмы́.**
Вы *есте́.**
они́, онѣ суть.

Past Tense.

я ⎫
ты ⎬ былъ
онъ ⎭
она́ была́, оно́ бы́ло

мы ⎫
Вы ⎬ бы́ли.
они́ ⎬
онѣ ⎭

Future Tense.

Singular.
я бу́ду, etc., etc. (regular)

Plural.
мы бу́демъ, etc., etc. (reg.)

Conditional Mood.

я былъ бы, etc., etc.   мы бы́ли-бы.

Imperative Mood.

1 pers. будь я   бу́демъ мы.
2 pers. будь ты   бу́дьте Вы.
3 pers. пусть онъ, а, о бу́детъ   пусть они́, онѣ бу́дутъ.

Observation.

The verb быть, with one exception (стать, to become), is the only auxiliary verb in the Russian grammar, and is used:—

(1.) For the construction of certain aspects of other verbs; as—

Я бу́ду чита́ть (fut.: § 54).

---

* In the modern Russian language this form has become obsolete (see § 42).

(2.) To form a "conditional imperative" mood; as—
(§ 50) Будь я богатъ, я помогъ-бы ему охотно.
Were I rich, I should help him willingly.

(3.) In the manner of "let us" in English, or "allons" in French; as—

Будемъ or будемте играть, let us play.

Стать, to become, is an exceptional auxiliary. It has no present Indicative, and is employed in the following manner; viz.:—

(Past)   Я сталъ слушать разговоръ ихъ, I became a listener to their conversation.

(Past or pres. sense)
{ Она стала походить на мать, She is beginning to resemble her mother.
Стало разсвѣтать, It is beginning, it began to become light (to dawn).
Стало быть, Вы не хотите, So you do not wish.
Мы стали друзьями, We became, have become, friends. }

(Fut.)   Стану я его слушаться, As if I'm going to obey him! (Ironically.)

(Condl.)   Если-бы мы стали ему говорить, онъ не сталъ-бы слушать, Had we told him, he would have declined to listen.

§ 57.—Observations on the Orthography of Verbs.

(1.) Verbs ending in the 1st pers. sing. Present in гу change the г into ж for the 2nd and 3rd pers. sing. and 1st and 2nd pers. plural. (See § 55, verb бѣжать.)

ORTHOGRAPHY OF VERBS.

(2.) *In the Infinitive Mood.*

(*a.*) Verbs ending in чь in the Infinitive have similarly in the present tense г or к for the 1st pers. sing. and 3rd pers. plur.

Беречь, to guard; Печь, to bake; Влечь, to draw along; Мочь, to can.

Indicative Mood.
Present Tense.
Singular.

Берегу́	пеку́	влеку́	могу́.
Бережёшь	печёшь	влечёшь	мо́жешь.
Бережётъ	печётъ	влечётъ	мо́жетъ.

Plural.

Бережёмъ	печёмъ	влечёмъ	мо́жемъ.
Бережёте	печёте	влечёте	мо́жете.
Берегу́тъ	пеку́тъ	влеку́тъ	мо́гутъ.

Past Tense.
Singular.

Mas.	Берёгъ	пёкъ	влёкъ	могъ.
Fem.	Берегла́	пекла́	влекла́	могла́.
Neut.	Берегло́	пекло́	влекло́	могло́.

Plural.

(All gend.) Берегли́ пекли́ влекли́ могли́.

Future tense and Conditional mood are regular.

Imperative Mood.

Береги́	печи́	влечи́	мочь has none.
Береги́те	печи́те	влечи́те	

(*b.*) Monosyllabic verbs in ить form their present tense by changing their Infinitive termination ить into ью, ьёшь, ьётъ; ьёмъ, ьёте, ьютъ: as—

Пить, to drink; шить, to sew; бить, to beat.

INDICATIVE MOOD.

Пью, пьёмъ   шьёшь, шьётс   бьётъ, бьютъ.

IMPERATIVE MOOD.

Пей, пейте   шей, шейте   бей, бейте.

The verb брить, to shave, is an exception and has я брѣю, etc., etc. Imperat. брѣй, брѣйте.

(*c.*) The sound of е before the termination ть is always written with ѣ in verbs which retain that sound with the лъ in the past tense; as—

Сидѣть, to sit, сидѣлъ.   Видѣть, to see, видѣлъ.

Hence the verbs теретъ, to rub; перетъ, to press; умеретъ, to die, have е for their final vowels, because in the past tense they have тёръ, зáперъ, ýмеръ.

(3.) *In the Indicative Mood.*

(*a.*) The sound of е (but not ё) in the past tense before лъ is rendered in like manner by the letter ѣ in most verbs and their derivatives: as, я умѣлъ, I knew, I could; умѣніе, understanding; разумѣніе, intelligence.

Remark I.—If the root of the verb ends in д or т, these consonants are syncopated before the inflection of the past tense, лъ; as—

Вести (def.), вод-ить (indef.), to lead; past, вё(д)лъ.
Брести (def.), бред-ить (indef.), to wander, to dream past, брё(д)лъ, брёдилъ.
Плести (def.), плет-ать (indef.), to plait; past, плё(т)лъ.

ORTHOGRAPHY OF VERBS.

On the other hand, with the root ending in other consonants, the final letter is retained, while the л is syncopated in the past tense; as—

   Нес-ти́, to carry; past, нёс(л)ъ.
   Со́х-путь, to dry; past, со́х(л)ъ.

Remark II.—Verbs ending in the present tense in ываю, иваю, have ывалъ, ивалъ; and those in ую, юю, take овалъ, евалъ; as—

 Завѣ́дывать, to administer; pres. завѣ́дываю; past, завѣ́дывалъ.
 Завѣ́дать, to begin to know; pres. завѣ́дую; past, завѣ́довалъ.
 Жева́ть, to chew; pres. жую́; past, жева́лъ.

(*b.*) Verbs in ить and ать preceded by б, п, or м, take in the 1st pers. present an л before ю if no vowel comes between; as—

Ка́пать, to drip: я ка́плю, I drip.
Колеба́ть, to waver: я колѐблю, also мы колѐблемъ.
Корми́ть, to feed: я кормлю́, мы ко́рмимъ.
Люби́ть, to love, to like, to be fond of anything: я люблю́.

N.B.—Копа́ть, to dig, has копа́ю, the unapocopated form, with a vowel coming between.

(4.) *In the Imperative Mood.*

(*a.*) If the second person singular has the termination ь, then the second person plural retains the ь; as—

   Пла́кать, to weep.

   Indicative present.
Я пла́чу,   ты пла́чешь,   онъ пла́четъ.

   Past.
Я, ты, онъ пла́калъ,   она́ пла́кала.

Imperative.

Sing. плачь.   Plur. плачьте.

Ѣсть, to eat : Pres. я ѣмъ, ты ѣшь ; pl. мы ѣдимъ.
Past, я ѣлъ, ты ѣлъ ; pl. мы ѣли.
Imperat. ѣшь, ѣшьте.

Встать, to rise (perf.), } Pres. я встаю.
Вставать, to rise (imperf.), }

Past. Я всталъ сегодня въ семь часовъ.
I rose to-day at seven o'clock.

Я вставалъ, когда Вы купались.
I was getting up, when you were bathing.

Сидѣть, to sit, } Pres. я сижу, ты сидишь, они сидятъ.
Сѣсть, to sit down, }

Past. Я сидѣлъ, когда онъ вошёлъ.
I was sitting, when he entered.

Я сѣлъ у окна и сталъ смотрѣть.
I sat down at the window and began to look.

Future. Я сяду, мы сядемъ, они сядутъ.
Imperat. Сядь, сядьте, сядемте, let us sit down.

N.B.—The verb лечь, to lie down, is conjugated exceptionally:—

Pres. Я лежу, ты лежишь, pl. мы лежимъ, они лежатъ.
Past. Я лёгъ, ты лёгъ,   мы легли,   они легли.
Fut. лягу, ты ляжешь,   мы ляжемъ,   они лягутъ.
Imper. лягъ, лягте,   ляжемте, let us lie down.

(*b.*) Verbs terminating in ся, preceded by ь, retain the ь in the 2nd pers. sing. of the present and future tenses; as—

Молиться, to pray. Ind. pres. Я молюсь, ты молишься.

Fut. { Ты помолишься (perf.).
     { Ты будешь молиться (imperf.).

ORTHOGRAPHY OF VERBS.

But the ъ is always syncopated before the ся—

Онъ мо́литъ, онъ мо́лится; мы мо́лимъ, мы мо́лимся; они́ мо́лятъ, они́ мо́лятся. Онъ моли́лъ, моли́лся.

§ 58.—The following verbs, though analogous, have each a different signification, sometimes simply by a change of tenses, viz. :—

Слы́шать (perf. aspect), to hear,
Слыха́ть (imp. aspect), to hear, to learn, } govern the accus.
Слу́шать, to listen,
Слу́шаться (com. voice), to obey, governs the genitive.

Examples.

Я слы́шалъ го́лосъ ея́.	I heard her voice.
Я слыха́лъ, что бу́детъ война́.	I have heard (learnt) that there will be war.
Я съ удово́льствіемъ слу́шаю ея пѣ́ніе.	I listen with pleasure to her singing.
Я слу́шаю пѣ́ніе соловья́.	I am listening to the song of the nightingale.
Я не слыха́лъ ничего́ о немъ.	I have learnt nothing of him.
Она́ слу́шала, но ничего́ не слы́шала.	She listened, but heard nothing.
Слу́шается-ли онъ своего́ отца́?	Does he obey his father?
Слу́шаетесь-ли Вы свои́хъ роди́телей?	Do you obey your parents?

Ходи́ть, to go, to frequent,
Идти́, to go, to be going, } are conjugated as follows :—

Present.

Я хожу́, мы хо́димъ, они́ хо́дятъ. Иду́, идёмъ, иду́тъ.

Past.

Я ходи́лъ, etc., мы ходи́ли, etc. Я шёлъ, etc., мы шли, etc.

Future.

Imperfect.	*Perfect.*
Я буду ходить, идти.	Я пойду (for both verbs).

Imperative.

Ходи, иди.	Ступайте (for both verbs).
Будемъ ходить, идти.	Пойдёмте, let us go.

Examples.

Я часто хожу въ театръ.	I often go to the theatre.
Я иду сегодня въ гости.	I am going out (to see friends) to-day.
Мы идёмъ гулять.	We are going out for a walk.
Они шли по улицѣ.	They were going along the street.
Я пойду въ церковь.	I shall go to church (now).
Я буду ходить каждое Воскресенье въ церковь.	I shall go to church (shall continue to go) every Sunday.
Ходите чаще въ церковь.	Go to church oftener.
Идите скорѣе.	Go on (walk on) quicker (now).
*Ступайте къ нему.	Go (at once) to him.
Будемъ ходить пока онъ говоритъ.	Let us walk while he talks.
Пойдёмте домой.	Let us go home.
Пора идти домой.	It is time to go home.

§ 59.—Verbs with Prefixes (Compound Verbs).

Certain prepositions fixed to the simple verbs have the effect of modifying the aspect, and sometimes changing the voice or the meaning of the verb. (See § 39.)

---

* N.B.—Ступайте (Imper.), go, is more dictatorial than идите.

COMPOUND VERBS.

Вз, воз, вос, взо, *up*, denote an upward movement: Восходи́ть, to ascend; вз-лет ѣ́ть, to fly up; возвѣща́ть, to proclaim; взо-грѣ́ть, to warm up.

Со́лнце восхо́дитъ на восто́кѣ.	The sun rises in the east.
Кора́бль взлетѣ́лъ на во́здухъ.	The ship flew up into the air.
Коро́ль возвѣсти́лъ конституцію.	The king proclaimed a constitution.
Да́йте намъ взогрѣ́ться.	Allow us to warm ourselves.

Вы, *out* (outward movement).

Тогда́ коро́ль вы́шелъ на балко́нъ.	Then the king came out on the balcony.
До́кторъ ему запрети́лъ выходи́ть.	The doctor forbade him to go out.
Вы́йдемъ на у́лицу.	Let us go out into the street.

До, *till, up to.*

На́до дойти́ до угла́.	It is necessary to go as far as the corner.
Я не договори́лъ своего́ разска́за.	I did not finish my description.

На, *on*—an action upon surface: На-писа́ть, to write upon; на-йти́, to find (to come upon).

Написа́ли-ли Вы письмо́?	Have you written the letter (upon paper)?
Я нашёлъ свою́ кни́гу.	I have found (come upon) my book.

Отъ, *from*—movement away, or separation: От-ходи́ть, to go away from; от-дѣли́ть, to detach.

Не отходи́те отъ него́.	Do not go away from him.
Мы отошли́ * въ сто́рону.	We went (away) aside.
Отдѣли́те полови́ну.	Detach (imperat.) the half.

---

* The o is inserted for euphony—отъ, from, and шли, went.

Пере, *over, across:* Пере-ходи́ть, пере-йти́, to cross over; пере-да́ть, to transmit; пере-везть (perf.), пере-вози́ть (imp.), to carry over, to transport.

Непрія́тель перешёлъ рѣку.	The enemy crossed the river.
Переда́йте ему́ покло́нъ.	Transmit to him my greetings.
На́до перевезти́ ра́неныхъ на другу́ю сто́рону.	The wounded must be transported to the other side.

По, *over, awhile:* По-ѣхать, to start, to drive off; по-смотрѣ́ть, to look awhile; по-сидѣ́ть, to sit awhile; по-говори́ть, to speak awhile; по-ста́вить, to place.

Поѣдемте.	Let us drive away, let us be off.
Я пойду́ за́втра.	I shall go (drive) to-morrow.
Посмо́тримъ на э́ту карти́ну.	Let us look at this picture.
Посиди́те немно́го, ещё не по́здно.	Sit awhile, it is not late.
Я пойду́ поговорю́ съ нимъ.	I shall go and speak with him awhile.
Поста́вьте ла́мпу на столъ.	Place the lamp on the table.

Подъ, *under*—a downward direction, a motion towards an object: Под-ложи́ть, to put under; под-ходи́ть, to come up; под-носи́ть, to bring up.

Подложи́те большо́му поду́шку.	Put the pillow under the patient.
Непрія́тель подошёлъ на 500 шаго́въ.	The enemy approached within 500 paces.
Депута́ція подноси́ла Госуда́рю хлѣбъ соль.	The deputation brought bread and salt to the emperor.

При, *towards*—a carrying out an action, a movement to the place of origin: При-ходи́ть (imperf.), пріи́ти́[1] (perf.), to come; при-носи́ть (imperf.), при-нести́ (perf.), to bring; пріѣзжа́ть (imperf.), пріѣхать (perf.), to arrive, to come; при-сыла́ть (imperf.), при-сла́ть (perf.), to send to.

Приходи́те къ намъ.	Come and see us sometimes.
Пріи́ди́те къ намъ за́втра.	Come and see us to-morrow.
Онъ пріѣзжа́лъ вчера́.	He was here yesterday.
Онъ пріѣхалъ вчера́.	He arrived (here) yesterday.
Почтальо́нъ принёсъ письмо́.	The postman has brought a letter.
Ма́льчикъ прино́ситъ ежедне́вно газе́ту.	The boy brings the paper daily.
Оте́цъ присла́лъ ему́ де́негъ.	His father has sent him some money.
Пришли́те мнѣ депе́шу.	Send me a telegram.

Разъ, *division*—spreading of an action over the object: Раз-да́ть, to distribute; раз-верну́ть, to open out, unfold; раз-гра́бить, to pillage; раз-одра́ть,* to tear (to pieces).

Разда́йте э́ти де́ньги ни́щимъ.	Distribute this money to the beggars.
Непрія́тель вдругъ разверну́лъ строй.[2]	The enemy suddenly advanced in skirmish.
Разбо́йники разгра́били дере́вню.	The robbers pillaged the village.
Я перелѣ́зъ и розодра́лъ свое́ пла́тье.	I climbed over and tore all my clothes.

---

[1] Пріи́ти́ or пріи́дти́. [2] Opened out his lines.

* The O is inserted for euphony—драть, to pull, to tear.

Съ, со, *with*—a connection, a thorough destruction:
С-ложи́ть, to fold, to put together; с-гни́ть, to decay entirely; с-горѣ́ть, to burn down.

Я сложи́лъ свои́ кни́ги.	I have put my books together.
Это де́рево сгни́ло.	This tree is entirely decayed.
Нашъ домъ сгорѣ́лъ.	Our house is burnt down.

С, со, *from*—descent, a short and immediate movement: С-ходи́ть (imperf.), to descend; со-йти́ (perf.), to just go; с-пусти́ть, to let down; с-мета́ть, to sweep off; с-тере́ть, to rub off; с-лѣзть, to come off.

Я схожу́ съ лѣ́стницы (gen.).	I am coming down the ladder.
Я схожу́ на по́чту (fut.).	I shall just go off to the post.
Сходи́те за до́кторомъ.	Just go off for the doctor.
Сойди́те съ э́той доски́ (gen.).	Come off that plank.
Я уже́ давно́ сошёлъ.	I have already come off long ago.
Она́ сошла́ съ ума́.	She has gone off her mind.
Спусти́те паруса́.	Lower the sails.
Спусти́ли возду́шный шаръ.	The balloon is let off.
Она́ смела́ пыль.	She has swept off the dust.
Не сотри́те* кра́ску.	Do not rub off the paint.
Я стёръ пятно́.	I have rubbed off the stain.
Слѣза́йте съ ло́шади.	Come off the horse, dismount.

У, *away*, denotes:—

(*a*.) In verbs of movement—disappearance from sight: У-бѣжа́ть, to run away; у-йти́, to go away; у-ѣхать, to drive away.

Ареста́нтъ убѣжа́лъ изъ тюрьмы́.	The convict has escaped from prison.

---

* The о is inserted for euphony. The verb тере́ть, to rub, has—pres., я тру; past, тёръ; fut., я бу́ду тере́ть; imperat., три, три́те.

COMPOUND VERBS.   89

Онъ ушёлъ въ три часа́.	He went away at 3 o'clock.
Не уходи́те ещё.	Do not go away awhile.
Я уйду́, е́сли онъ прійдётъ.	I shall go away, if he comes.
Они́ уѣхали вчера́.	They went away (by car or horse) yesterday.
Уѣдемте изъ этого го́рода.	Let us leave this town.
Не уѣзжа́йте пока́ онъ здѣсь.	Do not go (drive) away while he is here.

(*b.*) In other verbs—completeness of action: у-топи́ть, to drown (act. v.) thoroughly; у-гна́ть, to drive away; у-зна́ть, to recognise; у-мори́ть, to starve to death.

Я утоплю́ (fut.) эту соба́ку.	I shall drown this dog.
Пастухи́ угна́ли коро́въ на́-горы.	The shepherds have driven the cows away to the mountains.
Мы то́тчасъ узна́ли Васъ.	We recognised you at once.
Ма́льчикъ умори́лъ птенце́въ.	The boy has starved the young birds to death.

В, Во, *in, into:* Войти́ (perf.), в-ходи́ть (imperf.), to enter; в-нести́, в-носи́ть, to bring in; войди́те, come in; не входи́те, do not enter.

Я постуча́лъ и вошёлъ.	I knocked and entered (perf.)
Я не входи́лъ, потому́ что было темно́.	I entered not because it was dark.
Когда́ вноси́ли тѣло уби́таго, наро́дъ палъ на колѣни.	When they were bringing in the body of the slain one, the people fell on their knees.
Когда́ внесли́ его́, наступи́ла мёртвая тишина́.	When they brought him in, there (was, became) a dead silence.

Надъ, *above, over :* Над-зирать, to overlook, to inspect; надзиратель, inspector of police; над-писать, to superscribe; надпись, an inscription.

Предъ, *before :* Пред-сказать, to foretell; пред-видѣть, to foresee; пред-шествовать (governs the dat.), to precede; пред-чувствовать, to have a presentiment.

Наполеонъ I. предсказалъ франко-германскую войну.	Napoleon I. foretold the Franco-German War.
Онъ не предвидѣлъ рокового конца сраженія при Ватерло.	He did not foresee the fatal end of the battle of Waterloo.
Прочтите предъидущую главу.	Peruse the preceding paragraph.
Пѣвчіе предшествовали священству на похоронахъ.	The choir preceded the priesthood at the funeral.
Я предчувствую болѣзнь.	I have a presentiment of illness.

Прóтивъ, *against, contrary :* Противо-рѣчить, to contradict; противо-положить, to oppose; противоположный, opposite.

Безъ, *without*—privation or deficiency: Честить, to honour; обез-честить, to dishonour; вооружить, to arm; обез-оружить, to disarm.

Плѣнныхъ тотчасъ обезоружили.	The prisoners were at once disarmed.
Онъ обезчестилъ своё имя.	He has dishonoured his name.
Обезоруженное (adj.) войско.	A disarmed force.

§ 60.—Words.

Искать,	to search for.	Обѣщать,	to promise.
		Вчера,	yesterday.
Находить (imp.) Найдти (perf.)	} to find.	Раньше,	earlier, sooner.
Комната,	a room.	Бумаги,	documents, papers.
Рукопись (fem.),	a manuscript.	Полчаса,	half an hour.
Оставлять (imp.) Оставить (perf.)	} to leave.	Посить (imp.) Нести (perf.) Нашивать (iter.)	} to carry in hand, to wear.
Помогать (imp.) Помочь (perf.)	} to assist.		
Пожалуйста,	if you please.	Возить,	to carry in vehicle.
Пожалуй,	probably.	Дарить,	to present.
Зывать (imp.) Звать (perf.)	} to call, to summon.	Руковица,	a mitten.
		Разнощикъ,	a costermonger.
Сейчасъ,	at once.		
А то, иначе,	otherwise.	Носилки,	stretchers.
Вѣдь,	without doubt.	Велѣть,	to bid, to order.
Пока,	while.	Учить,	to learn, to teach (act.)
Уже,	already.		
Цѣлый,	whole.	Учиться,	to learn (reflect.).
Почти,	almost.		
Сюда,	hither.	Пріучаться,	to accustom oneself.
Туда,	thither.		
Садоводство,	horticulture.	Упражненіе Охота,	exercise. sport, wish.
Тогда,	then.	Мнѣ неохота,	I am not inclined.

Дабы,	in order to.	Намѣреніе	intention.
Ежедневно,	daily.	Намѣреваться,	to intend.
Сегодня,	to-day.	Цѣна,	a price.
Современный,	modern.	Цѣнить,	to value.
Время,	time.	Художество,	art.
Охотиться,	to hunt or shoot.	Художникъ,	an artist.
		Я намѣренъ,	I intend.

Exercise to be read aloud, translated in writing into English, and committed to memory for reversing the translation orally.

Что онъ пошёлъ искать въ другой комнатѣ? Онъ ищетъ рукописи, которыя отецъ его оставилъ ему, когда ѣхалъ въ Индію. Я также ищу ихъ, и Вы много помогли-бы намъ, если-бы стали искать съ нами. Поищите пожалуйста. Сестра моя поискала-бы съ нами, да она еще не вышла изъ своей комнаты. Я пойду позову её, чтобы она пришла сейчасъ, а то Вы, пожалуй, уйдете. Что же Вы не ищете? Вѣдь, Вы обѣщали мнѣ вчера не уходить, раньше какъ найдутся эти бумаги. Я выйду на полчаса, пока они ищутъ; а Вы пойдите къ нему въ другую (other) комнату и сестра моя прійдетъ къ Вамъ, когда я уйду. Я ношу эту шляпу уже почти цѣлый годъ. Онъ носитъ сапоги, которые привёзъ ему изъ-заграницы (from abroad) Вашъ братъ. Носите-ли Вы перчатки (gloves), которыя подарилъ Вамъ дядя Вашъ. Я посѣялъ ихъ, когда Вы несли въ рукахъ снѣгъ, и когда человѣкъ Вашъ принёсъ Вамъ рукавицы и унёсъ мою шляпу. Подайте вино и стаканы, сейчасъ прійдётъ разносчикъ, и принесите фрукты, а я приведу людей съ посылками и велю вынести больныхъ сюда. Отчего (why) Вы не учитесь (gov. dat.) садоводству? Вы могли-бы учить тогда другихъ (others), дабы они могли пріучаться къ физическому упражненію. Я пріучаюсь

ходить пять верстъ ежедневно и пріучаю собаку свою къ
охотѣ. Я учу (act.) свой урокъ, чтобы научиться по русски,
и намѣренъ выучить первую главу (paragraph) сегодня.
Я высоко цѣню знаніе современныхъ языковъ, а братъ
мой цѣнитъ болѣе художество.

§ 61.—Words.

Ловко,	cleverly.	Хорошая погода,	fine weather.
Водить (imp.), Вести (perf.),	} to lead.	Вѣтрено,	it is windy.
Слѣпой,	blind man.	Морозъ,	frost.
Веревка	{ a string, a rope.	Слѣдовать за,	to follow somebody.
Полагать (v. n.)	to suppose.	Слѣдить за,	to follow with the eye.
Полагаться (imp.) Положиться (per.)	} to rely, to trust.	Скорый (adj. m.)	quick.
Позвать (gov. gen.),	to hail, to call.	Шагъ,	pace.
		Чуткость (fem.),	sagacity.
Приказывать (imp. gov. dat.), Приказать (perf.)	} to bid, to command, to tell.	Голодный человѣкъ,	a hungry man.
		Теперь,	now.
Приказъ (subs.),	order, command.	Сквозь,	through.
		Сперва,	at first.
Указъ,	Imperial rescript.	Хотя,	though.
		Хотѣть,*	to wish.
Совѣтъ,	advice.	Тереть (v. a.),	to rub.
Совѣтовать (imp. gov. dat.), Совѣтать (perf.),	} to advise.	Холодно,	it is cold.
		Снѣгъ идётъ,	it snows.
		Дождь идётъ,	it rains.
Совѣтоваться съ (recep.),	} to consult with.	Морозитъ,	it freezes.
		Заморозить (v.a.)	to freeze.

* Я хочу, ты хочешь, онъ хочетъ. Мы хотимъ, -тите, -тятъ.

Exercise to be translated in writing into Russian after committing to memory thoroughly the foregoing words.

Look at that dog how cleverly it is leading the blind man with the string. It is running along and the blind man follows with quick paces, trusting to the animal's sagacity and knowledge of the streets. Call the servant and bid him bring (lead) in the blind man: I suppose he must be hungry. Tell the servant also to bring us some bread to give to the poor man. Now you can lead him away and conduct him as far as the street. I will lead the dog aside while you lead the man through the gates. At first we must allow (дать) the man to warm himself. Warm your hands at the fire (у огня, gen.) while I bring a candle. It is very cold; it snows now and yesterday it rained, though this morning it was fine. It is wrong (не хорошо) to warm the hands too near (слишкомъ близко) the fire; I advise you to rub them well together. We advised them to come in, but they said you advised them to go out.

§ 62.—The Adjective.

The Adjective agrees and changes its inflection with its Substantive in *gender*, *number*, and *case*. It is used either as an epithet, as добрый человѣкъ, the good man; or as an attribute, as человѣкъ добръ, the man is good. The first termination is called full, or declinable; the second, apocopated and not declinable.

§ 63.—Adjectives in Russian are divided into:—

(1.) *Qualifying*, which have both the terminations.

(a.) *The full or declinable, placed before the noun*, viz.: For the hard declension—

   Masc. ый, ой; fem. ая; neut. ое.

THE ADJECTIVE.

For the soft declension—
   Masc. ій;   fem. яя;   neut. ee.

Example:—
  Добр-ый, good, слѣп-ой,* -ая, -ое, blind (epithets).
  Сии-ій, -яя, -ее, blue.

(b.) *The apocopated termination, and not declinable, placed after the noun,* viz.—
  Masc. ъ, fem. а, neut. о, the hard terminations.
   „ ь, „ я, „ е, the soft terminations.

Example:—
  Добр-ъ, -а, -о; сип-ь, -я, -е (attributes).

(2.) And *Relative*, which have one or the other of the terminations, but not both, viz.—

Full, { человѣческій, -ая, -ое, human } have not the
  { русскій,   -ая, -ое, Russian } apocopated.

Apocop., { сестринъ, -а, -о, the sister's } have not the
   { дядинъ,   -а, -о, the uncle's } full.

§ 64.—The Qualifying Adjectives are distinguished from the Relative likewise by being alone subject to the degrees of comparison, of which there are three—the Positive, Comparative, and Superlative.

The Positive has two terminations. (See § 63.)
(1.) The full and declinable (epithets).
  Sing. hard ый (ой), ая, ое; soft, ій, яя, ее.
  Plur. „ ые, ыя; „ іе, ія.
(2.) The apocopated and not declinable (attributes).
  Sing. hard ъ, а, о; soft, ь, я, е.
  Plur. „ ы, ы, ы; „ и, и, и.

---

* N.B.—The inflection ой is employed when the accent is on it.

The Comparative has also two terminations.

(1.) The full:

    Sing. шій, шая, шее.
        а̀йшій, а̀йшая, а̀йшее (after the hissing consonants).
        ѣ̀йшій, ѣ̀йшая, ѣ̀йшее (after the radical, б, в, д, л, м, п, н, т, р).*

(2.) The apocopated:

    е, ѣе (ѣй for brevity).

Example:—

Full: бо̀ль-шій, ая, ое; добр-ѣ̀йшій, ая, ее; кра̀тч-а̀йшій, ая, ее (with the ч, hissing consonant).
Apoc.: бо̀льш-е, добр-ѣе; смѣл-ѣе (смѣлѣй).

N.B.—The following Adjectives have two forms for the Comparative degree; as—

    Велѝкій (great), бо̀льшій, велича̀йшій.
    Ма̀лый (little), мѐньшій, мѐньше,
        also малѣ̀йшій.
    Высо̀кій (tall, high), вы̀сшій, вы̀ше,
        also высоча̀йшій.
    Большо̀й (big, large), бо̀льше, бо̀лѣе.
    Далёкій (distant), да̀льше, and да̀лѣе.

The apocopated Comparative governs the genitive; as—

    Онъ добрѣе бра̀та; она̀ вы̀ше сестры̀:

and the adverb *much* before it is translated гора̀здо; as—

    Онъ гора̀здо добрѣе бра̀та.

---

    * Exceptions:—Молодо̀й, young; comp., мла̀дшій.
    Худо̀й, bad; comp., ху̀дшій.

THE ADJECTIVE.

Чѣмъ (than) after the Comparative governs the nominative, though it is employed chiefly in compound sentences; as—

Пріятнѣе дарйть, чѣмъ получать подарокъ.
It is more agreeable to give than to receive presents.

The Superlative degree in the Russian language has no special terminations, and is formed in three different ways:—

(*a.*) Either by placing before the Positive the words самый, the most; or очень or весьма, both signifying very; as:—

Самый храбрый, the most brave. Очень красивый, весьма красивый, very handsome or the most handsome.

(*b.*) Or by the prefix *пре* to the Positive and *наи* to the Comparative degrees; as—

Премилый, most charming. Наилучшій, the best.
Наибольшій, the largest.

(*c.*) Or by using the Comparative full termination; as—

Милѣйшій (самый милый) другъ, dearest friend.
Злѣйшій (самый злой) врагъ, bitterest enemy.

N.B.—The degrees of Comparison should not be mistaken for—

(*a.*) Augmentative Adjectives; as—

Больш-ущій домъ, an enormously big house.

(*b.*) Diminutive Adjectives; as—

Мал-енькій мальчикъ, a little boy.
Худ-енькая дѣвочка, a thin little girl.
Бѣл-оватое стекло, a whitish glass.
Синенькое небо, a bluish sky.

H

§ 65.—Declension of Adjectives.

Singular.

	Hard termination.			Soft termination.		
	Masc.	Fem.	Neut.	Masc.	Fem.	Neut.
N.	добр—ый сѣдн—ой	–ая	–ое	сйн–ій	–яя	–ее
G.	——аго	–ой	–аго	——яго	–ей	–яго
D.	——ому	–ой	–ому	——ему	–ей	–ему
Ac.	Anim. Nouns like the Gen., Inanim. like the Nom. for Masc. and Neut.	–ую	–ое	Anim. Nouns like the Gen., Inanim. like the Nom. for Masc. and Neut.	–юю	–ее
Inst.	——ымъ	–ою or –ой	–ымъ	——имъ	–ею or –ей	–имъ
P. о	——омъ	–ой	–омъ	——емъ	–ей	–емъ

Plural.

	Masc.	Fem. and Neut.	Masc.	Fem. and Neut.
N.	добр—ые	–ыя	сйн–іе	–ія
G.		–ыхъ		–ихъ
D.		–ымъ		–имъ
Ac.	Like Gen. or Nom.		Like Gen. or Nom.	
Inst.		–ыми		–ими
P. о		–ыхъ		–ихъ

N.B.—It will be observed that the difference in the two forms of declension is merely the substitution of the counterpart soft for the hard vowels.

Remark I.—Adjectives with the guttural sound-root (§ 38) are declined according to the hard declension, and those of the hissing sound as the soft declension, and of course adopting concomitant vowels (§ 10).

DECLENSION OF ADJECTIVES.

Remark II.—Derivative Adjectives employed as Substantives are declined as Adjectives, including the apocopated termination.

§ 66.—Qualifying Adjectives derived from masc. and fem. Substantives by the addition to the root of the inflection ій have the i replaced by ь in the nom. sing., feminine and neuter gender, and the remainder cases of all three genders; as—

Лисица or лис-а́ (a fox): the adj. is лис-ій, -ья, -ье.
Воро́на (a crow): воро́н-ій, -ья, -ье.
Челов҄къ (a man): челов҄ч-ій, -ья, -ье, viz.:—

	Singular.			Plural.	
N.	лис-ій	-ья	-ье	лис-ьи	⎫
G.	——ьяго	-ьей	-ьяго	——ьихъ	⎪ for all the genders.
D.	——ьему	-ьей	-ьему	——ьимъ	⎪
Ac.	as Nom. or Gen. —ью for Masc. and Neut.			as Nom. or Gen.	⎬
Inst.	——ьимъ	-ьею	-ьимъ	——ьими	⎪
P. o	——ьемъ	-ьей	-ьемъ	——ьихъ	⎭

Qualifying derivative Adjectives with the apocopated termination are declined as follows:—

	Singular.			Plural.
	Masc.	Fem.	Neut.	
N.	Лисицын-ъ	-а	-о	Лисицын-ы
G.	——————а	-ой	-а	——————ыхъ
D.	——————у	-ой	-у	——————ымъ
Ac.	Like the Nom.	-у	-о	Like the Gen.
Inst.	——————ымъ	-ою or -ой	-ымъ	——————ыми
P. o	——————омъ	-ой	-омъ	——————ыхъ

N.B.—In the same manner are declined qualifying derivative Adjectives with the apocopated termination инъ, овъ, евъ: as, сёстринъ, of a sister; Петрóвъ, of Peter.

Examples:—

Сёстринъ браслётъ, the sister's bracelet.
Петрóвъ день, St. Peter's day.
Васи́льевъ садъ, William's garden.

But when these or similar Adjectives are employed as nouns, then the prep. sing. ends in ѣ, and not in омъ, which is the difference in the declension of Nouns and Adjectives.

О Пу́шкинѣ сочинéніяхъ, about Poushkin's work.
О Петрóвѣ конѣ, about Peter's horse.

The first examples, сёстринъ, Петрóвъ, and Васи́льевъ, are epithets derived from nouns. The second are nouns possessing other nouns, and should follow the declension of substantives.

§ 67.—Observations on the Orthography of Adjectives.

(1.) The Nom. sing. masc. of the apocopated Adjective has ъ, and not ь, when preceded by a hissing consonant; as—

Этотъ я́блокъ хорóш-ъ, this apple is good.
Вашъ сынъ похóж-ъ на Васъ, your son is like you.
Онъ при боѣ могу́ч-ъ, he is mighty in battle.

(2.) The Gen. sing. masc. and neut. end in аго, and not ого: слѣпа́го человѣ́ка, and not слѣпо́го.

(3.) In the Nom. pl. of full Adjectives, the terminations are—for the masc., е; for the fem. and neut., я; as—

До́брые лю́ди. Сѣ́рыя лошади. Скрóмныя (modest) дѣти.

(4.) The е of ѣе, the termination of the comp. degree, is sometimes, though rarely, dropped; as, болѣ, менѣ, instead of болѣе, менѣе.

§ 68.—General Observations on the Adjective.

(1.) The comparative of the following Adjectives must not be confounded with Adverbs:—

Adjectives.		*Adverbs.*	
Longer,	дольше.	Longer time,	долѣе.
More distant,	дальше.	Farther,	далѣе.
Larger,	больше.	More,	болѣе.
Smaller,	меньше.	Less,	менѣе.

(2.) Adjectives in гій, кій, хій form their apocopated comparative in е, changing at the same time г, к, х into ж, ч, ш; besides other irregularities, which should be noted, as follows:—

Крѣпкій,	strong,	Comparative	крѣпче.
Строгій,	severe,	„	строже.
Ветхій,	old,	„	ветше.
Кроткій,	kind, benign,	„	кротче.
Короткій,	short,	„	короче.
Близкій,	near,	„	ближе.
Низкій,	low,	„	ниже.
Узкій,	narrow,	„	уже.
Широкій,	broad, wide,	„	шире.
Высокій,	high, tall,	„	выше.
Глубокій,	deep,	„	глубже.
Тонкій,	thin,	„	тоньше.
Долгій,	long (duration),	„	дольше.
Далёкій,	distant,	„	дальше.
Горькій,	bitter,	„	горьче.
Хорошій,	good,	„	лучше.

In like manner д is changed into ж, and ст into щ:—

Молодой, young,   Comp. моложе.
Худой, bad, thin,   „   хуже.
Толстый, thick, stout, „ тóлще.
Простой, plain, simple, „ прóще.
Богатый, rich,   „   богаче.

§ 69.—Words.

Тёплый,	warm.	Довóльный,	contented.
Хорóший,	good.	Увéчный,	crippled.
Вдали,	beyond.	Изурóдованный,	deformed.
Красный,	red.	Молокó,	milk.
Слишкомъ,	too.	Альпы,	the Alps.
Красивый,	pretty, handsome.	Апельсинъ,	an orange.
		Слива,	a plum.
Храбрый,	brave.	Вéтеръ,	the wind.
Жестóкій,	severe, cruel.	Вéтерокъ (dim.),	slight wind.
		Облако,	the cloud.
Вéрный,	faithful, true.	Сторона,	a side.
		Дождь,	the rain.
Жёсткій,	hard, stiff.	Гроза,	a storm.
Учёный,	learned.	Лугъ (pl. луга),	meadow.
Пріятно (adv.),	pleasant.	Сегóдня,	to-day.
Хóлодно (adv.),	cold.	Вчера,	yesterday.
Спéлый,	ripe.	Чай,	tea.
Волноваться,	to undulate.	Крестьянство,	peasantry.
		Рана,	a wound.
Совершéнно (adv.),	perfectly.	Бéдный,	poor (adj.).
		Сюртукъ,	a coat.
Зелёный,	green.	Шапка,	a cap.
Свéжій,	fresh.	Старикъ,	an old man.
Больнóй,	sick, ill.	Старый (adj.),	old.

READING EXERCISE.

Здоровый,	healthy.	Тянуть,	to stretch.
Сѣрый,	grey.	Тянуться (refl.),	to extend.
Прилѣжный,	diligent.	Тянутся,	they extend.
Чёрный,	black.	Дуть (past, дулъ),	to blow.
Вѣтряный,	windy, wild.	Обливной (adj.), Получить (per.),	inundated. to receive.
Длинный,	long (adj.).	Увидавъ (ger.),	having seen.
Кольцо,	a ring.	Швейцарія,	Switzerland.
Твёрдый,	hard.	Видѣть,	to see.
Горькій,	bitter.	Поля (pl. of поле),	fields.
Совершенно,	thoroughly.	Пастбище,	pasturage.

N.B.—The foregoing words must be thoroughly committed to memory before proceeding with the Exercise.

Reading Exercise for Oral Translation.

Нѣтъ-ли у Васъ теплаго молока и хорошаго краснаго вина? Любите-ли Вы крѣпкое пиво? Альпы красивыя, высокія горы Швейцаріи. Храбрые русскіе солдаты получили жестокія раны. Вѣрная собака моя слѣпа и стара, но весьма учена. Въ тёплое время, пріятно кушать спѣлые апельсины. Эта слива совершенно тверда и зелена. Синее небо и свѣжій вѣтерокъ пріятны какъ для больнаго, такъ и для здороваго человѣка. Ученики мои всѣ прилѣжны и паучны но немного вѣтряны. Чёрныя облака тянутся съ вѣтряной стороны, сейчасъ пойдётъ сильный дождь. Подулъ свѣжій вѣтеръ; пожалуй будетъ гроза. Я вижу за широкой рѣкою обливные зелёные луга и пастбища. Сегодня тепло, а вчера было холодно.

Exercise for Written Translation.

This tea is too strong; give me some not so strong, please, a little weaker than this. Give my faithful, brave servants some fresh milk. This black coat and that blue cap belong to the poor blind man. Are your soldiers strong, and have they strong swords and guns? The learned old man has long gray hair. This plum is too green and cannot be ripe. In front of us extended the inundated corn-fields, and beyond on the slopes of the woody hills undulated the rich green pastures of a contented peasantry. She wept (began to weep) bitterly at the sight of her once strong healthy child, now so crippled and deformed. You have red and cold hands, but your heart is warm (hot). My little (маленькая) bed is pretty but very hard.

The climate of Italy is warmer, but that of Africa is the warmest. Edinburgh is the handsomest town of Great Britain. Wine is much pleasanter to drink than beer. Bring my aunt's velvet fox fur cloak (шуба). The crow's wing is black. He has lost mother's ring in "Юсуповъ's" garden. I love Poushkin's works, though Lermontoff's are also beautiful. You are very tall, but my eldest (старшій) brother is taller and stouter (полнѣе) than you. My youngest sister is very thin (худой); she is thinner than (тоньше) this little girl.

§ 70.—Conversation.

Гдѣ Вы купили эту прекра-   Я купила её въ Москвѣ.
сную лисью шубу?

Она Вамъ коротка, про-   Я не могу, она мнѣ пода-
дайте[1] её мнѣ.   рена.[2]

[3] Глубока-ли эта рѣка?   Нѣтъ, она не очень глубока.

---

[1] Продать, to sell. [2] Given for a present, from дарить and по the prefix; fem. adj. дарёная, apoc. дарена. [3] Apoc. adj. of глубокая.

CONVERSATION.

Гдѣ можно лучше перейти?[4]	Тамъ подальше[5] есть переправа.[6]
Можно-ли конницѣ перейти въ бродъ?	Да, только поближе[7] къ горѣ.
Сильна-ли непріятельская пѣхота?	Да, она главная его сила.
Чья эта красивая вороная[8] лошадь?	Она младшаго русскаго офицера.
Какъ его имя? Какъ его зовутъ?	Не знаю, я спрошу брата.
Сколько лѣтъ Вашей сестрѣ?	Ей шестнадцать лѣтъ.
Который часъ?	Половина втораго.
Которые Ваши часы?	Мои серебрянные.[9]
Кто потерялъ золотое кольцо?	Мой старшій братъ.
Высокій-ли Вашъ братъ?	Да, онъ выше Васъ.
Далеко-ли до Вашего дома?	Далѣе чѣмъ до города.
Учитесь-ли Вы по русски?	Да, я ежедневно беру[10] уроки.
Любите-ли Вы красное вино?	Я люблю красное и бѣлое.
Строгій-ли Вашъ учитель?	Онъ гораздо строже Вашего.
Вашъ домъ очень низкій.	Но онъ очень широкій.
Шире этого нельзя быть.	Да, но онъ очень ветхій.

---

[4] Пере and идти. [5] Дальше and the prefix по, meaning a little.
[6] A ferry, from править, to guide, and prefix пере. [7] Ближе, nearer, and prefix по. [8] Horse's colour, like in English, is exceptionally rendered: вороная, black, from воронъ, a raven; рыжая is chestnut; гнѣдая, bay; пѣгая, piebald. [9] Silver (adj.). [10] Pres. of брать, to take.

§ 71.—Participles.

Participles are verbal adjectives. They are subject to the changes of moods and tenses, like verbs, and of gender, number, and case, like adjectives.

Present.
Act. Читáющiй, ая, ое, reading.
Pass. Читáемый, ая, ое, being read.

Past.
Читáвшiй, ая, ое, who has read.
Читáнный, ая, ое, having been read.

Illustration.

Pres. act. Знáющiй дорóгу не заблýдится.
One knowing the road will not lose himself.

Pres. pass. Кни́га читáемая мнóю (inst. follows the pass.)
The book which is being read by me.

There are four formations of the participles—two for each of the two voices, active and passive.

(1.) *The Present Active Participle* is formed of the 3rd pers. plur. Indic. present by changing the termination *тъ* into *щiй*, as—

Читáю-тъ, they read; part., читáю-щiй, ая, ое.
Бѣгý-тъ, they run; part., бѣгý-щiй, ая, ее (щ does not take o).

(2.) *The Past Active Participle* is formed of the verb of the same tense by changing the termination *лъ* into *вшiй* if the root of the verb end in a vowel, and into *шiй* if in a consonant.

Читá-лъ; part., читá-вшiй, ая, ое.
Бѣжá-лъ; part., бѣжá-вшiй, ая, ое.

PARTICIPLES. 107

Нёс-(л)ъ (inf. нести), нёс-шій, ая, ое.
Вё-(л)ъ (inf. вести, indef. водить), вёд-шій, ая, ое. } See § 57, Rem. I.

Remark I.—Verbs the Past Ind. of which are—ѣ(д)лъ, I ate; сѣ(д)лъ, sat down; па(д)лъ, fell, form their participles like those with the root ending in vowels; as, ѣвшій, сѣвшій, павшій.

(3.) *The Present Passive Participle* has the full and apocopated termination, and is formed from the 1st pers. plur. present by changing the termination мъ into мый, мая, мое, for the three genders.

	Full term.	Apocop. term.
Читае-мъ; part.,	читае-мый, ая, ое,	мъ, а, о.
Види-мъ; part.,	види-мый, ая, ое,	мъ, а, о.
Носи-мъ; part.,	носи-мый, ая, ое,	мъ, а, о.

Remark II.—But if the root of the verb end in a consonant, the terminations мый, ая, ое, мъ, а, о are attached to the root by the euphonic epenthesis о; as—

Нес-ти: part., нес-о́-мый, ая, ое; нес-о́-мъ, ма, о.
Вѣд-ать (to know): part., вѣд-о-мый, ая, ое; вѣд-о-мъ, ма, о (known).

(4.) *The Past Passive Participle* has likewise the two terminations: the full, нный or тый; and the apocopated, нъ or тъ. These participles are formed from the Past Ind. by changing the termination лъ into нный (нъ) or тый (тъ), as—

	Full term.	Apocop. term.
Чита-лъ; part.,	чита-нный,	нъ, а, о.
Видѣ-лъ (I saw); part.,	видѣ-нный,	нъ, а, о.
Би-лъ (I struck); part.,	би-тый,	тъ, а, о.
Пѣ-лъ (I sang); part.,	пѣ-тый,	тъ, а, о.
Взя-лъ (I took); part.,	взя-тый,	тъ, а, о.

Remark III.—To the root ending with a consonant, these terminations are attached by the euphonic epenthesis е; as—

Нес-ти́: past Indic., нёс(л)ъ; part., нес-ё-нный, нес-ё-нъ.

N.B.—Participles employed in the sense of adjective-substantives have the termination нный with one н only; as—

Жа́реный гусь, a roast goose.

Учёные отпра́вились путеше́ствовать.
The learned have started on their travels.

The Passive Participles are formed from Active verbs only.

§ 72.—Illustrations of the different Participles.

Active present.

Наступа́ющее во́йско.	The advancing army.
Це́лящій солда́тъ.	The soldier who is aiming.
Игра́ющіе музыка́нты.	The band which is playing.
Спя́щая же́нщина.	A sleeping woman.

Active past.

Спа́вшая ко́шка.	The cat which had been sleeping.
Наступа́вшая ко́нница.	The cavalry which had been advancing.
Це́ливmie стрѣлки́.	The sharpshooters who had been aiming.

Passive present.

Это люби́мый мой сынъ.	This is my beloved son.
Онъ люби́мъ всѣми (Inst.).	He is beloved by all.

ILLUSTRATIONS OF DIFFERENT PARTICIPLES. 109

Письма, получа́емыя на́ми.	The letters received by us.
До́воды его́ неопроверга́емы.	His arguments are indisputable.
Онъ невыноси́мъ.	He is unbearable.

Passive past.

Письмо́ нике́мъ не чи́тано.	A letter read by no one.
Разби́тая таре́лка.	A broken plate.
Разби́тыя войска́.	Defeated armies.
Непрія́тель разби́тъ.	The enemy is defeated.
Вся его́ пѣхо́та была́ разби́та.	The whole of his infantry was defeated.
Онъ ушёлъ оби́женный.	He went away offended.
Ему́ былъ поднесёнъ а́дресъ.	He was presented with an address.
Подстрѣ́ленная у́тка.	A wounded ("shot under") duck.
Око́нченный уро́къ.	A completed lesson.
На́чатое и неоко́нченное дѣ́ло.	An affair, a case, begun and not finished.

The Auxiliary Verb to be (быть) has for its participles:—

The Present—Су́щій, ая, ое; as, су́щая* пра́вда, real fact.

The Past—Бы́вшій, ая, ое; as, бы́вшій импера́торъ, the past emperor.

The Future—Бу́дущій, ая, ое; as, бу́дущій годъ, next year.

---

* Except for similar expressions, and translated into *real, arrant*—as, су́щій дура́къ, arrant fool; су́щая бѣда́, a positive calamity—this participle is seldom used.

§ 73.—Gerund.

The Gerunds are simply apocopated participles. They are formed in the following manner:—

(1.) *The Active Gerund of the present tense* is constructed from 1st pers. sing. pres. by changing the inflections ю and ю into я, and when preceded by ж, ч, ш, щ, into а; as—

    Вед-у́, I lead.
Ger. *Вед-я́* его́ за́ руку, онъ споткну́лся.
  Leading him by the hand, he stumbled.

    Ид-у́, I am going.
Ger. *Ид-я́* домо́й, мы встре́тили ихъ.
  Going home, we met them.

    Чита́-ю, I am reading.
Ger. *Чита́я*, онъ засну́лъ.
  Reading, he fell asleep.

    Пиш-у́, I am writing.
Ger. *Пиша́*, онъ вдругъ остановился.
  Writing, he suddenly stopped.

(2.) *The Active Gerund of the past tense* takes its inflection from the verb of the same tense, changing лъ into въ or into вши if the root termination is a vowel, and into ъ, ши, if it be a consonant (see Past Active Part.); as—

    Чита́-лъ.
Ger. *Чита́-въ* or *вши* сто́лько книгъ, онъ ...
  Having read so many books, he ...

    Бы-лъ.
Ger. *Бы-въ* or *бы́-вши* разъ у насъ, Вы вероя́тно...
  Having been once at our house, you probably...

Вё(д)лъ.

Ger. *Вёд-ши*   слѣпа́го   по   у́лицѣ,
    Having led the blind man along the street,
    я ожида́лъ ...
    I expected ...

N.B.—But the past Gerund of the verbs ѣсть, to eat; сѣсть, to sit down; пасть, to fall; are—*ѣвши, сѣвши, павши*. (See § 71, Remark I.)

The Passive Gerund is formed from the passive participle with the aid of the Gerund of the auxiliary verb.

(3.) *The Present Passive Gerund* adopts бу́дучи; as—

Бу́дучи сто́лько разъ обма́нываемъ, весьма́ непрія́тно.
Being so many times swindled is very unpleasant.

(4.) *The Past Passive Gerund* employs бывъ, бы́вши; as—

    Бывъ   сто́лько   разъ   обма́нутъ,   я   потеря́лъ
Having been so many times swindled, I have lost
    наконе́цъ терпѣ́ніе.
    at last patience.

Remark I.—The Gerunds have no change of inflection for gender and number. The inflection of the passive participle in the passive Gerund only is changed for gender and number: as, Бу́дучи сто́лько разъ обма́нута (fem. sing.); Бывъ сто́лько разъ обма́нуты (pl.).

Remark II.—The passive Gerund comprises sometimes reflective verbs with the particle сь when preceded by a vowel: as, Умы́вшись, having washed himself; Одѣ́вшись, having dressed himself.

Illustrations of the Gerund.

Russian	English
Смотря по погодѣ, мы пріѣдемъ къ Вамъ.	Looking to the weather (it will depend on the weather), we shall come and see you.
Умирая, отецъ завѣщалъ [1] сму, не забывать [2] мать.	While dying (on his deathbed) his father willed that he should not forget his mother.
Свища, пули летѣли вокругъ меня.	Whistling, the bullets were flying around me.
Проснувшись,[3] онъ искалъ чего-то глазами.	Having awoke, he searched for something with his eyes.
Одѣвшись,[4] я выхожу обыкновенно.	After dressing, I go out usually.
Одѣвшись, она вышла.	Having dressed, she went out.
Одѣвшись, я выйду.	After dressing, I shall go out.
Сидя, я писалъ письмо.	Sitting, I wrote a letter.
Я пишу стоя или сидя.	I write, standing or sitting.
Я буду писать сидя.	I shall write, sitting.
Увидавъ его, она вскрикнула.[5]	On beholding him, she screamed, exclaimed.
Постоявъ немного, онъ повернулся и ушёлъ.	After standing awhile, he turned round and went away.

---

[1] Завѣтъ, testament; завѣщаніе, a will, a covenant; also вѣдать, to know. [2] Indef. of забыть, to forget. [3] Проснуться, reflective verb, to awake. [4] Одѣваться, reflective verb, to dress oneself. [5] Кричать, to call out, to shout, to scream; вскрикнуть, perfect, sudden action; нуть is the sign of the inchoative infinitive.

Бывши у него, я встрѣтилъ (Having been with him) At
Г‑ку.⁶ Н. съ дочерью. his house I met Mrs. N. and her daughter.
Бывая у него часто, я тамъ Being often at his house, I
какъ дома. am (there) quite at home there.

Examples showing the employment of the Gerund and Participle.

Gerund: Человѣкъ читая заснулъ, The man while reading fell asleep.

Act. Participle: Читающій человѣкъ не любитъ . . ., A reading man dislikes . . .

Pass. Participle: Разбитое войско отступило, The defeated army retreated.

Past Gerund: Разбивъ непріятеля, мы наступили, Having beaten the enemy, we advanced.

§ 74.—Numeral Nouns.

The Numerals are divided into two branches, viz.:—

(1.) *Cardinal*, which answer the question "How much?" (сколько?)—as, одинъ, one; два, two; три, three, etc.

(2.) *Ordinal*, responding to which? (который)—as, первый, first; второй, second; третій, third.

Cardinal.		Ordinal.	
Одинъ,	one.	Первый,	first.
Два,	two.	Второй,	second.
Три,	three.	Третій,	third.

---

⁶ Nom. госпожа, abbreviated as above, with the inflection of the accus. case.

Cardinal.		Ordinal.	
Четы́ре,	four.	Четвёртый,	fourth.
Пять,	five.	Пя́тый,	fifth.
Шесть,	six.	Шесто́й,	sixth.
Семь,	seven.	Седьмо́й,	seventh.
Во́семь,	eight.	Восьмо́й,	eighth.
Де́вять,	nine.	Девя́тый,	ninth.
Де́сять,	ten.	Деся́тый,	tenth.

Оди́ннад ⎫
Двѣна́д ⎬ -цать.
Трина́д ⎪
etc., etc. ⎭

Оди́ннадц ⎫
etc., etc. ⎬ -атый.

Два́дцать,	twenty.
Три́дцать,	thirty.
Со́рокъ,	forty.

Сороково́й.

Пять ⎫
Шесть ⎬ -деся́ть.
etc., etc. ⎭

Пяти ⎫
Шести ⎬ -деся́тый.
etc. ⎭

Девяно́сто, ninety.

Сто́тый.

Сто, one ⎫
Двѣ́сти, two ⎪
Три́ста, three ⎬ hun-
Четы́реста, four ⎪ dred.
Пять ⎱ -сотъ, five ⎭
etc. ⎰

Двухъ ⎫
Трёхъ ⎬ -со́тый.
etc. ⎭

Ты́сяча, one thousand.
Миллі́онъ, million.

N.B.—The Cardinals are subdivided into fractional—as, полтора́, one and a half: and collective—as, дво́е, a couple; тро́е, че́тверо, пя́теро, ше́стеро, and се́меро.

§ 75.—Declension of the Numerals.

The Numerals are declined :—

(1) As Nouns with respective inflections; (2) as Adjectives; and (3) exceptionally or as Nouns and Adjectives mixed.

(1.) As Nouns.

According to the Third Declension (§ 27), singular:—

N.	Пять,	Пятьдесятъ.
G.	Пяти,	Пятидесяти.
D.	Пяти,	Пятидесяти.
Acc.	As Nom. or Gen.	As Nom. or Gen.
Inst.	Пятью,	Пятьюдесятью.
Prep.	О Пяти,	О Пятидесяти.

According to the Second Declension (§ 21), in the singular and plural, is declined тысяча, a thousand.

According to the First Declension (§ 13) are declined :—

(*a.*) As masculine Nouns of both numbers: Миллiонъ (a million), биллiонъ (billion), миллiа̀рдъ, etc.

(*b.*) As neuter Nouns: сто, with copulatives; all in the plural except девяно̀сто.

	Singular.	*Plural.*
N.	Девяно̀сто.	Трѝста (but двѣ̀сти).
G.	Девяно̀ста.	Трёхъ сотъ.
D.	Девяно̀сту.	Трёмъ стамъ.
Acc.	As Nom. or Gen.	As Nom. or Gen.
Inst.	Девяно̀ста.	Треми̂ стами.
Prep.	О Девяно̀стѣ.	О Трёхъ стахъ.

I 2

N.B.—Со́рокъ and сто (without adjunct) have only *a* for the inflections of the Gen., Dat., Inst., and Prep. But in the sense of distribution, по сороку́, по сту is employed: as—

Gen.: Ло́шадь не сто́итъ *ста* рубле́й, The horse is not worth (of) a hundred roubles.

Dat.: Приба́вьте къ *ста* рубля́мъ, Add to the one hundred roubles.

Inst.: Я расплати́лся ста́ рубля́ми, I have settled accounts with ten roubles.

Prep.: Я говорю́ о ста́ рубля́хъ, I speak of the ten roubles. Намъ да́ли по сту рубле́й, We received one hundred roubles each. Да́йте имъ по сороку́ рубле́й, Give them forty roubles each. Къ сорока́ рубля́мъ приба́вьте два, To forty roubles add two.

(2.) As Adjectives

of the trigender inflections are declined all the Ordinal Numerals: as, Пе́рвый, пе́рвая, пе́рвое. Второ́й, ая, ое, etc.

Я въ пе́рвый разъ встрѣча́юсь съ нимъ, I met him for the first time.

По пе́рвому вы́стрѣлу вожа́къ ихъ палъ съ коня́, At the first shot their leader fell from his horse.

Она́ пе́рвая дала́ мнѣ ру́ку, She was the first to offer me the (her) hand.

Четвёртое окно́ отъ второ́й две́ри на пра́во, The fourth window from the second door on the right.

Тре́тій is declined in the manner of лисій (§ 66): as, Тре́тьяго дня, the day before yesterday; тре́тья часть, the third part, etc.

DECLENSION OF THE NUMERALS. 117

(3.) The following are mixed or exceptionally declined:—

Singular.

	Masc.	Fem.	Neut.
N.	Одинъ	Одна́	Одно́
G.	—ого́	—о́й	—ого́
D.	—ому́	—о́й	—ому́
Acc.	As Nom. or Gen.	—у́	—о́
Inst.	—ѣмъ	—ою (о́й)	—ѣмъ
Prep. Объ	—о́мъ	—о́й	—о́мъ

Plural.

	Masc.	Fem.	Neut.
N.	Одни́	одни́	одни́
G.	—ѣхъ	—ѣхъ	—ѣхъ
D.	—ѣмъ	—ѣмъ	—ѣмъ
Acc.	Like the Nom. or Gen.		
Inst.	—ѣми	—ѣми	—ѣми
Prep.	—ѣхъ	—ѣхъ	—ѣхъ

	Masc. and Neut.	Fem.
N.	Два	Двѣ
G.	Двухъ	} For all
D.	Двумъ	} Genders
Acc.	As Nom. or Gen.	
Inst.	Двумя́	
Prep.	О Двухъ	

	Masc. and Neut.	Fem.
N.	О́ба (both)	о́бѣ
G.	Обо́ихъ	обѣихъ
D.	Обо́имъ	обѣимъ
Acc.	Like the Nom. or Gen.	
Inst.	Обо́ими	обѣими
Prep.	Объ обо́ихъ	объ обѣихъ

	Masc., Fem., and Neut.	
N.	Три	Четыре
G.	Трёхъ	Четырёхъ
D.	Трёмъ	Четырёмъ
Acc.	As Nom. or Gen.	
Inst.	Тремя	Четырьмя
Prep.	О Трёхъ	О Четырёхъ

Declension of Collective Numerals.

N.	Двое, трое, двои, трои	Четверо, пятеро, четверы
G.	Двоихъ, троихъ	Четверыхъ
D.	Двоимъ	Четверымъ
Acc.	As Nom. or Gen.	As Nom. or Gen.
Inst.	Двоими	Четверыми
Prep.	О Двоихъ	О Четверыхъ

N.B.—Двое, трое, четверо, пятеро, шестеро, семеро, etc., are employed as collective Nouns; as, Пришло двое, (there was) a couple came. The Verb is placed in the neuter form in Russian when the expression signifies in English "there is" or "there was": as, Собралось четверо, there were four assembled; Было двое мужчинъ и трое женщинъ, there were two men and three women.

Declension of Fractional Numerals.

	Masc. and Neut.	Fem.
N.	Полтора	——ы
G.	Полутора	——ы
D.	Полутору	——ѣ
Acc.	Полтора	——ы
Inst.	Полуторымъ	——ою
Prep.	О Полуторѣ	——ѣ

For the plural, the syllable *пол* changes also into *полу* in all except the Nom. and Acc. cases, and the final inflections undergo the regular changes; as, Полуторыхъ (Gen.), полуторымъ, ыми, etc.

INFLECTIONS OF THE NUMERALS. 119

N.B.—Полъ (abbreviation of половина, half) is coupled with a Noun, and is declined like полторà, jointly: as, пòлдень, noon; по полỳдни, in the afternoon; полфỳнта, half a pound. Въ три часà по полỳдни, at 3 p.m. Мы спòримъ о полуфỳнтѣ, we are disputing about half a pound. Ràзница въ получасѣ, the difference is half an hour. Ràзница въ полуверстѣ, the difference is half a mile.

§ 76.—Observations on the Inflections of the Numerals.

(1.) Одинъ, in the Gen. sing., ends in òго and not аго, like the Adjectives.

(2.) Двѣ (fem.) in the Nom. and Acc., and обѣ and однѣ in *all* the cases, retain the ѣ; also двѣнàдцать and двѣсти.

(3.) Double or copulative Numerals in дцать (*i.e.* 15, 16, 17, 18, and 19), which change the final inflection only, have ь for the final consonant, and drop the ь of the radical termination:—Пять, пятпàдцать; шесть, шестнàдцать. Those which are declined in both the component parts (such as 50, 60, 70, 80) have ъ for the final consonant, and retain the ь of the radical termination:—Пятьдесятъ, шестьдесятъ (§ 75).

(4.) Одинъ in the Nom. and Acc. plur. of the neuter gender take the masc. termination одни́, and not однѣ́.

Exercises on the Numerals.

Сѐмеро, seven individuals.
Топо́ръ, an axe.
Па́мять, memory.
Луна́, the moon.
Карма́нъ, a pocket.
Пусти́ться въ путь, to start on a journey.
Содержа́ться, to contain.

Слѣ́довать за, to follow.
Слѣди́ть за, to watch with the eyes.
Су́тки (pl.), a day of 24 hours.
Са́жень (fem.), a fathom.
Посади́ть въ тюрьму́, to put into prison.

Translate into English.

Ты́сяча восемьсо́тъ во́семьдесятъ восьмо́й годъ. Восемьсо́тъ во́семьдесятъ восьмо́й. Сѐмеро одного́ не ждутъ. Въ лѣсъ иду́тъ и на трои́хъ оди́нъ топо́ръ беру́тъ (idioms). Оди́ннадцатаго ма́я пра́зднуется па́мять Св. Кири́лла и Меоѳдія. Пятна́дцать рабо́чихъ зарабо́тали се́мьдесятъ пять рубле́й. Со сто сорока́ рубля́ми въ карма́нѣ онъ пусти́лся въ путь. Петербу́ргъ осно́ванъ въ ты́сяча семьсо́тъ тре́тьемъ году́. Луна́ отстои́тъ отъ земли́ на пятьдеся́тъ ты́сячъ миль. Въ нѣме́цкой ми́лѣ содѐржится семь вёрстъ, а въ англі́йской о́коло полу́торы версты́. Съ пятью́ ты́сячами тремя́ ста́ми рубля́ми.

Translate into Russian.

They received each (unto them were given) 375 roubles. They quarrelled about (поссо́рились изъ-за) 463 roubles. We went out with both the women (with the two women), and three men followed us. But we soon separated, and returned in three-quarters of an hour.

THE PRONOUN. 121

He waited a day and a half, and at last they sent him and his brother four roubles each. There were six of them assembled, and in an hour and a half (there were) five (individuals) more arrived. I am speaking of a fathom and a half. One was put into prison, but three were pardoned. They were both (masc.) punished, but the women were both fined (оштрафованы).

§ 77.—The Pronoun.

Pronouns are divided into—

(1.) *Personal:* Я, I; ты, thou; онъ, he; она, she; оно, it.

(2.) *Reflective:* Себя, self.

(3.) *Possessive:* Мой, моя, моё, my; твой, я, ё, thy; свой, his; нашъ, our; вашъ, your; ихній, their, ихняя (fem.), ихнее (neut.).

(4.) *Demonstrative:* Тотъ, that; этотъ, this; таковой, such like; такой, such; этакій, such a ...; сей, this; оный, the said; столько, so much.

(5.) *Interrogative:* Кто, who; что, what; кой, какой, каковъ (pl. кои; каковые, ыя; каковы), what kind; который, which; чей, whose; сколько, how much.

(6.) *Relative:* The same as the Interrogative, but employed not in an interrogative sense.

Examples:—
Interrogative.

Кто читаетъ?   Что читаешь?
Who is reading?   What art thou reading?

Который тебе годъ?   Сколько Васъ?
What age art thou?   How many are there of you?

Relative.

   Кто   читаетъ,   тотъ   прплѣженъ.
Ho that (who)   reads   (that one) is diligent.

     То, что   читаешь,   не забывай.
That which (what) thou   readest   do not forget.

   Годъ,   который   тебѣ идётъ,   десятый.
The year   which   thou hast   is the tenth.

   Насъ   столько,   сколько и   Васъ.
Of us   there are   as many as   of you.

(7.) *Determinative:* Самъ, self; самый, the same; весь, entire one; всякій, every; всяческій, of all kinds; каждый, each; иной, another.

(8.) *Indeterminative*, formed of the Interrogative:— either (*a*) by prefixing to the latter the particle нѣ and ни; as, нѣкто, some one; никто, no one; нѣчто, something; ничто, nothing; никакой, not any; ничей, nobody's, etc.;—or (*b*) by joining -то, либо, нибудь: as—

   Кто-то   стучитъ   въ   дверь.
   Somebody is knocking at the door.

 Если кто-либо   осмѣлится   уйти.
 If   any one   dare   to go away.

 Если кто-нибудь придётъ, скажите дома нѣтъ.
 If   any one   comes,   say   not at home.

   Разскажите   мнѣ   что нибудь.
   Relate   to me something.

   Она что-то ему шепчетъ.*
   She is whispering something to him.

   Мнѣ что-то нездоровится.
   I feel somewhat unwell.

---

* Шептать, to whisper; я шепчу, я шепталъ, я буду шептать.

§ 78.—Declension of Pronouns.

Singular.

	Of all Genders.		Masc.	Fem.	Neut.
N.	я	ты	Онъ	она́	оно́
G.	Меня́	тебя́	Его́	ея́ (ей)	его́
D.	Мнѣ	тебѣ	Ему́	ей	ему́
Acc.	Меня́	тебя́	Его́	ее́	его́
Inst.	Мно́ю	тобо́ю	Имъ	е́ю	имъ
Prep.	Обо Мнѣ	о тебѣ	О Нёмъ	о ней	о нёмъ

Plural.

		Masc.	Fem.	Neut.
N.	Мы	вы	Они́	онѣ	они́
G.	Насъ	васъ	Ихъ		For all Genders.
D.	Намъ	вамъ	Имъ		
Acc.	Насъ	васъ	Ихъ		
Inst.	На́ми	ва́ми	И́ми		
Prep.	О Насъ	о васъ	О Нихъ		

The Pronoun себя́, self, has no Nom. case, and is declined in the singular number only. The ancient form of this Pronoun ся is preserved in verbs; as—Одѣва́ть-ся, to dress (oneself); умыва́ть-ся, to wash (oneself); стара́ть-ся, to endeavour (oneself), etc.

§ 79.—Declension of Possessive Pronouns.

	Singular.			Plural.	
N.	Мой	моя	моё	Мои	⎫
G.	Моего	моей	моего	Моихъ	⎪ for all Genders.
D.	Моему	моей	моему	Моимъ	⎬
Acc.	N. or G.	мою	моё	N. or G.	⎪
Inst.	Моимъ	моею	моимъ	Моими	⎪
Prep.	О Моёмъ	о моей	о моёмъ	О Моихъ	⎭

In the same manner are declined:—

2nd Pers.	Твой	твоя	твоё	Твои
„	Свой	своя	своё	Свои
„	Нашъ	наша	наше	Наши
„	Вашъ	ваша	ваше	Ваши

§ 80.—Declension of Demonstratives.

	Singular.			Plural.	
N.	Тотъ	та	то	Тѣ	⎫
G.	Того	той	того	Тѣхъ	⎪ for all Genders.
D.	Тому	той	тому	Тѣмъ	⎬
Acc.	N. or G.	ту	то	N. or G.	⎪
Inst.	Тѣмъ	тою	тѣмъ	Тѣми	⎪
Prep.	О Томъ	о той	о томъ	О Тѣхъ	⎭

In the same manner are declined этотъ, эта, это, this; merely changing the letter т into н: as, этимъ, эти, этихъ, этимъ, этими, объ этихъ.

DECLENSION OF PRONOUNS. 125

	Singular.			Plural for all Genders.	
N.	Сей	сія	сіе	Сіи	Столько
G.	Сегó	сей	сегó	Сихъ	Стóлькихъ
D.	Семý	сей	семý	Симъ	Стóлькимъ
Acc.	N. or G.	сію	сіе	N. or G.	N. or G.
Inst.	Симъ	сéю	симъ	Сими	Стóлькими
Prep.	О Сёмъ	сей	сёмъ	О сихъ	О Стóлькихъ

In the manner of стóлько is declined скóлько.

The remaining Demonstrative Pronouns—такóй, таковóй, этакій, оный—are declined in the same manner as Adjectives with the hard terminations (§ 65); only такóй has такóго, and not такáго, in the Gen. sing. The pronoun таковóй is frequently abbreviated into таковъ, а, о:— Acc.: таковá; таковý (fem.); таковó (neut.); nom. pl. таковы́. The other cases follow the inflections of таковóй.

§ 81.—Declension of the Interrogative Pronoun.

	Singular.		Singular.			Plural.	
N.	Кто	что	Чей	чья	чьё	Чьи	\
G.	Когó	чегó	Чьегó	чьей	чьегó	Чьихъ	\
D.	Комý	чемý	Чьемý	чьей	чьемý	Чьимъ	> for all Genders.
Acc.	Когó	что	N. or G.	чью	чьё	N. or G.	/
Inst.	Кѣмъ	чѣмъ	Чьимъ	чьою	чьимъ	Чьи́ми	/
Prep.	О Кóмъ	чёмъ	О Чьёмъ	чьей	чьёмъ	Чьихъ	/

The *Indeterminative* Pronouns (никтó, ничтó) are declined like the Interrogative кто and что. But if employed with a preposition, the latter is placed between the prefix *ни* and the Pronouns кто and что; as—

Ни о комъ ни о чёмъ мы не говорили.
Neither of anybody nor of anything did we speak.

Мы ни къ кому сегодня не пойдёмъ.
We shall not go to anybody to-day.

Она возвратилась домой ни съ чѣмъ.
She returned home with nothing.

Онъ, танцуя, ни до кого не дотрогивался (iter.).
He, (while) dancing, touched no one.

Мы ни у кого ничего не брали.
We took nothing from no one.

The Pronoun кой, кая, кое has the inflection of the 3rd pers. pron., and for the Nom. plur. кои (for all the genders). This pronoun is rarely, however, used.

Каковъ is declined like таковъ; какой and который like Adjectives (§ 65), except that the Genitive sing. has какого.

§ 82.—Declension of the Determinative Pronoun.

	Singular.			Plural.
	Masc.	Fem.	Neut.	
N.	Самъ	сама	само	Сами
G.	Самого	самой	самого	Самихъ
D.	Самому	самой	самому	Самимъ
Acc.	Самого	самое	само	Самихъ
Inst.	Самимъ	самою	самимъ	Самими
Prep.	О Самомъ	самой	самомъ	Самихъ
N.	Весь	вся	всё	Всѣ
G.	Всего	всей	всего	Всѣхъ
D.	Всему	всей	всему	Всѣмъ.
Acc.	N. or G.	всю	всё	N. or G.
Inst.	Всѣмъ	всею	всѣмъ	Всѣми
Prep.	Обо всёмъ	обо всей	обо всёмъ	Обо всѣхъ

ORTHOGRAPHY OF PRONOUNS. 127

The pronouns са́мый, вся́кій, вся́ческій, ка́ждый, ино́й, are declined like Adjectives (§ 65). *Нѣ́кто* and *нѣ́что* are indeclinable.

Нѣ́кого and *нѣ́чего* have no Nominative case.

  Prep. нѐ о комъ   нѐ о чёмъ.
  Inst. нѐ съ кѣмъ   нѐ съ чѣмъ, etc.

They are employed as follows (§ 81):—

  Намъ нѐ о комъ и нѐ о чёмъ говори́ть.
  We have no one and nothing to speak about.

  Я бы пошла́, да мнѣ нѐ съ кѣмъ идти́.
  I would go, but I have no one to go with.

  Ему́ нѐ у кого заня́ть де́негъ.
  He has no one to borrow money from.

§ 83.—Remarks on the Orthography of Pronouns.

(1.) The Genitive case has always о́го and not а́го; as, кого́, того́, э́того, тако́го, како́го, самого́ (Gen. of самъ).

(2.) The Gen. sing. of она́, she, is ея́, and the Accus. is её.

(3.) Кто, who, and что, what, have for the Inst. sing. кѣмъ, чѣмъ, and for the Prep. о комъ, о чёмъ. Тотъ, that, and весь, the whole, the entire, have тѣмъ, о томъ; всѣмъ, обо всёмъ.

(4.) The two last-mentioned Pronouns retain the ѣ of the Nom. for all the cases in the plural: as, тѣ, тѣхъ, тѣмъ, всѣми, обо всѣхъ.

(5.) The Personal Pronoun она́, she, has онѣ, and the neut. (оно́) они́, for the Nom. plural.

Exercises on the Pronouns.

Idioms, etc.

Крѣпка могила, да никто въ неё идти не хочетъ.	The grave is strong, but no one will enter therein.
Лиса* хитра и льстива: слушать её можно, а вѣрить рѣчамъ ея нельзя.	The fox is crafty and wily: one may listen to him, but not believe his speeches.
Этого слова я никогда не забуду.	This word I shall never forget.
Конецъ всему дѣлу вѣнецъ.	The end is the crown of all work.
Съ вѣтромъ волнистыя нивы, Богъ знаетъ, о чёмъ говорятъ.	With the wind the undulating cornfields hold converse known to God alone.
Самого себя вини: что посѣялъ, то и жни.	Blame but thyself: what thou sowest that shalt thou reap.

Мнѣ одиннадцать лѣтъ, а сёстры мои моложе меня.	I am eleven years old, but my sisters are younger than I.
Они начали учиться всего нѣсколько мѣсяцевъ тому назадъ.	They began to study but a few months ago.
Всѣ мы трое уходимъ въ школу вмѣстѣ, по возвращаются домой сёстры *однѣ*, потому что отпускаютъ насъ изъ училища не въ *однѣ* и тѣ же часы.	We three all go to school together, but our sisters return home alone, because we are not let out of school at the same hour.

---

* Лиса for лисица is employed in poetry and fables.

§ 84.—Unchangeable Parts of Speech:
The Adverb.

Adverbs are divided into:—

(1.) *Adverbs of place*, answering to the questions куда? whither? whence? where?—as, туда, thither; сюда, hither; оттуда, thence; отовсюду, from everywhere; тамъ, there; здѣсь, here; дома, at home; гдѣ-то, somewhere; негдѣ, there is no place where; нигдѣ, nowhere; наверху, upstairs, above; отсюда, hence; сзади, from behind; домой, homewards; впередъ, forward.

(2.) *Adverbs of time*, answering the questions съ какого времени? from what time? до какого времени? to what time? когда? when?—as, отнынѣ, from henceforth: смолоду, from youth; сначала, at the beginning; донынѣ, up to now; тогда, then; прежде, before; послѣ, after; теперь, now; вчера, yesterday; завтра, to-morrow; сегодня, to-day.

(3.) *Adverbs of manner of action*, answering the questions какъ? how? какимъ образомъ? in what manner?—as, настежь, wide open; навзничь, face downward; очень, very; весьма, very; хорошо, well, good; похвально, praiseworthy; небрежно, carelessly.

To this class belong all adverbs derived from adjectives, and called qualifying, having degrees of comparison; as, хорошо, лучше, better. The difference between such adverbs and their corresponding adjectives is that the one qualifies the verb (action), the other the noun or pronoun; as—

Это перо пишетъ хорошо (adverb).
Это перо (есть) хорошо (apocop. adj.).
Дитя хорошо танцуетъ, the child dances well.
Дитя хорошо собою, the child is good looking.

To adverbs of manner of action belong also adverbs of quantity, answering to the question how often?—as, однажды, once upon a time; дважды, twice; пятью, fivefold; вопервыхъ, firstly; вовторыхъ, secondly; наконецъ, lastly, at length.

(4.) *Adverbs of consequence*, answering the question почему? why? (отчего? съ чего? изъ-за чего?): as, сдуру, from stupidity; сослѣпа, blindly; сглупа, fondly; спроста, simply.

(5.) *Adverbs of negation:* не, ни, not; никакъ, in no way; никогда, never.

(6.) *Adverbs of affirmation:* подлинно, authentically; дѣйствительно, truly, actually.

(7.) *Adverbs of hypothesis:* авось, perhaps; вѣроятно, probably.

(8.) *Adverbs of limitation:* только, only; лишь, but; едва, hardly; чуть, only, just.

(9.) *Adverbs of interrogation:* ужели? неужели? indeed? развѣ? is it so?

Examples in Sentences.

Скажи *скорѣй*, кто *здѣсь* изъ мужиковъ добрѣе.	Tell me quickly who of the peasants is the kindest here.
Сначала она пѣла *весьма похвально*, но *затѣмъ* продолжала до конца *небрежно*.	At first she sang very praiseworthily, but afterwards continued to the end carelessly.
Онъ жизнію для ней *стократно* жертвовалъ.	A hundred times he offered up his life for her.
Тихо напѣваетъ мой ямщикъ *спросонокъ*.	Gently sings the post-boy from his first awakening.

THE PREPOSITION. 131

"*Отсѣль* грозить мы будемъ Шведу." — "Hence shall we threaten the Swede."

Воронѣ *гдѣ-то* Богъ послалъ кусочекъ сыру. — To the raven (crow) (somewhere) God had sent a piece of cheese.

Я *сдуру чуть не* отдалъ всё *однажды* старику. — In sheer stupidity once I nearly gave away all to the old man.

Я бы Вамъ досталъ денегъ, да *нѣгдѣ* взять. — I would procure you some money, but I don't know where to get it.

§ 85.—The Preposition.

Prepositions are employed in two ways:—

(1.) Separately, to indicate the relation in which objects stand to each other; as—

Въ саду, in the garden; на дворѣ, in the yard.

(2.) Conjointly with Adjectives, Nouns, and Verbs, *i.e.* as prefixes:—

Во-йти (inward movement).
Вы-йти (outward movement).
Взо-йти (upward movement).
В-двоёмъ (joined to adj. num.), two together.
Со-двора (joined to noun), out of doors.

§ 86.—Prepositions are divided into simple and compound.

Simple.

Безъ (безо for euphony), without.

Я не пойду *безъ* него, да притомъ ещё *безо* всего, I shall not go without him, and moreover without anything (empty-handed).

K 2

Въ (во for euphony, and вы prefix), in, into.
Войдёмте въ лѣсъ, let us enter into the wood. Вы найдёте меня *во* всякое время, you will find me at all times.

Возъ (взо), upwards (prefix).
*Взо*йдите на верхъ, step upstairs.

До, until, before.
* ,Дойдёмте *до* конца улицы, let us go as far as (until) the end of the street.

Для, for (gov. Gen.).
,Для кого Вы это дѣлаете? for whom are you doing that?

За, behind, for (gov. Inst. and Acc.).
За горами рѣка, behind the hills there is a river. За кого Вы меня принимаете? for whom do you take me?

Изъ (изо for euphony), out of, from.
Онъ вышелъ *изъ*-дому и закричалъ *изо* всѣхъ силъ, he came out of the house, and called out with (from) all his might.

Къ, to.
Приходите къ намъ, come and see us (to us).

Межъ, twixt; между, between.
Между нами нѣтъ секретовъ, between us there are no secrets.

На, on, upon.
Я надѣюсь *на* Васъ, I rely upon you. Положите книгу *на* столъ, put the book upon the table.

Надъ, over (gov. Inst.).
Надъ столомъ виситъ лампа, over the table hangs a lamp.

О (объ, обо), about, against.
Мы говорили о Васъ (о takes объ before a vowel, and обо for euphony), we spoke about you.

---

* The prefix *до* to a verb requires *до* immediately after the latter.

THE PREPOSITION.

Отъ, from.

Я получи́лъ письмо́ отъ бра́та.

По, after, according.

Два часа́ по полу́дни, two o'clock after noon.

Онъ говори́тъ по ру́сски. По мо́ему это не та́къ, according to my (opinion) that is not so.

Пе́редъ, предъ (предо), before, in front of.

Онъ шёлъ пе́редъ на́ми. Хра́брый солда́тъ не тру́ситъ предъ огнёмъ, a brave soldier does not flinch (fear) before fire. "Предо мно́ю стоя́лъ Казбе́къ," before me stood Kazbeck.

При, in the time of, near.

При Петре́ Вели́комъ, in the time of Peter the Great. Онъ говори́лъ это при Васъ, he said so before you (in your presence).

Че́резъ (чрезъ), over, through, in consequence of.

Перейдёмте че́резъ у́лицу, let us cross (over) the street. Онъ захвора́лъ че́резъ свою́ небре́жность, he has become ill through his carelessness.

Compound.

The Compound are formed from two simple prepositions; as—Изъ-подъ, from under; изъ-за, in consequence of.

Изъ-подъ избы́ вы́бѣжала кры́са, from under the hut bolted a rat. Онъ поже́ртвовалъ собо́ю изъ-за любви́ къ оте́честву, he sacrificed himself through love of country.

Prepositions govern respective cases, as follows:—

(1.) *Governing one case*:

(*a.*) *The Genitive*—у, до, изъ, отъ, безъ, для; as, у де́рева, до конца́, изъ карма́на, отъ отца́, безъ хлѣ́ба, для бра́та.

(b.) *The Dative*—къ, по; as, къ дереву, по двору.

(c.) *The Accusative*—про, чёрезъ; as, про дерево, про жену, чёрезъ дворъ, чёрезъ рѣку.

(d.) *The Instrumental*—надъ (надо), over; as, надъ до́момъ, over about the house.

(e.) *The Prepositional*—при, at, near; as, при деревнѣ, near the village.

(2.) *Governing two cases:*

(a.) *The Accusative* and *Prepositional*—о, объ, въ, на; as—

Би́ться *о стѣну* (Acc.), to knock oneself against the wall.
Разска́зывать *объ отцѣ* (Prep.), to relate about one's father.
Онъ упа́лъ *въ во́ду* (Acc.), he fell into the water.
Онъ лежи́тъ *въ водѣ* (Prep.), he lies in the water.
У́тка сѣла *на во́ду* (Acc.), the duck sat on the water.
У́тка сиди́тъ *на водѣ* (Prep.), the duck sits on the water.

N.B.—*Въ* and *на*, when expressing an action, govern the Accusative; when a state of being, the Prepositional.

(b.) *The Gen.* and *Inst.*—между (межъ), between; (the former but rarely.)

Межъ двухъ огне́й (Gen.), between two fires (figur.).
Между на́ми, и́ми (Inst.), between us, them.

(c.) *The Accus.* and *Inst.*—за, подъ, предъ; the Accus. when an action is implied, the Inst. when a state of being is expressed: as—

Онъ запѣ́лъ *за домъ* (Acc.), he went behind the house.
Онъ стои́тъ *за до́момъ* (Inst.), he stands behind the house.
Кни́га *подъ столо́мъ* (Inst.), the book is under the table.
Положи́те кни́гу *подъ столъ* (Acc.), put the book under the table.

ORTHOGRAPHY OF ADVERBS.   135

(3.) *Governing three cases:*

(*a.*) The Gen., when action is expressed; Acc., when comparison is made; and Inst., when conjunction is implied—*съ* (with or from); as—

Скатиться съ горы̀ (Gen.), to roll down a hill.
Быть вышиною съ го̀ру (Acc.), to be as high as a hill.
Лѣсъ съ горою (Inst.), the forest with a hill.

(*b.*) The Dat., Acc., and Prep.—*по*, along, about; (though *по* is but rarely used with the Acc.;) as—

Онъ идётъ по у̀лицѣ (Dat.), he is going along the street.
Я пошёлъ по̀ воду (Acc.), I walked through the water;
   по водѣ̀ (Dat.) would be, along (on) the water.
Онъ скуча̀етъ по отцѣ̀ (Prep.), he is mourning about his father.

§ 87.—Remarks on the Orthography of Adverbs and Prepositions.

(1.) The negative Adverb *не* is written either separately or jointly with the word it qualifies.

Separately.

(*a.*) When followed by an antithesis expressed by the particles а, но, да, or understood; as—

Не я а Вы это сдѣлали, not I but you did it.
Онъ не хоро̀шій а дурно̀й ученѝкъ, he is not a good but a bad scholar.

(*b.*) Before verbs which can be employed without the adverb *не*; as—

Не сто̀йте тутъ, do not stand here.

Jointly.

(*a.*) Before verbs and other parts of speech which cannot be employed without the adverb не: as, ненавидѣть, to hate, to dislike; негодовать, to be filled with indignation; неряха, a sloven; ненависть, hatred.

(*b.*) When not followed by an antithesis: as, Онъ нехорошій человѣкъ, онъ мой непріятель, недругъ, he is a bad man, he is my enemy, no friend of mine. Жить неправдою грѣшно, to live by deceit is sinful (wicked). Въ невѣлѣ плохо, it is hard to live in captivity. [With an antithesis the sentence would be: онъ не пріятель, не другъ, а врагъ (enemy) мой, he is not a friend, but an enemy of mine; онъ живётъ не правдою, а кривдою, he lives not by truth, but by falsehood.]

(2.) The adverb ни is not used separately,* and is employed jointly with a pronoun or another adverb: as, никто, no one; никакой, not any; никогда, never; никакъ. (§ 81.)

(3.) Не is written with ѣ in the adverb нѣкогда, some time; but некогда, to have no time, is written with е.

(4.) Some parts of speech are formed with the preposition attached: as, *взаймы*, as a loan (дайте мнѣ взаймы денегъ); *встарь*, of olden times; *вправо* or *направо*, to the right; налѣво, to the left; снова, again, from the beginning; изрѣдка, seldom; впервые, among the first; впятеро, in fives; насколько, as far as.

(5.) *ь* is the final letter in—

(*a.*) Adverbs proper ending in *ль*, *дь*, and *вь*: возлѣ, near, by; отселѣ, hence; доселѣ, hither; дотолѣ, to yon

---

* Separately it is a conjunction, and must be followed by ни; as, ни онъ ни я не былъ тамъ.

place; откóлѣ, from where; докóлѣ, to where; пóдлѣ, alongside; пóслѣ, after; вездѣ, everywhere; гдѣ, where; нигдѣ, nowhere; нѐгдѣ, there is no place; здѣсь, here; рáзвѣ, as if.

(*b.*) In Adverbs derived from nouns or adjectives, with or without prepositions. All such adverbs retain the form of either the Dative or the Prep. of the 2nd Declension: as, кромѣ, except; нынѣ, this day, nowadays; внѣ, outside; вдвойнѣ, double; вживѣ, alive; вкрáтцѣ, abbreviated; вполнѣ, in full; вправѣ, in the right; вначáлѣ, at the commencement; вновѣ, afresh; вскóрѣ, soon, presently; втайнѣ, secretly; извнѣ, from outside; навеселѣ, gaily, on the spree; наканунѣ, on the eve; насидѣ, *tête-à-tête;* палегкѣ, lightly clad; паравнѣ, on a par; поневóлѣ, *nolens volens;* поодиночкѣ, one by one.

(6.) The following adverbs end in e: Вообщѐ, generally; ещѐ, moreover; прéжде, before; ýже, already; крáйне, urgently; and those of the comparative degree: хýже, worse; лýчше, better; тише, slower, etc.

(7.) The following adverbs have ь for their termination: лишь, hardly; ужь (уже), already; прочь, away; чуть-чуть, hardly; точь-въ-точь, exactly alike; нáстежь, ajar; наизýсть, (to learn) by heart.

(8.) ъ is written at the end of покáмѣстъ, while; вверхъ, upwards; близъ, near. The latter must be distinguished from the noun близь, proximity.

Examples:—

Близъ этого дóма, near this house (adv.).

Такáя близь (noun), что рукóй подáй, within a biscuit throw (an idiom).

N.B.—Вслѣдств*iе*, in consequence, is used as a prep.; впослѣдств*iи*, subsequently—as an adverb.

(9.) Prepositions are always written separately when preceding a part of speech in any of the oblique cases; as—
Попа́сть *въ бѣду́*, to get into trouble.
Въ веде́нiи э́того дѣла онъ ошибся, in conducting this case he erred.

In all other instances the preposition is joined to the word which it governs, and becomes a prefix, as in the following examples:—

Онъ *попа́лъ* въ пасть льва, he got into the lion's mouth.
При э́той книгѣ есть *введе́нiе*, to this book there is an introduction.

(10.) Prepositions terminating with ъ, when joined to words—

(*a.*) Beginning with a soft vowel е, я, ю, or ѣ, they retain the ъ: as, объёмъ, circumference; отъѣхать, to drive a short way off; объяви́ть, to announce.*

(*b.*) Beginning with a hard vowel а, о, or у, or with a consonant, they drop the ъ: as, обуча́ть, to instruct; обостри́ть, to sharpen; отказа́ть, to discharge, to refuse.

N.B.—The Preposition съ retains the ъ before у: as, съу́зить, to narrow; съумасше́дшiй, a maniac.

(*c.*) Beginning with и, the з and и are converted into ы: as, о́быскъ, search; безымя́нный, nameless; предыду́щiй, foregoing (sometimes, however, written предъиду́щiй).†

(11.) The Prepositions воз, из, низ, раз, before п, т, к, х, ч, ш, щ, ц, and ф change з into с: as, воспрети́ть, to forbid; исказить, to disfigure; расхи́тить, to plunder; растопта́ть, to tread underfoot. The last five letters, however, take either з or с.

---

* Exception—Обяза́ть, to bind, to compel; to distinguish it from обвяза́ть, to bind, to bandage.

† From объ and искъ, безъ and имя, предъ and идти.

The prep. раз with the accent on it changes into роз: as, разыскивать, to search; and розыскъ, a search.

Безъ and чрез do not change the з into с: as, Безпокойный, troublesome; черезполосный, transversal.

§ 88.—Conjunctions.

Conjunctions by their *constructions* are divided into:—

(1.) *Original*, i.e. not derived from any other part of speech: а, but; и, and; да, but; же, ли and но.

(2.) *Derivative*, i.e. formed from other parts of speech: as—что, то, чѣмъ and тѣмъ (from adverbs); бы, буде (from the verb to be, быть); пусть (from пустить, to allow); пускай (from пускать, to let); хотя (from хотѣть, to wish); вѣдь (from вѣдать, to know), etc.

(3.) *Compound*, i.e. coupled with another conjunction or other parts of speech: as, и-ли, or; ли-бо, either; и-бо, or; да-же, even; если, if (from есть-ли); чтò-бы, that; такжe, also; тò-же, likewise, etc.

According to their *signification*, Conjunctions are divided into:—

(1.) *Copulative:* И, да, and; даже, even; также, also; тоже, likewise; не только, not only.

(2.) *Distributive:* Или, либо, or; ни, nor.

(3.) *Adversative:* Но, а, да, but; напротивъ, on the contrary.

(4.) *Explanatory:* Такъ что, so that; то есть, that is; именно, namely.

(5.) *Comparative:* Какъ такъ, how so; словно, будто-бы, as if; нежели, чѣмъ, than.

(6.) *Concessive:* Хотя́, though; одна́ко, yet; пусть, пуска́й, let.

(7.) *Causative:* И́бо, for, consequently; такъ какъ, потому́ что, because, etc.

(8.) *Conclusive:* Посему́, поэ́тому, therefore; почему́, wherefore; ита́къ, and therefore; слѣ́довательно, consequently.

§ 89.—Orthography of Conjunctions.

(1.) The Conjunctions что́бы (in order to), то́же (likewise), зато́ (wherefore), отто́го, потому́ (therefore), почему́ (why), are written jointly to distinguish them from their counterpart adverbs: as—

Conjunctions.

Что́бы учи́ться, ну́жно не лѣни́ться.	In order to gain knowledge, it is necessary not to idle.
Я то́же вы́училъ уро́къ.	I also have learnt (my) lesson.
Я сдѣ́лалъ э́то *потому́*, что такъ велѣ́ли.	I did it because it was ordered so.

Adverbs.

Что́-бы ты * ни говори́лъ, а всё-таки поступи́лъ пло́хо.	You may say what you like, but you acted badly.
Я то́-же вы́училъ что и ты.	I have learnt exactly the same that you have.
Я пришёлъ къ тебѣ́ *по тому́* дѣ́лу, о кото́ромъ вчера́ говори́ли.	I have come to you on the business of which we spoke yesterday.

---

* The second person sing. is used here familiarly instead of the second person plural, in the same manner as it is employed in French and German.

N.B.—It will be observed here that Conjunctions are used to connect words and different parts of speech, whereas the adverbs are employed to qualify circumstances.

(2.) The Conjunction также, when signifying *also*, is written without the ъ; but when followed by какъ and interpreted as...*as*, it is written такъ же.

Examples:—

Я также хорошо́ учу́сь, I also learn well. Я такъ же хорошо́ учу́сь, какъ и ты, I learn as well as you do, *i.e.* equally well.

(3.) The Conjunction ни, to distinguish it from the Adverb ни (§ 87, 2), is always written separately. It is employed as follows:—

(*a.*) By repetition; as, *ни* я *ни* онъ этого не слыха́ли, neither I nor he heard this.

(*b.*) When not expressing a negation (in this case, it is always preceded by a pronoun or adverb and followed by a verb): as, что́-бы Вы *ни* говори́ли, а..., you may say what you like, but...; какъ *ни* попа́ло (idiom), anyhow; гдѣ *ни* случи́тся, wherever it may happen.

(4.) The Conjunction *ли* is written separately, with the exception of е́сли, ежели, if; нежели, rather, than; неуже́ли, is it possible?

Examples.

Здоро́въ-ли онъ?	Is he well?
Е́сли идти́, такъ въ хоро́шую нежели въ дождли́вую пого́ду.	If we go, then rather in fine than in rainy weather.
Неуже́ли Вы уста́ли?	Is it possible that you are tired?

N.B.—Неужѣли is used by the Russians for interrogations of surprise, meaning "Is it possible?" as—

Неужѣли уже такъ поздно?	Is it already so late?
Неужѣли Вы не слыхали объ этомъ?	Have you not heard of this indeed?

(5.) The Conjunctions *то* and *либо* are joined to Pronouns and Adverbs by a hyphen, and are employed as follows:—

Кто́-либо изъ насъ до́лженъ умере́ть.	One of us must die.
Кто́-то пришёлъ.	Somebody has come.
Какъ-то онъ вы́держитъ экза́менъ?	I wonder how he will score at the examination.

(6.) The Conjunction *лишь* terminates in ь; but *же*, changing into жъ when attached to other words, is always written with the hard termination ъ:—

Одна́ко-жъ я уста́лъ.	Eh, but I am tired.
Это то-жъ са́мое.	This is the same thing.
Послу́шайте-жъ меня́.	But do listen to me.
Кто-жъ винова́тъ этому?	Whose fault is it then?

§ 90.—Examples for Exercise in Adverbs and Conjunctions and for verbal Translation and Analyses.

Самъ хозя́инъ почива́етъ, его слу́ги та́кже спятъ. Одна́жды Ле́бедь да Щу́ка везти́ съ покла́жей возъ взяли́сь. Отъ во́лка бѣжа́лъ, а на медвѣ́дя попа́лъ. Добро́ бы въ го́ру или въ почну́ю по́ру, а то и подъ го́ру и днёмъ. И бережётъ медо́къ онъ такъ, что на него́ ни вѣ́теръ не пахнётъ, ни му́ха сѣсть не смѣ́етъ. Коли спо́рить, такъ ужъ смѣло, коль бранйть, такъ ужъ за дѣло, коль просйть, такъ всей душой, кбли пиръ, такъ пиръ горой. Оттого слѣпой и плачетъ, что зла не видитъ. Ты что-жъ, приятель, не поёшь! Затѣмъ, что голоса такого не имѣю. Ихъ такъ же какъ прежде, бесѣда шумна. Смѣхъ и радость почти одно и тоже. Я тоже вмѣстѣ съ нимъ улыбнулся.

§ 91.—The Employment of the letter ѣ in the Roots of Words.

The letter ѣ is *not* employed in the roots of words:—

(1.) After ф and all the guttural and hissing consonants.

(2.) Where the e is permutative: as, Отецъ, отца хребетъ (the spine, ridge of mountains); хребта, хребтовый мѣхъ (fur from the backs of animals).

(3.) In foreign words, excepting a few proper nouns.

(4.) When the sound of e has ё; as, ёжъ (a hedgehog). The exceptions are the following words, which, though written with ѣ, are pronounced as if with ё:—Звѣзды, stars; сѣдла, saddles; гнѣзда, nests; цвѣлъ, blossomed; пріобрѣлъ, acquired; надѣванъ, worn; поддѣвка, a tunic (ancient); позѣвывать, to continue gaping.

§ 92.—The ѣ *is* employed in the roots of the following words:—

ѣсть, to eat.
ѣдà, eating, meals.
обѣдня, the mass (Church service before dinner hour).
обѣдъ, dinner.
обѣтъ, } vow, promise.
обѣщàніе, }
обѣщàть, to promise.
ѣду, I am driving, I'm off.
ѣздить, to drive (indef.).
ѣхать, to drive (def.).

Бѣ.

Бѣгъ, a course, a run.
бѣгать, to run.
убѣжище, refuge, asylum.
Бѣдà, calamity.
бѣдный, poor.
побѣда, defeat.
Бѣсъ, demon.
бѣшеный, mad.
Бѣлый, white.
бѣльё, linen.
бѣлка, a squirrel.
бѣльмò, cataract (in the eye).

Вѣ.

Вѣсть, a message.
привѣтъ, good reception.

привѣтствовать, to greet kindly.
отвѣтъ, answer.
совѣтъ, advice.
совѣтовать, to advise.
сòвѣсть, conscience.
вѣдать, to know, to be aware of.
вѣдьма, a witch.
невѣжда, a vulgar person.
свѣдѣніе, information.
Вѣжды, } the eyelids.
вѣки, }
вѣжа, a tent.
Вѣкъ, century, age.
увѣчный, deformed.
вѣчный, everlasting.
Вѣнокъ, garland, wreath.
вѣнецъ, crown (of a bride, hero, or martyr).
вѣнчàть, to marry (by priest).
вѣникъ, a besom used in the bath by the Russians.
Вѣра, faith.
вѣрить, to believe.
увѣрить, to assure.
вѣроятно, probably.
Вѣсъ, weight.
вѣсить, to weigh.
вѣшать, to hang.

EMPLOYMENT OF THE LETTER ѣ. 145

повѣсить, { to hang up. / to hang a man.
повѣса, harebrained fellow.
Вѣтерь, wind.
вѣтренникъ, volatile man.
вѣять, to waft.
вѣха, guide-post, way-mark.
Вѣтвь, a branch.
Звѣрь, a wild beast.
Невѣста, a bride.
Свѣжій, fresh (masc.).
Свѣтъ, the light, the world.
освѣщеніе, illumination (but освященіе, consecration).
Цвѣтъ, colour.
Человѣкъ, a man.

Дѣ.

Дѣвать (perf. дѣть), to put.
одѣть, to don, to put on (but одёжда, garment).
издѣваться, to deride, to make sport of.
надѣяться, to rely on, to hope (but надежда, faith).
Дѣло, business, an affair.
недѣля, a week.
дѣлить, to divide, to share.
предѣлъ, limit.
Дѣва, дѣвица, a girl, a young lady.
Дѣдъ, grandfather.
дѣти (дитя), children.

Зѣ.

Зѣвъ, jaws, open mouth.
зѣвать, to yawn.
ротозѣй, a lounger, gawk.
зѣвака, a yawner, one who misses everything important.
Зѣница, apple of the eye.

Лѣ.

Лѣвый, left.
лѣша, left-handed.
Лѣзть (imp. лазить), to climb.
лѣстница, a ladder, stairs.
Лѣкарь, a surgeon.
лѣчить, to cure, to treat.
лѣчебница, an infirmary.
лѣкарство, medicine.
Лѣнь, idleness, laziness.
лѣнивый, idle, lazy.
лѣнтяй, a confirmed lazy fellow.
Лѣпить, to stick.
Лѣпота, elegance, grace.
лѣпщикъ, modeller.
нелѣпый, absurd.
великолѣпный, beautiful.
Лѣсъ, a forest, wood.
лѣса (pl. of лѣсъ), also fishing line.
лѣшій, demon of the forest.
лѣсничій, a forester.

L

лѣсопильня, a saw mill.
Лѣто, summer.
лѣта (pl.), age of a person.
лѣтописъ, annals, chronicles.
лѣтосчисленіе, chronology.
Желѣзо, iron, pl. желѣза, irons, fetters (but железа, glands).
Калѣка, a cripple.
калѣчить, to mutilate.
Колѣно, the knee.
колѣнопреклоненіе, genuflection.
колѣнчатый, knee-jointed.
Лелѣять, to fondle, to cherish.
Телѣга, a cart.
Блѣдный, pale.
блѣднѣть, to grow pale.
Клѣть, room in a peasant's hut.
клѣтка, a cage.
клѣтчатый, cellular, checked.
Млѣть, to faint away.
Плѣнъ, captivity.
плѣнять, perf. плѣнить, to captivate.
плѣнительный, captivating.
Плѣсень, mould, mouldiness.
плѣснѣть, to mould.
Плѣшь, bald place of the head.

плѣшивый, bald.
Слѣдъ, track, trail.
слѣдить, to observe, to watch by following.
слѣдовать, to follow.
прослѣдовать, to pursue.
прослѣдить, to investigate.
судебный слѣдователь, coroner.
слѣдовательно, therefore.
слѣдственный, of inquest, of inquiry.
слѣдствіе, consequence, investigation.
вслѣдствіе, in consequence.
слѣдующій, following, next.
слѣзать, perf. слѣзть, to descend, to get down, alight.
Слѣпой (слѣпый), blind.
Хлѣбъ, bread.
хлѣбопашество, agriculture.
хлѣбопашецъ, husbandman.
хлѣбопашный, agricultural.
хлѣбопёкъ (булочникъ), baker.
хлѣбородный, fertile.
хлѣбосолъ, hospitable man.
хлѣбосольство, hospitality.
Хлѣвъ, cow-shed, sty.

Мѣ.

Мѣдь, copper (noun).
мѣдникъ, coppersmith.
мѣдный, copper (adj.).

EMPLOYMENT OF THE LETTER ѣ. 147

мѣдянка, verdigris.
Мѣлъ, chalk.
мѣлить, to chalk.
мѣловатый, chalky.
мѣловидный, chalk like (миловидный, pleasing, graceful).
Мѣна, change, barter.
мѣняло, мѣнялыщикъ, money-changer.
смѣна, replacement; relief of guard (mil.).
смѣнять, to replace.
мѣнять, to change.
непремѣнно, without fail.
мѣсяцъ, the moon.
мѣсячно, it is moonlight.
мѣсячный, lunar, monthly.
мѣсяцесловъ, almanac, calendar.
Мѣсто, a place.
мѣстожительство, address, dwelling-place.
мѣстоположеніе, position, site.
мѣсторожденіе, birthplace.
мѣщанинъ, a commoner, a burgher.
помѣщикъ, land proprietor.
помѣщеніе, room, lodging.
помѣщать, to place, to put into.
помѣшать, to prevent, to hinder.

помѣшанный, mad, lunatic.
помѣшательство, madness.
вмѣсто, instead.
мѣшать, to mix, to bother.
мѣшокъ, a sack, a bag.
мѣсить, to knead.
мѣстность, locality.
мѣстный, local.
Мѣра, мѣрка, a measure.
мѣрить, to measure.
примѣрный, exemplary.
примѣрить, to try on (coat, etc.).
примѣръ, example.
Мѣхъ, fur (noun).
мѣховой, fur (adj.).
мѣховщикъ, furrier.
помѣха, hindrance.
Мѣтить, to aim, to mark (but метать, to cast, to throw, from which предметъ, object).
мѣтка, a mark.
мѣткій, well aimed.
замѣтить, imp. ⎫
замѣчать,   ⎬ to notice,
примѣтить, imp. ⎭ to remark.
примѣчать,
Змій, a kite.
Змѣй, a serpent.
Смѣхъ, a laugh.
смѣяться, to laugh.
смѣшной, droll, funny.
Смѣть, to dare.

L 2

смѣтливый, sagacious.
смѣтливость, sagacity.
Смѣлый, brave, bold.
смѣлость, fearlessness.
Хмѣль (also хмель), hops.
прихмѣлѣвшій, tipsy.

Нѣ.

Нѣдро, bosom.
Нѣга, effeminacy (нагой, naked).
нѣжный, tender, delicate.
нѣжить, to pamper.
нѣжничать, to affect delicacy.
нѣжность, tenderness.
Нѣгдѣ, somewhere.
Нѣмой, dumb.
нѣмецъ, a German (a foreigner, from being unable to speak Russian).
Нѣкій, a certain person, some.
Нѣкогда, once, formerly.
Нѣкоторый, some, certain.
Нѣкто, somebody.
Гнѣвъ, anger.
прогнѣваться, to grow angry.
Гнѣдой, bay (horse).
Гнѣздо, a nest.
гнѣздиться, to nestle.
Снѣгъ, snow.
снѣжный, snowy.

Пѣ.

Пѣгій, piebald.
Пѣть, to sing.
пѣтухъ, a cock.
пѣвецъ, singer.
спѣть, to sing something.
пѣвчій, chorister.
пѣніе, a singing.
Пѣна, foam, froth.
пѣнка, skim (on liquids).
Пѣшій, pedestrian, on foot.
пѣхота, infantry.
пѣхотный, of infantry.
спѣшить, to hurry.
успѣхъ, success.

Рѣ.

Рѣдкій, rare, thin, flimsy.
рѣдко, seldom, rarely.
рѣдкость, curiosity, rarity.
рѣдька, a radish.
рѣдѣть, to become thin.
Рѣзать, to cut.
рѣзакъ, a carving-knife.
рѣзкій, sharp, bitter.
рѣзаніе, cubbing.
рѣзня, slaughter, fight.
нарѣзать, to carve.
Рѣзвый, sportive, playful.
рѣзвость, playfulness.
Рѣка, a river.
Рѣпа, a turnip.

EMPLOYMENT OF THE LETTER ѣ. 149

Рѣсни́ца, eyelash.
Рѣчь, speech, discourse.
Рѣша́ть, perf. рѣши́ть, to decide.
рѣшѐніе, decision, judgment.
рѣши́мость, resolution.
рѣшѐный, decided.
рѣши́тельно, decidedly.
Рѣшѐтка, grating, rail fence.
рѣшето̀, sieve.
рѣшѐтчатый, checked in squares.
Рѣ́ять, perf. рѝнуть, to rush (рѝнуться на непріятеля, to throw oneself on the enemy).
Прорѣ́ха, a slit.
прорѣ́зъ, opening, a cut.
Брѣ́ю, I shave (брить, to shave).
брѣ́юсь, I shave myself.
Грѣхъ, sin.
грѣши́ть, to sin.
грѣшно̀, sinful (adv.).
грѣ́шный, a sinful person.
Орѣхъ, a nut.
Зрѣть (pres. зрю), to look at; part. зри́мый, visible.
подозрѣва́ть, to suspect.
зрѣ́ніе, sight, eyesight.
зрѣ́лище, show, spectacle.
Зрѣть, to ripen (pres. зрѣ́ю).

зрѣ́лость, maturity, ripeness.
зрѣ́лый, ripe.
Крѣ́пкій, hard, firm, strong.
крѣ́пость, a fortress, strength.
укрѣплѐніе, fortification.
укрѣпи́ться, to fortify oneself.
подкрѣплѐніе, reinforcement.
подкрѣпля́ть, to reinforce.
крѣпнуть, to harden.
крѣпостно́й, bond-servant, serf.
Прѣть, to stew.
прѣніе, a stewing (but прѐніе, discourse in committee).
прѣ́лый, rotten.
прѣ́сный, fresh (water), unleavened (bread).
Стрѣла̀, an arrow.
стрѣля́ть, to shoot, to fire.
застрѣли́ть, to kill with a gun.
подстрѣли́ть, to wound with a shot.
Хрѣнъ, horse-radish (ста́рый хрѣнъ, old dotard).
Обрѣта́ть, to discover.
пріобрѣта́ть, to acquire.
Встрѣ́ча, a meeting.

встрѣчать, perf. встрѣтить, to meet.
Свирѣпый, ferocious, fierce.
свирѣпость, ferocity.

Сѣ.

Сѣверъ, north.
сѣверный (adj.), northern.
сѣверо-востокъ, north-east.
сѣверо-западъ, north-west.
Сѣсть, to sit down.
сѣдло,* a saddle.
сѣдельный, of a saddle.
осѣдлать, to saddle a horse.
сѣдокъ, a fare, a horseman.
разсѣдлать, to unsaddle a horse.
бесѣда, chat, conversation.
бесѣдовать, to chat.
Сѣдой, gray.
сѣдина, gray hairs.
сѣдоватый, grayish.
сѣдѣть, to grow gray.
сидѣть, to sit.
Сѣчь, } to flog (сѣку, I flog).
{ to chop.
засѣка, a zareba, brushwood used as a defence.
засѣкшаяся лошадь, a hoof-bound horse.

засѣчка, canker (in a horse).
насѣкомое, an insect.
Сѣнь,† shade, canopy.
сѣни, entrance-hall.
осѣнять, to shade.
Сѣно, hay.
Сѣрый, gray.
Сѣра, sulphur.
Сѣтовать, to grieve.
Сѣть, a net.
посѣтить, to visit, to give one a call.
посѣщеніе, a call.
Сѣять, to sow seed.
сѣмя, seed.

Тѣ.

Тѣло, the body, substance.
тѣлодвиженіе, exercise.
тѣлосложеніе, constitution.
тѣлесное, corporeal.
Тѣнь, shade, shadow.
тѣнистый, shady.
стѣна, a wall.
Тѣсно (adv.), narrowly.
тѣсный (adj.), narrow.
тѣснить, to squeeze.
тѣснота, crowded state.
притѣснять, to oppress.
притѣсненіе, oppression.

---

* Трубить къ сѣдланію, to sound to horse.

† Used in poetry; as, подъ сѣнью неба, under the canopy of heaven.

EMPLOYMENT OF THE LETTER ѣ. 151

*Тѣ*сто, paste, dough.
*Тѣ*шить, to amuse.
ут*ѣ*шить, to comfort.
ут*ѣ*шеніе, comfort.
ут*ѣ*шительный (adj.), comforting.
зат*ѣ*я, pleasant project.
зат*ѣ*вать, } to contrive, to
зат*ѣ*ять, } devise.
зат*ѣ*мъ, thereupon.

Цѣ.

Цѣвка, a bobbin.
Цѣдить, to filter, strain.
цѣдило, filter.
Цѣль, mark, target.
цѣлить, } to aim.
прицѣливаться, }
цѣлить, to cure.
цѣлительное (adj.), healing.
цѣлый (adj.), the whole.

цѣловать, to kiss.
цѣловальникъ, vendor of brandy (almost obsolete).
цѣловальщикъ, a kisser.
цѣломудріе, chastity.
цѣлость, safety.
Цѣна, price.
цѣнить, } to price, to value.
оцѣнить, }
цѣнность, value, price.
драгоцѣнность, valuableness.
драгоцѣнный, valuable.
Цѣпь, chain.
цѣпочка, a watch-guard.
прицѣпить, to chain.
прицѣпленный, chained.
зацѣпить, to hook on.
цѣпенѣть, } to be be-
оцѣпенѣть, } numbed.
оцѣпенѣлый, benumbed.
оцѣпенѣлость, benumbness.

§ 93.—Reading Exercise with the letter ѣ.

До обѣдни ѣсть грѣшно, потому обѣдать слѣдуетъ послѣ святой литургіи. Невѣжды имѣютъ мало полѣзныхъ свѣденій. Невѣста задолго до свѣта встала и стала приготовляться къ священному обряду вѣнчанія, примѣряла дорогія свои одѣжды и надѣвала на себя цѣнныя ожерѣлья. Вѣра въ Провидѣніе и надежда на милость Божію есть самое надёжное лѣкарство въ болѣзняхъ душевныхъ. Мѣлъ и хмѣль принадлежатъ къ необходимымъ предметамъ въ хозяйствѣ. Въ цѣпочкахъ одно звено (link) прикрѣпляется къ другому. Нѣмецкая рѣчь понимается въ бесѣдѣ труднѣе, чѣмъ французская. Во всѣхъ нарѣчіяхъ есть много мудрыхъ изреченій. Разсвирѣпѣвшіе солдаты взлѣзли по лѣстницамъ на городскія стѣны и немедленно ринулись съ крѣпости во внутрь города. Прицѣливаясь въ бѣгущаго впереди киргиза, казакъ вдругъ оцѣпенѣлъ отъ ужаса, увидѣвъ себя оцѣпленнымъ шайкою черкесовъ. Мелкія (shallow) рѣки невозможны для судоходства. Лѣнивые ученики рѣдко дѣлаютъ успѣхи въ наукахъ. Прѣсная вода необходима въ кругосвѣтныхъ плаваніяхъ. Дѣти воспитанныя въ тѣсныхъ стѣнахъ домовъ или подваловъ, гдѣ постоянная тѣнь и мракъ, рѣдко имѣютъ крѣпкое тѣлосложеніе, и вслѣдствіе этого мало приносятъ утѣшенія бѣднымъ своимъ родителямъ.

§ 94.—Exercises for Translation.

1. No Sooner Said than Done.

A gouty gentleman¹ in London sitting alone one night by his fireside,² a well-dressed man came very civilly into the room, and said: "I observe, sir, that your servant is just gone to the alehouse,³ and has carelessly left your street door open: how very easy would it be for any rascal⁴ to come in and blow out these two wax-candles, thus and thus, and run away with this pair of silver candlesticks"—which he accordingly did without waiting for any reply.

¹ Страдающій подагрой.   ² Каминъ.
³ Трактиръ.   ⁴ Негодяй.

2. I have lived long in this house; I was born in it. Go straight along that street until you reach the sentry watching at the corner with a gun. I see a man looking out of the third window of the smallest of the two houses; he has a hat on his head. On whose horse are you riding, and whose saddle is this? Who led the horse here? Take it there. There is no better means of punishing him; it were much better to pardon him and to send him home. He lives in a charming locality, and he is the happiest of my acquaintances. From these thirty-two take twenty-four, and give the rest to that man, who, being a poor man, ought to be very thankful to you. It was so; I was told so; if I had not been told, I should not have known about this.

3. The First Smoker.

Tobacco was first brought into repute [1] in England by Sir Walter Raleigh. By the caution [2] he took in smoking it privately, he did not intend it should be copied. But sitting one day, in deep meditation, with a pipe in his mouth, he inadvertently called to his man-servant to bring him a tankard [3] of small beer.[4] The fellow, coming into the room, threw all the liquor into his master's face, and running down stairs bawled out: "Fire! Help! Sir Walter has studied till his head is on fire, and the smoke is bursting out at his mouth and nose!"

---

[1] Въ извѣстность.   [2] Осторожность.
[3] Кружка.   [4] Лёгкое пиво.

---

4. I wish you a happy new year. Patient industry will do more than talent. The wolf is a coward. Have you crossed a river in a boat while the ice was floating down with the current? He fired; he fired once; he fired frequently. The train was late. The fierce dogs barked. The grain harvest on the shores of the Black Sea is abundant.

---

5. Doctor Goldsmith.

A poor woman understanding that Dr. Goldsmith was a physician, and hearing of his great humanity, solicited [1] him by letter to send her something for her husband, who had lost his appetite and was reduced to a most melancholy state.[2] The good-natured poet waited [3] on her instantly, and, after some discourse with his patient, found him sinking with sickness and poverty. The doctor told the honest pair that they should hear from him in an hour, when he would send him some pills, which he believed

EXERCISES FOR TRANSLATION.   155

would prove⁴ efficacious.⁵ He immediately went home and put ten guineas into a chip-box,⁶ with the following label: "These must be used as necessities require: be patient and of good heart." He sent his servant with this prescription to the comfortless mourner, who found it contained a remedy superior to anything Galen or his disciples could ever administer.

¹ Просѝть. ² И находѝлся въ са́момъ жа́лостномъ состоя́нiп. ³ Посѣтѝлъ. ⁴ Окажутся. ⁵ Польз́ительнымъ. ⁶ Коро́бочка.

---

6. The struggle lasted about an hour. Four hundred of the assailants¹ fell. The garrison lost only five or six men. The besieged² passed an anxious night, looking for a renewal of the attack. But when day broke,³ the enemy were no more to be seen. They had retired, leaving to the English several guns and a large quantity of ammunition. The news was received at Fort St. George with transports of joy and pride.⁴ Clive was justly regarded as a man equal to any command. Two hundred English soldiers and seven hundred Sepoys were sent to him, and with this force he instantly commenced offensive operations.⁵ He took the fort of Timery, effected a junction with a division of Morari Row's army, and hastened, by forced marches,⁶ to attack Rajah Sahib, who was at the head of about five thousand men, of whom three hundred were French. The action was sharp, but Clive gained a complete victory. The military chest⁷ of Rajah Sahib fell into the hands of the conquerors.

¹ Осажда́ющихъ. ² Осаждённые. ³ Разсвѣло́. ⁴ Съ восто́ргомъ и го́рдостью. ⁵ Наступа́ющiя дѣ́йствiя. ⁶ Форсиро́ваннымъ ма́ршомъ. ⁷ Казна́.

7. A lady who was coming from Italy in the train which went off the rails¹ at Dijon had a narrow escape. She says that she had changed her sleeping car² for an ordinary first-class carriage, and that she felt the collision³ at two o'clock in the morning. On recovering from her fright, she endeavoured to get out,⁴ and in stepping down⁵ she was horrified to find that she had put her foot⁶ on the dead body of a man whose skull had been cut in two. She accordingly retired back⁷ to the carriage until the rescue party came.—To-day the funeral of the engine-driver, who was killed at his post during the terrible collision, took place at Dijon. The mournful ceremony was attended by many persons, including the principal officers of the company.

¹ Сойти съ рельсъ. ² Спальный вагонъ. ³ Столкновѣніе. ⁴ Выйти. ⁵ Выступать. ⁶ Наступить. ⁷ Возвратиться.

---

8. Тихо катитъ Волга-матушка свой тёмныя волны; словно сталь блестятъ онѣ на солнцѣ, играютъ и переливаются, отражая тысячи огней на своей поверхности.

Тёплый лѣтній день. На берегу движутся толпы мужиковъ, бабъ и дѣтей; кто уже выкупался, кто собирается только въ воду. Всё это жители приволжской рыбачьей деревни.

Голоса купающихся далеко раздаются на чистомъ воздухѣ.

Деревня расположена¹ на возвышенности,² уютно³ прислонившись⁴ къ молодому лѣсу; поля окружаютъ её съ обѣихъ сторонъ; спереди зелёнымъ кругомъ тянутся заливные⁵ луга, между ними жёлтою лентою вьётся⁶ проѣзжая дорога.

¹ Situated. ² Eminence. ³ Snugly. ⁴ Leaned. ⁵ Inundated. ⁶ Winds.

9. ПИ́СЬМА РУ́ССКАГО ПУТЕШЕ́СТВЕННИКА
    ВЪ КАРЕ́ТѢ ДОРО́ГОЙ.
             (*Карамзина.*)

Уже́ я наслажда́юсь Швейца́ріею, ми́лые друзья́ мои́! Вся́кое дунове́ніе[1] вѣтерка́ проница́етъ,[2] ка́жется, въ се́рдце моё и развива́етъ[3] въ нёмъ чу́вство ра́дости. Каки́я мѣста́! Каки́я мѣста́! Отъѣхавъ отъ Ба́зеля версты́ двѣ, я вы́скочилъ изъ каре́ты, упа́лъ на цвѣту́щій бе́регъ зелёнаго Ре́йна и гото́въ былъ въ восто́ргѣ[4] цѣлова́ть зе́млю. Счастли́вые швейца́рцы! вся́кій-ли день, вся́кій-ли часъ благодари́те вы Не́бо за своё сча́стіе, живу́чи въ объя́тіяхъ преле́стной нату́ры подъ благодѣ́тельными[5] зако́нами бра́тскаго сою́за, въ простотѣ́ нра́вовъ,[6] и служа́ одному́ Бо́гу? Вся жизнь ва́ша есть коне́чно прія́тное сновидѣ́ніе, и са́мая роковая[7] стрѣла́[8] ко́ротко влетя́етъ въ грудь ва́шу, не возмуща́емую[9] тира́нски[10] страстя́ми![11] Такъ друзья́ мои́! я ду́маю, что у́жасъ[12] сме́рти быва́етъ слѣ́дствіемъ на́шего уклоне́нія[13] отъ пути́ приро́ды.

---

[1] Puff. [2] Penetrates. [3] Awakens. [4] Enthusiasm. [5] Beneficent.
[6] Manners. [7] Fatal. [8] Arrow. [9] Agitated. [10] Tyrannically.
[11] Passions. [12] Terror. [13] Deviation.

---

10. Нѣ́сколько дней тому́ наза́дъ мнѣ пришло́сь встрѣ́титься съ ра́ненымъ ру́сскимъ офице́ромъ, пріѣхавшимъ въ чужі́е края для возстановле́нія[1] своего́ здоро́вья. Онъ еще о́чень мо́лодъ, лѣтъ тридцати́-небольши́е. У́мное лицо́, симпати́чная нату́ра, хоро́шее образова́ніе, наконе́цъ, его́ неда́вняя свѣжая ра́на, полу́ченная въ борьбѣ́[2] за свято́е[3] дѣло,—всё э́то вмѣ́стѣ заста́вило меня́ сра́зу почу́вствовать дру́жбу къ бѣ́дному страда́льцу,[4] и ско́ро мы сошли́сь какъ[5] нельзя́ лу́чше и бли́же. Нашъ разгово́ръ имѣ́лъ, коне́чно, всегда́ одну́ и ту же те́му, ту те́му, на кото́рую тепе́рь то́лько и имѣетъ пра́во ру́сскій человѣ́къ—о войнѣ́. По́слѣ того́, какъ мы уже́ побѣди́ли дипломати́ческимъ путёмъ

враждёбно⁶ относящiися⁷ къ нашей родинѣ державы и разрѣшили всѣ стратегическiя задачи,⁸ при чёмъ всё это, безъ сомнѣнiя, не обошлось безъ горячихъ споровъ,—мы перешли къ частностямъ.⁹

¹ Re-establish. ² Contest. ³ Holy cause. ⁴ Sufferer. ⁵ Became friends. ⁶ Inimically. ⁷ Disposed. ⁸ Problems. ⁹ Generalities.

11. ЦЫГАНЫ.
(*Пушкина.*)

Цыганы шумною толпой
По Бессарабiи кочуютъ.
Они сегодня надъ рѣкой
Въ шатрахъ изодранныхъ ночуютъ.
Какъ вольность веселъ ихъ ночлегъ
И мирный сонъ подъ небесами.
Между колесами телѣгъ,
Полузавѣшенныхъ коврами,
Горитъ огонь; семья кругомъ
Готовитъ ужинъ; въ чистомъ полѣ
Пасутся кони; за шатромъ
Ручной медвѣдь лежитъ на волѣ.
Всё живо посреди степей:
Заботы мирныя семей,
Готовыхъ съ утромъ въ путь недальнiй,
И пѣсни жёнъ, и крикъ дѣтей,
И звонъ походной наковальни.
Но вотъ на таборъ кочевой
Нисходитъ сонное молчанье,
И слышно въ тишинѣ степной
Лишь лай собакъ, да коней ржанье.
Огни вездѣ погашены.
Спокойно всё, луна сiяетъ
Одна съ небесной вышины
И тихiй таборъ озаряетъ.

Idioms.

Авось.	Come what may.
Авось сойдётъ.	Happen it will pass muster.
Биткомъ набито.	Crammed.
Брать грудью.	To take by force.
Быть подъ огнёмъ.	To be under fire.
Быть въ гостяхъ.	To be on a visit.
Будемъ твёрды мы душею.	Let us be brave and fearless.
Быть въ хорошемъ расположеніи духа.	To be in good spirits.
Бѣжать бѣгомъ.	To run as fast as possible.
Вдоль и поперёкъ.	In all directions.
Взять подъ караулъ.	To arrest.
Виноватъ.	I beg your pardon.
Во весь опоръ.	At full speed (run of a horse).
Во что́-бы то ни стало.	Cost what it may.
Во-свояси.	To one's own home or country.
Воля Ваша.	As you please.
Волею не волею.	*Nolens volens.*
Вотъ хорошо́!	That is good, well.
Вотъ еще!	What more indeed!
Вотъ тебѣ разъ! ⎫ Вотъ те на! ⎭	There now!
Вотъ въ чёмъ дѣло, ⎫ Дѣло въ томъ. ⎭	The thing is...
Врётъ чепуху.	He is talking nonsense; telling lies.
Всё шито да крыто.	It is all concealed, forgotten.

Выносить соръ изъ-избы.	To wash one's linen in public.
Выпить залпомъ.	To drink at one draught.
Вѣкъ живи вѣкъ учись.	Live and learn.
Въ томъ то и бѣда.	That is just the misfortune.
Въ самомъ дѣлѣ?	Really? Indeed?
Въ охапку.	To gather up hurriedly.
Въ попадъ.	To hit off rightly.
Въ самую пору.	In the nick of time.
Въ томъ то и дѣло.	That's just it.
Глядѣть въ оба.	To look with both eyes (to look well).
Глядѣть сквозь пальцы.	To view things through the fingers.
Говорить за глаза.	To speak behind one's back.
Говорить пустяки.	To talk nonsense.
Голубчикъ.	My dear fellow.
Горькая пьяница.	A confirmed drunkard.
Дать на чай.	To give drink-money.
Дать маху.	To commit a blunder.
Дать промахъ.	To miss one's aim.
Дать тягу.	To skedaddle.
Дать сроку.	To allow one time.
Держать пари.	To wager.
Держать ухо востро.	To mind one's P's and Q's.
Держать языкъ за зубами.	To keep one's tongue within bounds.
Дёшево да гнило; дорого да мило.	Cheap and nasty; dear but good.
До нельзя.	To the utmost.
Добрый малый.	A good fellow.

Добѝться тòлку.	To arrive at an understanding.
Дождь какъ изъ ведрà льётъ.	The rain pours like out of a bucket.
Дòлго-ли до грѣхà.	A misfortune might easily happen.
Дỳться на когò лѝбо.	To sulk.
Дỳшка; дỳшенька; душà моя̀.	My darling; my soul.
Дѣлать комỳ лѝбо глàзки.	To wink at one.
Дѣлать что лѝбо спустя̀ рукавà.	To work lazily (with the sleeves down).
Дѣлать на смѣхъ.	To scoff at one.
Дѣло идётъ на ладъ.	The affair is going on all right.
Дѣло съ концòмъ.	The affair is ended.
Дѣло мàстера боѝтся.	Every work fears its master.
Дѣло мудрёное.	A difficult matter.
Дѣло въ шляпѣ!	The affair is done!
Дѣло пошлò не на шỳтку.	The matter is becoming serious.
Егò кругòмъ обокрàли.	They robbed him of all.
Ей Бòгу!	It's God's truth! (an exclamation constantly used by the Russians.)
Емỳ повезлò, а мнѣ не везётъ.	Fortune seems to favour him, but forsakes me.
Емỳ всё схòдитъ съ рукъ.	He always succeeds, and without a struggle.
Емỳ всё трынъ-травà.	He cares for nothing.
Емỳ мòре по колѣно.	To him the sea is only knee-deep.
Если дѣло ỳжъ пошлò на тò.	Since the affair is gone so far.

м

Жить своимъ умомъ.	To live by one's wits.
Жить на широкую ногу.	To live in fine style.
Жилъ былъ...	Once upon a time there lived ...
Жить на распашку.	To keep open house.
Живы будемъ.	If we live.
За кѣмъ дѣло стало?	Whose fault is it?
Закусить языкъ.	To hold one's peace.
Заливаться смѣхомъ.	To die with laughter.
Заниматься пустяками.	To be occupied with trifles.
Здѣсь всё верхъ дномъ.	All here is topsy-turvy.
Здорово ребята!	All hail, my young fellows! (a commander's salutation to his soldiers.)
Здравія желаемъ Вашему Высокоблагородію!	Good health to your honour! (reply of the soldiers to their commander.)
Згп божьей не видать.	One cannot see a jot (it is pitch-dark).
И концы въ воду.	The affair is quashed.
И слѣдъ простылъ.	All trace has disappeared.
Игра не стоитъ свѣчъ.	The game is not worth the candle.
Изъ рукъ вонъ.	Beyond control.
Изъ кожи лѣзть.	To work oneself out of one's skin.
Изъ огня да въ полымя.	Out of the frying-pan into the fire.
Имѣть ввиду.	To bear in mind.
Какъ ничего не бывало.	As if nothing had happened.
Какъ быть теперь?	What is to be done now?

Какъ возъ съ плечей долой.	As a load off one's shoulders.
Какъ нубудь.	Anyhow.
Какъ-же это можно?	How can you do such a thing?
Какъ бы не такъ.	Not a bit of it.
Какъ разъ.	At the same moment.
Какъ то разъ.	Once upon a time.
Какъ двѣ капли воды походить на кого.	Like two drops of water, to resemble one.
Какъ камень въ воду.	To disappear like a stone into water.
Какъ ножёмъ въ сердце.	As a dagger (knife) into the heart.
Какъ водой окатить.	To startle one as with a douse of cold water.
Какъ то не ладится.	Somehow it does not wash.
Какъ по маслу дѣло идётъ.	The business cuts like butter.
Какъ Васъ по батюшкѣ и по фамиліи?	What is your Christian and surname?
Какъ ни попало.	Higgledy-piggledy.
Кое какъ.	Anyhow.
Кататься во всю Ивановскую.	To drive about in grand style.
Клянусь Богомъ.	As true as God.
Клянусь душею!	Upon my soul!
Кланяться въ поясъ.	To eat humble pie.
Клинъ клиномъ выбиваетъ.	One peg drives out another.
Колпакъ.	A noodle.
Конецъ всему дѣлу вѣнецъ.	All's well that ends well.
Красная дѣвица.	A young comely girl.
Красное солнышко.	The radiant sun.
Кричать во всю глотку.	To shout at the top of one's voice.

Кру́глый годъ.	The whole year round.
Кру́глая сирота́.	An orphan.
Кипято́къ.	Water at boiling-point.
Крута́я лѣстница.	A steep staircase.
Кру́пныя де́ньги; ме́лкія де́ньги.	Large coin; change.
Кто въ лѣсъ, кто по дрова́.	Some into the woods, some to the timbers (to sing out of tune).
Куй желѣзо пока́ горячо́.	Strike while the iron is hot.
Куда́ его́ нелёгкій несётъ?	Where the deuce is he going to?
Легко́ сказа́ть.	It is more easily said than done.
Лежа́чаго не бьютъ.	A man who is down is not kicked.
Лю́бишь ката́ться люби́ и са́ночки вози́ть.	If thou lovest to ride, be not too lazy to pull.
Льётъ ведро́мъ.	It rains cats and dogs.
Ма́ло-ли чего́!	What next!
Ма́ло по-ма́лу.	Little by little.
Мара́ть ру́ки.	To soil one's hands (a dirty business).
Мать сыра́ земля́.	Mother scoldeth.
Меня́ пробира́етъ моро́зъ.	I am freezing.
Мно́го съ тѣхъ поръ воды́ утекло́.	Much time has since elapsed.
Мно́го ду́маетъ о себѣ́.	He is conceited.
Мно́го шу́му изъ-за пустяко́въ.	Much ado about nothing.
Мнѣ не́когда.	I have no time.
Мнѣ не до того́.	I can't be bothered.

Моё почтеніе.	My respects (polite salutation on meeting).
Можетъ статься.	It might happen.
Молоть вздоръ.	To talk nonsense.
Молокососъ.	A greenhorn.
Морозъ по кожѣ пробѣжалъ.	I felt a cold shudder run through me.
Мылить голову.	I'll let him know.
На авось.	At a venture, at random.
На волосокъ.	To a hair's breadth.
На дняхъ.	One of these days.
Намѣдни.	Lately, the other day.
На здоровье!	To your good health!
На зло.	To spite one.
На силу (разбудили его).	With great difficulty (he was awoke).
На перекоръ.	In contradiction.
На перерывъ.	In emulation of.
На подхватъ.	In a trice.
На пролётъ.	Through and through.
На лету.	On the wing, flying.
На счастье. } На угадъ, на удачу.	At a venture.
Набитый дуракъ.	A perfect ass.
Надѣлать накостей.	To do much mischief.
Надо и честь знать.	One must not lose all conscience.
Напиваться до пьяна.	To drink to intoxication.
Нашъ братъ.	One of us, we folks.
Наша взяла.	Our side has won.
Нездоровиться.	To feel poorly, seedy.
Не въ свои сани не садись.	Don't meddle in other people's affairs.

Нѣ-къ-чему, нѣ-за чѣмъ, нѣ-для-чего, ни по чёмъ. | It is unnecessary.
Не на того напалъ. | He found his match.
Не по карману. | Not according to one's means.

Не къ стати. | Inopportunely.
Не подъ ладъ. }
Не подъ стать. } | Unbecoming.
Не тутъ то было. | But it did not succeed.
Не взыщите. | Do not chide me.
Нѣчего говорить. | It is not to be denied.
Нѣчего дѣлать. | It cannot be helped.
Нѣкѣмъ замѣнить его. | There is no one to replace him.

Нѣгдѣ (сѣсть). | There is no place (to sit down).
Неграмотный. | An illiterate person.
Неряха. | An untidy person.
Нелёгкая сила. | Satan, the Evil Spirit.
Ни-мало. | Not at all.
Ни по-что. | To no purpose.
Ни подъ какимъ видомъ. | On no account.
Ни дать, ни взять. | Just so, exactly.
Ни за что на свѣтѣ. | For nothing in the world.
Ни слуху ни духу. | Not a sign of him (no news).

Ни то ни сё. | Neither one thing nor another.

Ни тамъ ни самъ. | Neither here nor there.
Ни за что. | Not for anything.
Ни съ того ни съ сего. | For no reason.
Ни чуть не бывало. | Nothing of the sort.
Ничего этимъ не возьмёшь. | You will gain nothing by this.

Ничего.	'Tis of no consequence, never mind.
Ну ихъ, ну его.	Don't talk of them, of him.
Нѣтъ худа безъ добра.	It is an ill wind that blows nobody good.
Нѣтъ нужды.	It is unnecessary.
Онъ бросился опрометью.	He threw himself headlong.
Онъ кругомъ виноватъ.	It is entirely his fault.
Онъ вхожъ къ нему въ домъ.	He is on visiting terms with him.
Онъ остался въ дуракахъ.	He made a fool of himself.
Онъ сегодня не въ духѣ.	He is in his ill-humour to-day.
Онъ изъ кожи лѣзетъ.	He is ready to jump out of his skin.
Онъ безъ копѣйки.	He has not a farthing to bless himself with.
Онъ живётъ у чорта на куличкахъ.	He lives a devil (*sic*) of a way off.
Онъ меня какъ обухомъ въ лобъ.	He startled me.
Онъ бѣлъ какъ лунь.	His hair is quite white.
Онъ мертвецки пьянъ.	He is dead drunk.
Онъ всё своё несётъ.	He will have his say.
Онъ неусидчивъ.	He is a restless man.
Онъ не видитъ дальше своего носа.	He sees no further than his nose.
Онъ счастливо отдѣлался.	He escaped scot-free.
Онъ даже пальцемъ не пошевелитъ.	He will not move his little finger.
Онъ пикнуть не смѣетъ.	He dare not breathe a syllable.

Онъ пріѣхалъ на своихъ на двоихъ.	He has arrived on foot.
Онъ знаетъ гдѣ раки зимуютъ.	He sees which way the wind blows.
Онъ ругается на чёмъ свѣтъ стоитъ.	He is swearing like a trooper.
Онъ на этомъ собаку съѣлъ.	He is a dabster at this.
Онъ бросился стремглавъ.	He darted off like an arrow.
Онъ здѣсь какъ сыръ въ маслѣ катается.	He is in clover here.
Озадачить кого либо.	To puzzle a person.
Онъ навострилъ уши.	He pricked up his ears.
Остроумный.	Of a penetrating mind.
Отъ души желаю Вамъ счастія.	I wish you happiness from the bottom of my heart.
Отъ нечего дѣлать.	From nothing to do.
Отъ этого мнѣ не легче.	That is no comfort to me.
Отказать на отрѣзъ.	To refuse point blank.
Отчаянная голова.	A desperate fellow.
Отчаянный игрокъ.	A desperate gambler.
Отдать поклонъ.	To give one's kind regards.
О томъ и помину нѣтъ.	There is no question about it.
Отдать въ аренду.	To let, to rent.
Отдать на прокатъ.	To let on hire.
Отправиться на тотъ свѣтъ.	To depart this life.
Отлегло отъ сердца.	My heart feels at ease.
Откушать чаю.	To take tea.
Очертя голову.	Thoughtlessly.
Паръ костей не ломитъ.	Heat does no harm to the body.
Персѣхать на новоселье.	To move into a new house.
Переводить духъ.	To breathe again.

IDIOMS.

Переливать изъ пустаго въ порожнее.	To waste one's words.
Переписать на чисто.	To make a clean copy.
Пить за здоровье.	To drink to the health.
Пиръ горою шёлъ.	The feast was in full swing.
Пить чай въ прикуску.	To drink tea with the sugar in the mouth.
Пиши пропало.	All is lost.
По губамъ текло да въ ротъ не попало.	It was near the lips, but missed the mouth (fig.).
По горячимъ слѣдамъ.	In hot pursuit.
По совѣсти сказать.	To speak conscientiously.
Признаться сказать.	To speak candidly.
Повѣсить носъ.	To hang one's head down.
Подчивать.	To invite one to drink, to eat. [it.
Полноте!	That'll do! You don't mean
Поминай какъ звали.	He showed a pair of clean heels.
Пошла потѣха.	There was a nice to do.
Праздновать новоселье.	To give a house-warming.
Просто потѣха.	It is real fun.
Просить Христа ради.	To beg.
Проваливай.	Get out with you.
Примѣрно говоря.	For instance.
Пустить козла въ огородъ.	To set a fox to guard the geese.
Пустить по-міру.	To bring one to beggary.
Пустой человѣкъ.	A silly man.
Путный человѣкъ.	A reasonable man.
Пускать пыль въ глаза.	To throw dust into the eyes.
Пусть будетъ по Вашему.	Let it be as you wish.
Пьяному и море по колѣно.	A drunkard is dead to danger.

Радъ душёю.	Heartily glad.
Рискъ благородное дѣло.	To risk is no dishonour.
Рукамъ воли не давай!	Hands off!
Рука въ руку.	Unanimous.
Руками и ногами.	With hands and feet.
Рѣдко да мѣтко.	Seldom but sure.
Самъ другъ, *i.e.* in cards: король самъ другъ.	Oneself: King single.
Само собою разумѣется.	As a matter of course.
Сберегать копѣйку на чёрный день.	To put by a penny for a rainy day.
Сбывать съ рукъ.	To get rid of something.
Сбивать съ толку.	To confuse.
Сводить концы.	To make ends meet.
Своя рубашка ближе къ тѣлу.	Charity begins at home.
Сводить съ ума.	To turn one's head.
Сидѣть сложа руки.	To be idle.
Сколько душѣ угодно.	To one's heart's content.
Сломя голову бѣжать.	To run away recklessly.
Слышалъ звонъ да не знаетъ гдѣ онъ.	He heard a sound, but knew not whence it came.
Совсѣмъ изъ памяти вонъ.	Quite vanished from memory.
Собраться съ силами.	To collect one's strength.
Сорви голова.	Dare-devil.
Совсѣмъ не такъ.	Not in the least.
Сойти съ ума.	To go off one's head.
Солнце на восходѣ.	The sun is rising.
Солнце на закатѣ.	The sun is setting.
Спасибо (used familiarly).	Thanks.
Сплошь и рядомъ.	Invariably.
Стоять грудью.	To defend stoutly.

IDIOMS. 171

Старый другъ лучше новыхъ двухъ.	One old friend is better than two new ones.
Старая пѣсня.	That's an old song.
Старость не радость.	Old age is no comfort.
Строить воздушные замки.	To build castles in the air.
Сущая правда.	A positive truth.
Съ волками жить по волчьи выть.	When in Rome you must do as the Romans.
Семеро одного не ждутъ.	Seven don't wait for one.
Съ года на годъ.	All the year round.
Съ грѣхомъ пополамъ.	Half unwillingly.
Съ позволенія сказать.	Allow me to state.
Съ просонья.	Half asleep.
Съ лёгкой руки.	In a lucky hour.
Сыграть съ кѣмъ либо шутку.	To play somebody a trick.
Такъ и быть.	Be it so.
Такъ ужъ водится.	Such is the custom.
Такъ сказать.	So to say.
Такъ-себѣ.	So so.
Терпи казакъ атаманомъ будешь.	Patience and perseverance bring all things to pass.
Теперь моя очередь.	It is now my turn.
Теперь не до шутокъ.	No joking now.
Тише ѣдешь дальше будешь.	More haste, less speed.
То-то и бѣда.	That is just the misfortune.
Того и гляди.	Look out.
То и дѣло.	Constantly.
Того и смотри, что ...	Fear every moment that ...
Только-что.	Just now, only just.
Туда ему и дорога.	It serves him right.
Тутъ нечего думать.	It is no use reflecting.

Тутъ ничего нѣтъ мудрѣнаго.	There is nothing difficult in that.
Тутъ что то да не такъ.	Something wrong there.
Тьфу какая гадость!	Fie, what a shame!
Тьфу пропасть!	Plague on it!
Тьфу діаволыцина!	Devil take it!
У него не хватаетъ духу.	He lacks courage.
У него карманъ толстъ.	He has plenty of cash.
У него ни кола ни двора.	He has neither house nor home.
У него ни копѣйки нѣтъ.	He has not a penny.
У него еще молоко на губахъ не обсохло.	His mother's milk is not yet dried on his lips.
У него языкъ отнялся.	He lost his speech.
У него семь пятницъ на недѣлѣ.	He is very fickle.
У него лёгкая рука.	He is ready-handed.
У него всё изъ рукъ валится.	He is very clumsy.
У него что на умѣ то и на языкѣ.	He is very open-handed.
Убить на повалъ.	To kill with one blow.
Уговоръ лучше денегъ.	An agreement is an agreement.
Удариться объ закладъ.	To strike a wager.
Ударить лицомъ въ грязь.	To be ashamed.
Ударить по рукамъ.	To conclude a bargain.
Ужъ таковъ свѣтъ.	Such is the world.
Умъ хорошъ, а два лучше.	One head is good, but two are better.
Употреблять что либо во зло.	To abuse anything.
Утро вечера мудренѣе.	The morning is the test of the evening's thoughts.

Услу́жливый дура́къ опа́снѣе врага́.	An officious fool is more dangerous than an enemy.
Фонари́ подъ глаза́ми.	A black eye.
Хвата́ться за умъ.	To recover one's senses.
Хоть шаро́мъ покати́.	A deserted (empty) place.
Хлѣбъ соль ѣшь да пра́вду рѣжь.	Speak the truth and shame the devil.
Хлѣбъ да соль.	A good appetite to you.
Ца́рство ему́ небе́сное!	May his soul rest in peace!
Человѣ́къ не безъ грѣха́.	To err is human.
Человѣ́къ предполага́етъ а Богъ располага́етъ.	Man proposes, God disposes.
Чёрный день.	An unlucky day.
Чему́ быть тому́ не минова́ть.	No one escapes his fate.
Че́стное сло́во.	Upon my word and honour.
Че́стнымъ о́бразомъ.	Truly and honestly.
Чи́стая оби́да.	A positive insult.
Чужи́ми рука́ми жаръ загреба́ть.	To use one as a cat's-paw.
Чѣмъ бога́тъ тѣмъ и радъ.	To welcome one to all one possesses.
Чѣмъ да́льше въ лѣсъ тѣмъ бо́льше дровъ.	The farther into a wood the more trees you will find.
Чѣмъ Богъ посла́лъ.	To be contented with God's gifts.
Что́ у кого́ боли́тъ, тотъ о томъ и говори́тъ.	What the heart feels the tongue speaks of.
Что бу́детъ то бу́детъ.	What is destined cannot be avoided.

Что за бѣда?	What does it matter?
Что есть духу.	With all one's might.
Что тебѣ за дѣло?	What has that to do with thee?
Что есть мочи.	With all your might.
Что тутъ за польза?	What advantage is there in it?
Что не складно, то и не ладно.	Neither rhyme nor reason.
Что тутъ много толковать?	What use is it to discuss the subject further?
Шабашъ!	Enough! (leave off work.)
Шапочное знакомство.	A slight acquaintance.
Широкая натура.	A generous nature.
Шумъ и гамъ.	Buzzing and drumming.
Шутки въ сторону.	Jokes aside.
Щемитъ сердце.	It lies heavily on the heart.
Ѣхать на перекладныхъ.	To travel by post-chaise.
Ѣшь пирогъ съ грибами а держи языкъ за зубами.	Betray not your host's confidence.
Экая дьявольщина.	A diabolical affair.
Экая оказія!	What a misfortune!
Это ещё вопросъ.	That is an open question.
Это ещё впереди.	That is yet to come.
Это кидается въ глаза.	That is an eyesore.
Это Вамъ къ лицу.	That becomes you.
Это мнѣ какъ разъ подъ стать.	That suits me to a T.
Это не къ спѣху.	There is no hurry.

Это не по Вашей части.	That is not for you to understand.
Это не къ добру́.	That bodes no good.
Это не моё дѣло.	That is not my business.
Это не идётъ.	That is not fair.
Это не у мѣста.	That is out of place.
Это никуда́ не годи́тся.	That is perfectly useless.
Это ничего́ не зна́читъ.	That's of no consequence.
Это ни на что не похо́же.	That is very unbecoming.
Это плёвое дѣло.	That is a trifling matter.
Это про́сто изъ ру́къ вонъ.	That is beyond all patience.
Это само́ собо́ю разумѣется.	That goes without saying.
Я всѣхъ зна́ю на перечётъ.	I have them all at my fingers' ends.
Я не про́чь отъ этого.	I have no objection to that.
Я сытъ по го́рло.	I am quite satisfied.

Materials for Russian Conversation.

Dialogues.

On Rising in the Morning.

Bring me some hot water.	Принесите мнѣ горячей воды.
I shall breakfast at 9 o'clock.	Я буду завтракать въ девять часовъ.
Order for me tea, broiled ham, and two soft boiled eggs.	Закажите для меня жаренаго окорока и два яйца въ смятку.
Bring me a clean towel and soap.	Принесите мнѣ чистое полотенце и кусокъ мыла.
Prepare me a cold bath.	Приготовьте мнѣ холодную ванну.
Are there any letters for me? Bring them to me.	Есть-ли письма на моё имя? Принесите ихъ сюда.
What o'clock is it?	Который часъ?
It is late; it is 9 o'clock.	Уже поздно, девять часовъ.
It is early yet.	Ещё рано.
At what o'clock will you go out?	Въ которомъ часу желаете выѣхать?
I shall go out at 10 o'clock.	Я выѣду въ десять часовъ.
Shall I order a cab?	Прикажите заказать извощика?
Order (tell) him to be ready at the door.	Прикажите * ему подать.

---

* Прикажите, Imperative, has the accent on the third, and in the Interrogative on the second, syllable.

If anybody calls, say that I shall return at 3 o'clock.	Если кто придётъ, скажите что я возвращусь въ три часа́.
Brush my clothes.	Вычистите моё платье.

Travelling by Rail.

When does the train start for St. Petersburg?	Когда отходитъ поѣздъ въ Петербургъ?
Where is the refreshment bar and the lavatories for gentlemen (for ladies)?	Гдѣ буфетъ и умывальное для мущинъ (для дамъ)?
Take my luggage first to the custom-house, then into the refreshment-room.	Отнесите мой багажъ въ таможню а затѣмъ въ буфетъ.
Here is my ticket for my heavy baggage.	Вотъ мой билетъ отъ тяжёлой поклажи.
Have you anything to declare for duty? Cigars, tobacco, sweets, toys, etc.	Есть-ли у Васъ что нибудь для декларацій? Сигары, табакъ, конфекты, игрушки, etc.
No, I have nothing.	Нѣтъ, У меня ничего нѣтъ.
Where shall I receive my passport?	Гдѣ получу я свой паспортъ?
I am a British subject.	Я англійскій подданный.
Where is the money-changer's office?	Гдѣ мѣнальная касса?
Change me this English money into Russian.	Размѣняйте мнѣ эти англійскія деньги на русскія.
What exchange do you reckon?	По какому курсу Вы расчитываете?
Where is the booking office?	Гдѣ касса?
First-class smoking.	Первый классъ курительный.

A glass of tea, a bottle of beer, steak, veal or mutton cutlet, bread, and cheese.	Стаканъ чаю, бутылка пива, бифштексъ, телячья или баранья котлета, хлѣбъ и сыръ.
How long does the train stop at this (next) station?	Долго-ли стоитъ поѣздъ здѣсь (на слѣдующей станціи)?
At which station can one lunch, dine, or sup?	На которой станціи можно будетъ завтракать, обѣдать или ужинать?
At what time shall we arrive there?	Въ которомъ часу прибудемъ туда?
Write down the name of the station on this bit of paper.	Напишите названіе станціи на этой бумажкѣ.
I want a sleeping compartment.	Мнѣ нужно спальное купе.
Send the head-guard to me.	Призовите ко мнѣ главнаго кондуктора.
Can you find me a place with more room? here it is very crowded.	Нѣтъ-ли болѣе просторнаго мѣста? здѣсь ужасно тѣсно.
Here, porter, take this luggage.	Эй! посильщикъ, возьмите мою поклажу.
I want a carriage or cab to "Hôtel Angleterre."	Мнѣ нужно карету или извощика въ "Гостинницу Англетеръ."
Drive faster.	Поѣжай скорѣе.
How much must I pay the cabman from the Warsaw Railway Station?	Сколько нужно дать извощику со станціи Варшавской желѣзной дороги?
Railway carriage.	Вагонъ.
Horse carriage, brougham.	Карета, коляска (open).
Compartment.	Купе.

Smoking compartment.	Курительный вагонъ.
Rails.	Рельсы.

On taking a Room at an Hotel.

I want a room on the second floor.	Мнѣ нужно. номеръ во второмъ этажѣ.
What is the price of this room?	Почёмъ этотъ номеръ?
Can you let me have a hip-bath every morning in my room?	Нельзя-ли мнѣ имѣть поясную ванну въ номерѣ каждое утро?
I want hot and cold water.	Мнѣ нужно горячей и холодной воды.
Tell the servant to wake me at 8 o'clock.	Прикажите слугѣ разбудить меня въ восемь часовъ.
Where is the W.C.? the dining-room? the billiard room?	Гдѣ отхожее мѣсто? столовая? биліардная?
Bring me some tea and something to eat.	Принесите мнѣ чаю и чего-нибудь закусить.
What will you have?	Чего прикажете?*
What cold meat have you?	Что у Васъ есть изъ холоднаго мяса?
Ham, veal, tongue, salt beef, roast beef.	Ветчина, телятина, языкъ, солонина, ростбифъ.
This room has the window looking into the yard: I require one in the front.	Этотъ номеръ съ окномъ на дворъ, мнѣ требуется комната на переднемъ фасадѣ.

---

* What will you command? An idiom, employed only by a servant in addressing his superior. Otherwise the translation would be: что Вы желаете?

Allow me to have your passport to inscribe it at the police station.	Позвольте Вашъ паспортъ для записи въ полиціи.

On making a Call.

Is Mr. N. at home (in)?	Господинъ Н. дома (у себя)?
No, he has just gone out.	Нѣтъ, они * только что уѣхали.†
When will he be back?	Когда они вернутся?
He left word to say that he would be back (at home) to luncheon at 12 o'clock.	Они сказали что будутъ назадъ (дома) въ двѣнадцать часовъ къ завтраку.
I shall leave my card. Say that I shall call again at 1 o'clock (about 1 o'clock).	Я оставлю свою карточку. Скажите что я зайду опять въ часъ (около часу).
How do you do?	Здравствуйте. (Pronounce здрастуйте.)
How are you?	Какъ Вы поживаете?
The reply to the above, if well, is:—	
Praise be to God. How are you?	Слава Богу. Какъ Вы?
Please take a seat.	Присядьте пожалуйста.
When did you arrive in Moscow?	Когда Вы прибыли въ Москву?
I arrived the day before yesterday.	Я пріѣхалъ третьяго дня.

---

* The Russian working class, in speaking of their superiors, frequently employ the plural—они for "he," and онѣ for "she"—for courtesy.

† It is more dignified to use the verb ѣхать instead of идти, in speaking of going and coming.

I leave (depart) the day after to-morrow.	Я уѣзжаю послѣ завтра.
I shall return a week to-morrow.	Я возвращусь завтра черезъ недѣлю.
I left London last week.	Я выѣхалъ изъ Лондона на прошедшей недѣлѣ.

Dining out.

Come and dine with us (with me) to-morrow.	Приходите пообѣдать съ нами (со мною) завтра.
We dine (I dine) at 7 o'clock.	Мы обѣдаемъ (я обѣдаю) въ семь часовъ.
Thank you very much; I am engaged for to-morrow evening.	Весьма Вамъ благодаренъ, къ сожалѣнію я завтра вечеромъ занятъ.
I have promised a colleague to dine with him.	Я обѣщался товарищу обѣдать съ нимъ.
Well, then, come and dine on Sunday.	Ну такъ приходите въ Воскресенье къ обѣду.
Thank you.	Благодарю Васъ.
Of course not in evening dress. You know in Russia we rarely dress for dinner.	Разумѣется безъ фрака. Вы вѣроятно знаете что у насъ въ Россіи рѣдко мѣняютъ костюмъ къ обѣду.
Will you have a little vodka and a bite of something at the sideboard? It is a Russian custom before sitting down to dinner.	Не угодно-ли водочки (dim. of водка) и закуски? Это русскій обычай передъ обѣдомъ.
What wine do you take for your dinner, red or white?	Какое вино Вы предпочитаете за обѣдомъ, красное или бѣлое?

Thank you, I will take the white, or some sherry with the soup and fish.	Позвольте бѣлаго или пожалуй хересу съ супомъ и рыбой.
By-the-bye, would you like some beer with the roast?	Впрочемъ не желаете-ли пива съ жаркоемъ?
Thanks, I have a great liking for beer.	Мерси, я большой охотникъ до пива.
May I offer you a little more roast beef?	Позвольте предложить ещё кусочекъ ростбифа?
Please, without ceremony, make yourself at home.	Пожалуйста безъ церемоніи, будьте какъ дома.
You eat nothing.	Вы ничего не кушаете.
Pardon me, I have dined sumptuously.	Помилуйте, я великолѣпно пообѣдалъ.
I am very fond of the Russian cooking; particularly your soups and *entrées* are very good.	Мнѣ весьма нравится русская кухня, въ особенности Ваши супы и жаркія весьма хороши.
We have excellent beef and mutton in England, but our cooks (female) are, generally speaking, very indifferent.	Въ Англіи у насъ говядина и баранина отличнаго качества, но стряпухи обыкновенно плохія.
Will you have a cigarette or a cigar?	Не угодно-ли папиросы или сигары?
A cigarette, please.	Позвольте папиросу.
We English are great pipe smokers.	Мы англичане большіе охотники до трубокъ.
Thank you, I should like a glass* of black coffee.	Благодарю, я не откажусь выпить стаканъ кофе безъ сливокъ.
Do you play at cards?	Вы играете въ карты?

---

* Coffee and tea in Russia are taken by the men in tumblers, and very rarely in cups.

MATERIALS FOR RUSSIAN CONVERSATION. 183

Yes, I have no objection to play a rubber at whist.	Да, я не прочь сыграть па́ртію въ вистъ.
I am not acquainted with any other of the games played by you.	Други́хъ и́гръ, кото́рыя у Васъ игра́ютъ, я не зна́ю.
If you please. Let us make a set. Here are four of us.	Не уго́дно-ли? Соста́вимте па́ртію. Вотъ насъ че́тверо.
I am only an ordinary player, and I crave indulgence from my partner.	Я лишь обыкнове́нный игро́къ, и прошу́ снисхожде́нія отъ моего́ партне́ра.
However, it is getting late; I must be going.	Одна́ко по́здно; мнѣ пора́ идти́.
Good-night, good-bye, come and see us (me).	Споко́йной * но́чи, проща́йте, приходи́те къ намъ (ко мнѣ).
Wait (stay) awhile; the (man) servant has gone to call a cab.	Подожди́те (повремени́те) немно́жко, человѣкъ вы́шелъ позва́ть изво́щика.
I am very fond of riding in a sledge.	Я о́чень люблю́ ѣздить въ саня́хъ.
A slight frost, snow, a moonlight night, and a troyka†—these are the great charms of your winter.	Небольшо́й моро́зъ, снѣгъ, лу́нная ночь и тро́йка—вотъ пре́лести Ва́шей зимы́.

---

* Жела́ю Вамъ, "I wish you," is understood.

† "Troỳka" is a team of three horses yoked abreast. In the winter such a team, yoked to a large six-seated sledge, a profusion of little bells tinkling round the horses' necks, the driver erect, urging on his galloping steeds with musical words and an occasional cut of his short whip, a hard snow road, and the prospect of a merry supper-party at some suburban restaurant, surpasses even the "full cry" of an Irish fox-hunt.

Wrap yourself up well; it is very cold; a hard frost.	Окутайтесь хорошенько, очень хо́лодно; си́льный моро́зъ.
We are not so much afraid of the cold in England as you appear to be in Russia.	Мы не сто́лько бои́мся хо́лода въ А́нгліи, какъ по ви́димому Вы въ Росси́и.
Our rooms are not so warm in the winter as yours.	На́ши ко́мнаты зимо́ю не такъ тёплы какъ Ва́ши.

ENGLISH-RUSSIAN VOCABULARY.

The Russian characters are generally used without accents; they are there omitted here.

Abbey, *s.* аббатство.
Abbot, *s.* аббатъ.
Abhorrence, *s.* отвращеніе.
Abide, *v.n.* пребывать.
Ability, *s.* способность.
Able, *a.* способный; to be —, мочь.
Abode, *s.* мѣстожительство.
Abound, *v.n.* изобиловать.
About, *pr.* вокругъ, около. *adv.* кругомъ, въ окружности.
Above, *pr.* надъ; выше; болѣе. *adv.* наверху.
Abroad, *adv.* внѣ дома; за границею.
Absence, *s.* отсутствіе; — of mind, разсѣянность.
Absent, *a.* отсутствующій; разсѣянный; to be —, отсутствовать.
Absolute, *a.* самовластный; совершенный. -ly, *adv.* совершенно.
Absolve, *v.a.* отпустить грѣхи; освободить.
Absorb, *v.a.* поглащать; всасывать. -ed, *a.* углубленный.
Abstraction, *s.* разсѣянность.
Abuse, *s.* оскорбленіе.
Abuse, *v.a.* оскорблять; бранить.
Accent, *s.* звукъ; удареніе.
Accept, *v.a.* принять.
Access, *s.* приступъ.
Accession, *s.* прибавленіе; восшествіе на престолъ.
Accident, *s.* случай; несчастіе. By —, случайно.
Accommodation, *s.* помѣщеніе.

Accompany, *v.a.* сопровождать.
Accomplish, *v.a.* исполнять. — *a.* образованный. —ment, исполненіе; талантъ, познан
Accord, *s.* согласіе. *v.n.* соглашаться.
According to, *pr.* согласно, по.
Accordingly, *adv.* поэтому.
Accost, *v.a.* обращаться съ слово:
Account, *s.* счетъ; разсказъ. считать; — for, объяснить.
Accuse, *v.a.* обвинять.
Accustom, *v.a.* пріучать, при кать. —ed, *a.* привыкшій.
Ache, *v.n.* болѣть.
Achieve, *v.a.* совершить. —ше *s.* дѣло; подвигъ.
Acknowledge, *v.a.* признавать.
Acquaint, *v.a.* сообщать, увѣдо лять. —ance, *s.* знакомст знакомый. —ed, *a.* знакомы
Acquire, *v.a.* пріобрѣтать.
Acorn, *s.* желудь.
Across, *pr.* черезъ.
Act, *s.* дѣйствіе. *v.n.* дѣйствова
Active, *a.* дѣятельный; живой.
Actually, *adv.* дѣйствительно.
Add, *v.a.* складывать; прибавля
Address, *s.* рѣчь; адресъ; л кость. *v.a.* обращаться рѣчью; адресоваться.
Adjust, *v.a.* слаживать.
Administer, *v.a.* управлять; т рить (судъ).
Admire, *v.a.* удивляться; вос щаться.

Admirer, *s.* обожатель; поклон-
 никъ.
Admission, *s.* допущеніе; входъ.
Admit, *v.a.* принять; допустить.
Adorn, *v.a.* украшать.
Adrift, *adv.* на произволъ.
Advance, *v.n.* идти впередъ.
Advantage, *s.* выгода; польза.
Adventure, *s.* приключеніе.
Adversary, *s.* противникъ.
Adverse, *a.* противный; несчаст-
 ный. -sity, *s.* несчастіе.
Advertise, *v.n.* объявить. -ment,
 s. объявленіе.
Advice, *s.* совѣтъ.
Advise, *v.a.* совѣтовать.
Affect, *v.a.* трогать. -tion, *s.*
 любовь. -tionate, *a.* нѣжный,
 любящій.
Afflict, *v.a.* огорчать.
Afford, *v.a.* доставлять. *v.n.* имѣть
 средство.
Affright, *s.* испугъ. *v.a.* пугать.
Afraid, *a.* боящійся; to be —,
Afresh, *adv.* снова. [бояться.
After, *pr.* послѣ, за. *conj.* послѣ
 того какъ.
After, afterwards, *adv.* впослѣд-
 ствіи.
Afternoon, *s.* пополудни.
Again, *adv.* опять.
Against, *pr.* противъ, объ; у, на.
Age, *s.* возрастъ; of —, взрослый.
Aged, *a.* пожилой, старый.
Aghast, *a.* пораженный.
Agitation, *s.* волненіе, тревога.
Ago, *adv.* тому назадъ.
Agonizing, *a.* мучительный.
Agree, *v.n.* соглашаться.
Agreeable, *a.* пріятный.
Agreement, *s.* соглашеніе.
Aground, *adv.* на мель, на мели.
Aid, *s.* помощь. *v.a.* помогать.
Aim, *s.* цѣль, намѣреніе. *v.n.*
 прицѣливаться.

Air, *s.* воздухъ; арія. *v.a.* про-
 вѣтривать.
Airy, *a.* воздушный.
Alarm, *s.* испугъ, тревога. *v.a.*
 пугать.
Alight, *v.n.* спускаться; садиться.
Alight, *a.* зажженный.
Alike, *a.* сходный.
Alive, *a.* живой.
All, *a.* весь, всѣ. *s.* все.
Allay, *v.a.* смягчать.
Allow, *v.a.* дозволять; признавать.
 -ance, *s.* порція.
Allude, *v.n.* намекать.
Almost, *adv.* почти.
Alone, *a.* одинъ.
Along, *pr.* вдоль.
Already, *adv.* уже.
Also, *adv.* также.
Alteration, *s.* перемѣна.
Although, *conj.* хотя.
Always, *adv.* всегда.
Amass, *v.a.* копить, собирать.
Amaze, *v.a.* изумлять. -ment, *s.*
 изумленіе.
Ambassador, *s.* посолъ.
Ambition, *s.* честолюбіе.
Amid, amidst, *pr.* среди.
Among, amongst, *pr.* между.
Amuse, *v.a.* забавлять. -ment,
 s. забава.
Ancestor, *s.* предокъ.
Ancestry, *s.* предки.
Ancient, *a.* древній.
Anger, *s.* гнѣвъ.
Angry, *a.* сердитый.
Animal, *s.* животное.
Ankle, *s.* лодыжка ноги.
Annoy, *v.a.* надоѣдать.
Answer, *s.* отвѣтъ. *v.a.* отвѣчать.
 -able, *a.* отвѣтственный.
Ant, *s.* мурашей.
Antagonist, *s.* соперникъ, против-
 никъ.
Anvil, *s.* наковальня.

Anxiety, *s.* безпокойство, забота.
Anxious, *a.* безпокойный; to be — for, сильно желать.
Any, *pron.* какой нибудь; всякій.
-one or -body, кто нибудь;
-how, во всякомъ случаѣ;
-thing, что нибудь, все;
-where, гдѣ нибудь.
Apologise, *v.n.* извиняться. -gy, *s.* извиненіе.
Apparent, *a.* очевидный; ясный.
Apparition, *s.* появленіе; привидѣніе.
Appeal, *s.* воззваніе; обращеніе къ... *v.n.* прибѣгать къ кому.
Appear, *v.n.* являться, казаться. -ance, *s.* видъ, наружность; появленіе.
Apple, *s.* яблоко.
Apply, *v.a.* прилагать; — for, просить; — oneself, заниматься.
Appoint, *v.a.* назначать. -ment, *s.* назначеніе; to keep an —, явиться въ назначенное время.
Approach, *s.* приближеніе. *v.n.* приближаться; подходить.
Approbation, *s.* одобреніе.
Appropriate, *v.a.* присвоивать; назначать.
Apron, *s.* передникъ.
Archway, *s.* сводъ.
Ardour, *s.* усердіе.
Arise, *v.n.* вставать.
Arm, *s.* рука; оружіе. *v.a.* вооружать.
Around, *pr.* and *adv.* вокругъ.
Arrange, *v.a.* устроивать.
Array, *s.* строй, нарядъ.
Arrest, *v.a.* задержать; арестовать.
Arrival, *s.* прибытіе.
Arrive, *v.n.* пріѣхать, приходить.
Arrow, *s.* стрѣла.
Art, *s.* искусство. -ful, *a.* хитрый. -less, *a.* простодушный.
Article, *s.* вещь, предметъ.

As, *conj.* какъ;
As — as, та[къ]
какъ будто;
касается до.
Ascend, *v.a.* во[
Ascertain, *v.* узнать.
Ascribe, *v.a.* пр[
Ashamed, *a.* с[
стыдиться.
Ashes, *s. pl.* зо[
Aside, *adv.* на [
Ask, *v.a.* спрос[
Asleep, *a.* спящ[
спать; to fal[l
Aspire, *v.n.* стр[
Ass, *s.* оселъ.
Assault, *s.* пр[
v.a. нападат[ь
Assemble, *v.a.*[
Assembly, *s.* с[
Assist, *v.a.* п[
помощь; -a[
Associate, *v.n.* [
Assume, *v.a.* п[
предполагат[
Assure, *v.a.* ув[
Astonish, *v.a.* [
удивительны[
вленіе.
Astound, *v.a.* и[
Astray, *adv.* с[
сбиться съ
сбить съ пут[и
Asunder, *adv.*
At, *pr.* въ, у
— hand, под[
на свободѣ
наконецъ; -
— once, сра[зу
Attach, *v.a.* пр[
s. привязан[
Attack, *s.* нап[
дать.
Attempt, *s.* поп[

Attend, v.a. сопровождать; — присутствовать. — to, слушать; — on, служить.
Attendant, s. служитель; проводникъ.
Attention, s. вниманіе.
Attire, v.a. одѣвать. s. нарядъ.
Attitude, s. поза.
Attract, v.a. привлекать.
Attribute, v.a. приписывать.
Aunt, s. тетка; great —, бабушка.
Authenticate, v.a. засвидѣтельствовать.
Author, s. сочинитель; авторъ. -ity, s. достовѣрность.
Autumn, s. осень. -nal, a. осенній.
Avoid, v.a. избѣгать.
Await, v.a. ждать, ожидать.
Awake, a. проснувшійся, бдительный.
Awake, v.a.n. будить, проснуться.
Awaken, v.a. будить.
Award, v.a. присуждать.
Awo, s. страхъ.
Awful, a. страшный.
Awkward, a. неуклюжій, неловкій.
Axe, s. топоръ; battle —, бердышъ.

Baby, s. ребенокъ.
Back, s. спина; задняя сторона. adv. назадъ обратно. —wards, adv. задомъ.
Bad, a. худой, дурной. -ly, adv. дурно, плохо; сильно.
Badge, s. знакъ, нашивка.
Baffle, v.a. обмануть.
Bag, s. мѣшокъ.
Bake, v.a. печь. -er, s. булочникъ.
Ball, s. шаръ, мячъ; балъ.
Band, s. завязка, связь; толпа; хоръ.
Bang, s. ударъ, шумъ. v.a. бить, тузить; — the door, хлопнуть дверью.

Bank, s. насыпь; берегъ; банкъ.
Banner, s. знамя.
Banquet, s. пиръ. v.n. пировать.
Bar, s. полоса; рѣшетка; сословіе адвокатовъ. v.a. загораживать; мѣшать.
Bare, a. нагой; -footed, босой; -headed, съ непокрытой головой.
Bargain, s. торговая сдѣлка, покупка; into the —, въ добавокъ; a good —, дешево. v.n. торговаться.
Bark, s. древесная кора; лай; судно. v.n. лаять.
Barn, s. житница.
Barrel, s. бочонокъ; стволъ (ружейный).
Barren, a. безплодный.
Barricade, s. преграда. v.a. загромождать.
Barrier, s. барьеръ, препятствіе.
Basin, s. тазъ; sugar —, сахарница.
Bask, v.n. грѣться.
Basket, s. корзина.
Bat, s. летучая мышь.
Bath, s. ванна.
Bathe, v.n. купаться.
Battle, s. битва, сраженіе, бой.
Bawl, v.n. кричать.
Bay, s. бухта; лавровое дерево; гнѣдая лошадь. v.n. лаять.
Beach, s. берегъ моря.
Beak, s. клювъ.
Beam, s. бревно; лучъ свѣта. v.n. сіять.
Bean, s. бобъ.
Bear, s. медвѣдь.
Bear (to bring forth), v.a. родить, производить.
Bear (to carry), v.a. носить, выносить, терпѣть.
Beard, s. борода. —ed, a. съ бородой.
Beast, s. звѣрь, животное.
Beautiful, a. прекрасный.

Beauty, *s.* красота; красавица.
Because, *conj.* потому что; — of, по причинѣ.
Becoming, *a.* быть къ лицу.
Bed, *s.* постель, кровать; –chamber, спальня; -clothes, одѣяло.
Bee, *s.* пчела; -hive, *s.* улей.
Beech, *s.* букъ.
Beef, *s.* говядина.
Beet-root, *s.* свекла.
Before, *pr.* предъ, раньше. *adv.* прежде. *conj.* прежде чѣмъ.
Beg, *v.a.* просить; просить милостыню.
Beggar, *s.* нищій.
Begin, *v.a.* начинать. -ning, *s.* начало.
Behave, *v.n.* вести себя. -viour, *s.* поведеніе.
Behead, *v.a.* обезглавить.
Behind, *pr.* позади, за. *adv.* сзади.
Behold, *v.a.* увидѣть.
Belief, *s.* вѣра.
Believe, *v.a.* вѣрить; думать.
Bell, *s.* колоколъ, звонокъ.
Bellow, *v.n.* мычать, кричать.
Bellows, *s.* мѣхи.
Belly, *s.* животъ, пузо.
Belong, *v.n.* принадлежать.
Beloved, *a.* возлюбленный.
Below, *pr.* подъ. *adv.* внизу.
Bench, *s.* скамейка.
Bend, *v.a.* сгибать. *s.* поворотъ.
Beneath, *pr.* подъ. *adv.* внизу.
Benefactor, *s.* благодѣтель.
Benefit, *s.* выгода. *v.a.* дѣлать добро; приносить пользу; — by, пользоваться.
Benevolent, *a.* благосклонный; добрый.
Bent, *a.* согнутый.
Benumbed, *a.* оцѣпенѣлый.
Bereave, *v.a.* лишить.
Berry, *s.* ягода.
Beseech, *v.a.* умолять.

Beside, *pr.* подлѣ, возлѣ; внѣ.
Besides, *pr.* сверхъ, кромѣ. *adv.* кромѣ того.
Besiege, *v.a.* осаждать.
Best, *a.* лучшій.
Bestir oneself, *v.n.* хлопотать.
Bestow, *v.a.* давать.
Bet, *s.* пари. *v.a.n.* держать пари.
Betray, *v.a.* измѣнить; открыть.
Better, *a.* лучшій. *adv.* лучше.
Between, *pr.* между.
Beyond, *pr.* по ту сторону; за; внѣ.
Bid, *v.a.* велѣть.
Big, *a.* большой.
Bill, *s.* клювъ; счетъ; проектъ закона.
Billow, *s.* волна.
Bind, *v.a.* связывать, обязывать (see p. 138).
Bird, *s.* птица.
Birth, *s.* рожденіе; происхожденіе; -day, день рожденія.
Bit, *s.* кусокъ; удила.
Bite, *v.a.* кусать.
Bitter, *a.* горькій; печальный.
Black, *a.* черный. -berry, *s.* ежевика; -smith, кузнецъ.
Bladder, *s.* пузырь.
Blade, *s.* былинка; стебель.
Blame, *s.* вина. *v.a.* порицать to be to —, быть виноватымъ.
Bleak, *a.* холодный.
Bleat, *v.n.* блеять. -ing, *s.* блеяніе.
Bleed, *v.a.n.* пускать кровь; истекать кровью.
Bless, *v.a.* благословлять. -ed, *a* блаженный; одаренный. -ing, *s.* благословеніе, благо.
Blind, *s.* штора. *a.* слѣпой.
Block, *v.a.* загораживать.
Blood, *s.* кровь.
Bloom, blossom, *s.* цвѣтъ. *v.n* цвѣсти.

Blow, *s.* ударъ.
Blow, *v.n.a.* дуть; — off, сдуть; — up, взорвать на воздухъ.
Blue, *a.* синій, голубой.
Blunder, *s.* ошибка.
Blunderbuss, *s.* мушкетъ.
Blush, *s.* румянецъ. *v.n.* краснѣть.
Boar, *s.* кабанъ.
Board, *s.* доска; столъ, пища; бортъ. *v.a.* абордировать.
Boast, *v.n.* хвастаться. —er, *s.* хвастунъ.
Boat, *s.* лодка; -man, лодочникъ.
Body, *s.* тѣло; человѣкъ, особа; общество; отрядъ.
Boil, *v.a.n.* варить; кипѣть.
Bold, *a.* смѣлый.
Bolt, *s.* засовъ, задвижка. *v.a.* запирать.
Bond, *s.* связь; условіе, контрактъ.
Bone, *s.* кость.
Bonnet, *s.* шляпка.
Boon, *s.* милость; просьба.
Boot, *s.* сапогъ.
Booty, *s.* добыча.
Border, *s.* край.
Bore, *v.a.* надоѣдать.
Borrow, *v.a.* брать взаймы.
Bosom, *s.* грудь, сердце.
Both, *pron.* оба.
Both — and —, *conj.* и — и —.
Bottom, *s.* дно; конецъ.
Bough, *s.* сукъ.
Bound, *s.* прыжокъ. *v.n.* прыгать.
Boundary, *s.* предѣлъ, граница.
Bow, *s.* поклонъ. *v.a.n.* гнуть, -ся; наклонять, -ся, поклониться.
Bow, *s.* лукъ.
Bowl, *s.* чаша.
Box, *s.* ящикъ; козлы; ложа (въ театрѣ).
Boy, *s.* мальчикъ.
Brain, *s.* мозгъ.
Branch, *s.* сукъ; отрасль.

Brave, *a.* храбрый. -ery, *s.* храбрость.
Brawny, *a.* мускулистый.
Bray, *v.n.* ревѣть.
Breach, *s.* проломъ; нарушеніе.
Bread, *s.* хлѣбъ.
Break, *v.a.* ломать, разбить.
Breakfast, *s.* завтракъ.
Breast, *s.* грудь.
Breath, *s.* дыханіе.
Breathe, *v.n.* дышать.
Breed, *v.a.* производить.
Breeze, *s.* вѣтеръ.
Brick, *s.* кирпичъ.
Bride, *s.* невѣста; -groom, женихъ.
Bridge, *s.* мостъ.
Bridle, *s.* узда.
Bright, *a.* свѣтлый.
Brilliant, *a.* блестящій.
Bring, *v.a.* приносить; — forth, производить; — up, воспитать.
Broad, *a.* широкій.
Broil, *v.a.* жарить.
Brood, *s.* птенцы.
Brook, *s.* ручей.
Broom, *s.* метёлка.
Broth, *s.* бульонъ.
Brother, *s.* братъ; -hood, братство.
Brow, *s.* бровь.
Brown, *a.* бурый.
Brush, *s.* щетка. *v.a.* чистить.
Brute, *s.* животное, звѣрь.
Bubble, *s.* пузырь. *v.n.* кипѣть.
Bucket, *s.* ведро.
Bud, *s.* почка.
Build, *v.a.* строить.
Bull, *s.* быкъ.
Bunch, *s.* пучекъ; кисть.
Bundle, *s.* связка, узелъ.
Burden, *s.* тяжесть.
Burial, *s.* погребеніе.
Burn, *v.a.n.* жечь; горѣть.
Burst, *v.n.* лопнуть.

Bury, *v.a.* хоронить.
Bush, *s.* кустъ.
Business, *s.* занятіе, дѣло.
Busy, *a.* занятой, дѣятельный.
But, *conj.* но. *adv.* только. *pr.* кромѣ.
Butcher, *s.* мясникъ.
Butter, *s.* масло; -cup, ранункулъ.
Butterfly, *s.* бабочка.
Button, *s.* пуговица.
Buy, *v.a.* купить.
By, *pr.* посредствомъ; чрезъ; возлѣ; мимо: by and by, скоро. -stander, *s.* присутствующій; -word, поговорка.

Cab, *s.* кабріолетъ; -man, извощикъ.
Cabin, *s.* каюта.
Cable, *s.* канатъ, кабель.
Cackle, *v.n.* кудахтать.
Cage, *s.* клѣтка.
Cake, *s.* пирожное.
Calf, *s.* теленокъ.
Call, *v.a.* звать; называть; — for, спрашивать; заходить за кѣмъ, чѣмъ. *v.n.* заходить.
Calm, *a.* спокойный, тихій. -ness, *s.* спокойствіе.
Camel, *s.* верблюдъ.
Campaign, *s.* походъ.
Can, *s.* кружка.
Can, *v.d.* могу.
Canal, *s.* каналъ, канава.
Canary, *s.* канарейка.
Candle, *s.* свѣча.
Cane, *s.* трость, палка.
Cannon, *s.* пушка.
Cap, *s.* шапка.
Caper, *v.a.* прыгать.
Capital, *s.* столица; капиталъ. *a.* отличный.
Captain, *s.* капитанъ.
Captivate, *v.a.* плѣнять; очаровывать.

Captive, *s.* плѣнникъ.
Capture, *v.a.* захватить.
Card, *s.* карта.
Care, *s.* забота. -ful, *a.* заботливый, осторожный; -less, безпечный, неосторожный. *v.n.* заботиться; take —, беречься; take — of, заботиться о чемъ.
Cargo, *s.* грузъ.
Carman, *s.* ломовой извощикъ.
Carpenter, *s.* плотникъ.
Carpet, *s.* коверъ.
Carry, *v.a.* носить, возить; — out, исполнять.
Cart, *s.* телѣга; -er, возчикъ.
Carve, *v.a.* вырѣзать (wood, &c.); разрѣзать (meat, &c.).
Case, *s.* случай, дѣло; футляръ.
Cask, *s.* бочка.
Cast, *v.a.* кидать, бросать.
Castle, *s.* замокъ.
Casual, *a.* случайный. -ly, *adv.* -но.
Cat, *s.* кошка.
Catch, *v.a.* ловить, поймать; — hold of, схватить.
Cathedral, *s.* соборъ.
Cattle, *s.* скотъ.
Cause, *s.* причина; дѣло. *v.a.* причинять.
Caution, *v.a.* предостерегать.
Cautious, *a.* осторожный.
Cavalry, *s.* конница.
Cave, *s.* пещера.
Cease, *v.a.* перестать, прекратить.
Ceiling, *s.* потолокъ.
Celebrated, *a.* знаменитый.
Celestial, *a.* небесный.
Cell, *s.* келья; тюремная камера.
Cellar, *s.* погребъ, подвалъ.
Censure, *v.a.* осуждать.
Century, *s.* столѣтіе.
Ceremony, *s.* церемонія.

Certain, *a.* вѣрный, увѣренный. *pr.* нѣкоторый, извѣстный. -ly, *adv.* непремѣнно.
Chain, *s.* цѣпь, цѣночка.
Chair, *s.* стулъ.
Chaise, *s.* коляска.
Challenge, *s.* вызовъ. *v.a.* вызывать.
Chamber, *s.* комната.
Chance, *s.* случай, возможность. *v.n.* случиться.
Change, *s.* перемѣна; мелкія деньги. *v.a.* мѣнять, перемѣнять.
Character, *s.* характеръ; репутація, имя.
Charcoal, *s.* древесный уголь.
Charge, *s.* порученіе, довѣреніе; приказаніе; сдѣлка; атака. *v.a.* поручать; приказать; просить цѣну; атаковать.
Charitable, *a.* благотворительный.
Charity, *s.* милосердіе; милостыня.
Charm, *s.* очарованіе; прелесть. *v.a.* услаждать. -ing, *a.* прелестный.
Chase, *s.* охота, погоня, ловля. *v.a.* гнаться за.
Chat, *s.* разговоръ. *v.n.* разговаривать.
Chatter, *v.n.* болтать. -ing, *s.* щелканье зубами.
Cheat, *v.a.* обманывать, плутовать.
Check, *v.a.* задерживать.
Cheek, *s.* щека.
Cheer, *s.* угощеніе; радостный крикъ. *v.a.* увеселить; одобрить крикомъ. -ful, *a.* веселый; -less, печальный.
Cheese, *s.* сыръ.
Cherish, *v.a.* любить.
Cherry, *s.* вишня.
Chess, *s.* шахматы.
Chest, *s.* ящикъ, сундукъ; грудь.
Chestnut, *s.* каштанъ.
Chicken, *s.* цыпленокъ.

Chief, *s.* начальникъ, глава. *a.* главный.
Child, *s.* дитя; -hood, дѣтство. -ish, *a.* дѣтскій; -like, подобный ребенку.
Chill, *s.* дрожь, холодъ. *v.a.* знобить; охлаждать.
Chimney, *s.* труба.
China, *s.* Китай; фарфоръ.
Chink, *s.* трещина.
Chip, *s.* щепка.
Choice, *s.* выборъ.
Choir, *s.* хоръ.
Choke, *v.a.n.* удушить; задыхаться.
Choose, *v.a.* выбирать; *v.n.* предполагать, хотѣть.
Chop, *v.a.* рубить.
Chord, *s.* струна.
Christen, *v.a.* крестить. -dom, *s.* христіанскія страны.
Christmas, *s.* Рождество.
Chuckle, *v.n.* клохтать; смѣяться.
Church, *s.* церковь; -yard, кладбище.
Circle, *s.* кругъ.
Circumstance, *s.* обстоятельство.
Citadel, *s.* крѣпость.
Citizen, *s.* гражданинъ.
City, *s.* городъ.
Civil, *a.* гражданскій, статскій; вѣжливый.
Claim, *s.* требованіе, претензія. *v.a.* требовать по праву.
Clamour, *s.* шумъ.
Clap, *s.* хлопанье, ударъ, рукоплесканіе. *v.a.n.* аплодировать.
Clasp, *v.a.* обнимать.
Class, *s.* классъ, разрядъ, родъ.
Clatter, *v.n.* стучать. -ing, *s.* стукъ.
Claw, *s.* коготь.
Clean, *a.* чистый. *v.a.* чистить.
Cleanliness, *s.* опрятность.
Cleanse, *v.a.* очищать.

Clear, *a.* ясный, чистый. *v.a.* очищать; — up, объяснить.
Cleave, *v.a.* раскалывать.
Clergyman, *s.* пасторъ.
Clerk, *s.* прикащикъ.
Clever, *a.* умный, способный. -ness, *s.* искусство.
Cliff, *s.* скала, утесъ.
Climate, *s.* климатъ.
Climb, *v.a.* взлѣзать, подыматься.
Cling, *v.n.* придерживаться.
Clip off, *v.a.* отрѣзать.
Cloak, *s.* плащъ; маска, предлогъ.
Clock, *s.* часы.
Close, *adv.* близко.
Closet, *s.* кабинетъ.
Cloth, *s.* сукно.
Clothe, *v.a.* одѣвать.
Clothes, *s. pl.* одежда.
Clothing, *s.* одежда.
Cloud, *s.* облако, туча.
Cluster, *s.* пучекъ, куча.
Coach, *s.* карета; -man, кучеръ.
Coarse, *a.* грубый.
Coast, *s.* берегъ моря.
Coat, *s.* сюртукъ.
Coax, *v.a.* приласкать.
Cock, *s.* пѣтухъ.
Coffin, *s.* гробъ.
Coin, *s.* монета.
Cold, *a.* холодный. *s.* холодъ; простуда; to catch —, простудиться.
Collar, *s.* воротникъ; ошейникъ.
Collect, *v.a.* собирать. -ed, *a.* спокойный.
Colour, *s.* цвѣтъ. *v.a.* окрашивать.
Colt, *s.* жеребенокъ.
Combat, *s.* бой.
Come, *v.n.* приходить, прiѣзжать; — about, случиться; — down, спускаться, сходить; — forth, распускаться; — off, случиться, выходить; — on, наступать; — out, выходить; — up, подходить.
Comfort, *s.* утѣшенiе; удобство. — *v.a.* утѣшать; подкрѣплять. -able, *a.* уютный.
Command, *s.* приказанiе. *v.a.* приказать; начальствовать.
Commemorate, *v.a.* вспоминать.
Commence, *v.a.* начинать. -ment, *s.* начало.
Commend, *v.a.* хвалить; поручить.
Commit, *v.a.* поручить; совершить. -tee, *s.* комитетъ.
Common, *a.* общiй; обыкновенный; простой.
Commotion, *s.* смущенiе; шумъ.
Communicate, *v.a.n.* сообщать, -ся.
Companion, *s.* товарищъ.
Company, *s.* общество.
Compare, *v.a.* сравнивать. -ison, *s.* сравненiе.
Compassion, *s.* сожалѣнiе.
Compensate, *v.a.* возмѣщать, вознаграждать. -ation, *s.* вознагражденiе.
Complain, *v.n.* жаловаться.
Complaint, *s.* жалоба.
Complete, *a.* полный, цѣлый.
Compliment, *s.* привѣтствiе; to give one's -s, кланяться.
Comply with, *v.n.* согласиться.
Compose, *v.a.* составлять; to be -d of, состоять изъ.
Comrade, *s.* товарищъ.
Conceal, *v.a.* скрывать.
Conceit, *s.* высокомѣрiе. -ed, *a.* высокомѣрный.
Concerning, *pr.* касательно.
Conclude, *v.a.n.* кончать, -ся; заключать.
Conclusion, *s.* конецъ; убѣжденiе.
Condemn, *v.a.* приговаривать, присуждать. -ation, *s.* приговоръ.

Condition, *s.* положеніе, состояніе; условіе.
Conduct, *s.* поведеніе.
Conduct, *v.a.* вести. —or, *s.* проводникъ.
Confess, *v.a.n.* признавать, —ся. -ion, *s.* признаніе; исповѣдь.
Confide, *v.a.* довѣрять; *v.n.* ввѣряться.
Confident, *a.* увѣренный.
Confine, *v.a.* заключать. -ment, *s.* заключеніе.
Confirm, *v.a.* подтверждать.
Confuse, *v.a.* спутывать. -sion, *s.* смущеніе.
Congratulate, *v.a.* поздравлять.
Connect, *v.a.* связывать.
Conquer, *v.a.* побѣждать. —or, *s.* побѣдитель.
Conscience, *s.* совѣсть.
Conscious, *a.* сознающій; to be — of, знать. —ness, *s.* сознаніе.
Consent, *s.* согласіе. *v.n.* согласиться.
Consequence, *s.* слѣдствіе.
Consequently, *adv.* слѣдовательно.
Consider, *v.a.* обсуждать; считать. -able, *a.* значительный. -ation, *s.* обсужденіе; значеніе.
Console, *v.a.* утѣшать. -ation, *s.* утѣшеніе.
Constant, *a.* постоянный.
Consternation, *s.* смущеніе.
Contain, *v.a.* содержать.
Contemplate, *v.a.* размышлять.
Contempt, *s.* презрѣніе. -uous, *a.* презрительный.
Content, contented, *a.* довольный.
Contents, *s. pl.* содержимое.
Contest, *s.* борьба.
Contest, *v.a.* спорить, состязаться.
Continual, *a.* постоянный.
Continue, *v.a.n.* продолжать, —ся.
Contrast, *s.* сравненіе.
Contrast, *v.a.* сравнять.

Contribution, *s.* подать; сборъ пожертвованій.
Contrive, *v.a.* придумать; успѣть.
Convenient, *a.* удобный.
Convent, *s.* монастырь.
Converse, *v.n.* разговаривать. -ation, *s.* разговоръ.
Convey, *v.a.* носить; сообщать.
Convince, *v.a.* убѣждать.
Cook, *s.* поваръ; кухарка. *v.a.* готовить.
Cool, *a.* свѣжій, прохладный; холодный.
Copper, *s.* мѣдь. *a.* мѣдный.
Copy, *v.a.* списывать, подражать.
Cord, *s.* веревка.
Corn, *s.* хлѣба; мозоль.
Corner, *s.* уголъ.
Corpse, corse, *s.* трупъ.
Correct, *v.a.* поправлять; наказывать. *a.* правильный, вѣрный. -ion, *s.* поправка; наказаніе. -ness, *s.* правильность.
Corroborate, *v.a.* подтверждать.
Cost, *s.* цѣна. *v.n.* стоить.
Cottage, *s.* хижина, изба. —er, *s.* крестьянинъ.
Cotton, *s.* бумага. *a.* бумажный.
Counsel, *s.* совѣтъ; -lor, совѣтникъ.
Count, *v.a.* считать, сосчитать.
Count, *s.* графъ; —ess, графиня.
Countenance, *s.* лицо.
Counterfeit, *s.* поддѣлка.
Country, *s.* страна; деревня; родина. -man, землякъ, крестьянинъ; -seat, помѣстье.
Couple, *s.* пара.
Courage, *s.* храбрость.
Course, *s.* теченіе; бѣгъ, ходъ; of —, конечно.
Court, *s.* дворъ; дворецъ.
Courteous, *a.* вѣжливый. -tesy, *s.* вѣжливость; -tier, придворный; -ship, ухаживаніе.

Cousin, *s.* двоюродный братъ, -ая сестра.
Cover, *s.* крышка. *v.a.* покрывать.
Covet, *v.a.* желать, алкать. –ous, *a.* скупой. –ousness, *s.* скупость, корыстолюбіе.
Cow, *s.* корова; –herd, пастухъ.
Coward, *s.* трусъ; -ice, трусость. –ly, *a.* трусливый.
Crack, *s.* трещина. *v.a.* колоть; хлестать. *v.n.* трескаться.
Cradle, *s.* люлька.
Crash, *s.* трескъ.
Crave, *v.a.* просить убѣдительно.
Crazy, *a.* сумасшедшій.
Create, *v.a.* творить; назначать; дѣлать.
Creature, *s.* созданіе.
Creep, *v.n.* ползать.
Crew, *s.* экипажъ, матросы; шайка.
Crime, *s.* преступленіе.
Cripple, *s.* калѣка.
Crooked, *a.* кривой.
Crop, *s.* жатва, урожай.
Cross, *s.* крестъ. *a.* сердитый. *v.a.* переходить; — one's arms, сложить руки крестомъ.
Crouch, *v.n.* припадать; подличать.
Crow, *s.* ворона. *v.n.* пѣть пѣтухомъ.
Crowd, *s.* толпа. *v.a.n.* наполнять; толпиться.
Crown, *s.* корона; крона. *v.a.* короновать.
Cruel, *a.* жестокій. -ty, *s.* жестокость.
Crumb, *s.* крошка.
Crush, *v.a.* раздавить.
Crust, *s.* кора, корка.
Crutch, *s.* костыль.
Cry, *s.* крикъ. *v.n.* кричать; плакать.

Cub, *s.* щенокъ.
Cuff, *s.* манжетка; ударъ кулакомъ.
Cunning, *s.* хитрость. *a.* хитрый.
Cup, *s.* чашка.
Cupboard, *s.* шкапъ.
Curb, *s.* узда. *v.a.* сдерживать.
Cure, *s.* леченіе. *v.a.* лечить.
Curiosity, *s.* любопытство.
Curious, *a.* любопытный, странный.
Curl, *s.* локонъ. *v.a.* завивать.
Curly, *a.* кудрявый.
Currant, *s.* смородина; коринка.
Current, *s.* теченіе. *a.* текущій.
Curse, *s.* проклятіе. *v.a.* проклинать.
Curtain, *s.* занавѣсъ.
Curve, *s.* кривая линія; заворотъ.
Custom, *s.* обычай; –er, покупатель, посѣтитель; — house, таможня.
Cut, *v.a.* рѣзать. *s.* ударъ; короткая дорога.

Dagger, *s.* кинжалъ.
Daily, *a.* ежедневный. *adv.* -но.
Dam, *s.* матка.
Damp, *a.* сырой. *s.* сырость.
Dance, *s.* танецъ. *v.n.* танцовать.
Danger, *s.* опасность. –ous, *a.* опасный.
Dare, *v.n.* смѣть.
Dark, *a.* темный. -ness, *s.* темнота.
Dart, *s.* стрѣла. *v.n.* бросаться.
Date, *s.* число, время, фениксъ.
Daughter, *s.* дочь.
Day, *s.* день; –break, разсвѣтъ.
Dawn, *s.* разсвѣтъ, начало. *v.n.* разсвѣтать.
Dazzle, *v.a.* ослѣплять.
Dead, *a.* мертвый. -ly, *adv.* смертельный.
Deaf, *a.* глухой.
Deal, *v.n.* торговать; поступать.

Deal, *s.* количество; a great —, много.
Dear, *a.* дорогой.
Death, *s.* смерть.
Debt, *s.* долгъ.
Deceased, *a.* покойный.
Deceit, *s.* обманъ.
Deceive, *v.a.* обманывать.
Decent, *a.* приличный.
Decide, *v.a.n.* рѣшать, —ся.
Decision, *s.* рѣшеніе. -ive, *a.* рѣшительный.
Deck, *s.* палуба. *v.a.* украшать.
Declare, *v.a.* объявлять; увѣрять.
Deed, *s.* дѣло, подвигъ; документъ.
Deep, *a.* глубокій.
Deer, *s.* олень.
Defeat, *s.* пораженіе. *v.a.* побѣждать, разстроить.
Defence, *s.* защита.
Defend, *v.a.* защищать.
Defer, *v.a.* отлагать.
Defy, *v.a.* вызывать.
Degree, *s.* степень; by —s, постепенно.
Dejection, *s.* уныніе.
Delay, *s.* задержка, замедленіе. *v.a.n.* медлить.
Delicious, *a.* сладостный, пріятный.
Delight, *s.* радость. *v.a.* радовать. -ful, *a.* пріятный.
Deliver, *v.a.* отдавать; освобождать, избавлять. -ance, *s.* освобожденіе.
Deluge, *s.* потопъ.
Demand, *s.* требованіе, просьба. *v.a.* требовать, просить.
Denial, *s.* отрицаніе; отказъ.
Denounce, *v.a.* доносить; обвинять.
Dense, *a.* густой, плотный.
Deny, *v.a.* отрицать; не признавать.
Depart, *v.n.* отправляться. -ure, *s.* отъѣздъ.

Depress, *v.a.* приводить въ уныніе.
Deprive, *v.a.* лишать.
Depth, *s.* глубина, глубь.
Derision, *s.* осмѣяніе, насмѣшка.
Derive, *v.a.* производить; получить.
Descend, *v.a.* сходить, спускаться. -ant, *s.* потомокъ.
Descent, *s.* спускъ, сходъ; происхожденіе.
Describe, *v.a.* описывать
Description, *s.* описаніе.
Desert, *s.* пустыня. *a.* пустынный.
Desert, *v.a.* покидать.
Deserve, *v.a.* заслуживать.
Desire, *s.* желаніе. *v.a.* желать.
Desk, *s.* конторка.
Desolate, *a.* пустынный; покинутый.
Despair, *s.* отчаяніе. *v.n.* отчаяваться.
Desperate, *a.* отчаянный.
Despise, *v.a.* презирать.
Destine, *v.a.* назначать. -y, *s.* рокъ, судьба, участь; -ation, назначеніе, назначенное мѣсто.
Destroy, *v.a.* уничтожать, разрушать.
Destruction, *s.* разрушеніе; погибель.
Detain, *v.a.* удерживать.
Determine, *v.a.* рѣшать, судить. -ation, *s.* рѣшеніе.
Device, *s.* выдумка; девизъ.
Devise, *v.a.* придумывать.
Devote, *v.a.* посвящать, предавать. -ed, *a.* преданный. -ion, *s.* преданность.
Devour, *v.a.* пожирать.
Devout, *a.* набожный. -ly, *adv.* набожно; отъ души.
Dew, *s.* роса.
Diamond, *s.* бриліантъ.
Dictionary, *s.* словарь.

VOCABULARY. 197

Die, *v.n.* умирать, скончаться, околѣвать.
Different, *a.* различный; другой.
Difficult, *a.* трудный. –y, *s.* трудность.
Dig, *v.a.n.* копать, рыть. –ging, *s.* копаніе.
Dignified, *a.* степенный.
Dignity, *s.* достоинство.
Dilapidated, *a.* разрушенный.
Diligent, *a.* прилежный.
Dim, *a.* мрачный.
Diminish, *v.a.* уменьшать.
Din, *s.* шумъ.
Dine, *v.n.* обѣдать. –ner, *s.* обѣдъ.
Dip, *v.a.* погружать, всунуть.
Direction, *s.* направленіе; приказаніе; адресъ.
Directly, *adv.* сейчасъ.
Dirty, *a.* грязный.
Disable, *v.a.* обезсиливать.
Disagree, *v.n.* не согласиться; быть вреднымъ. –able, *a.* непріятный.
Disappear, *v.n.* исчезать. –ance, *s.* скрытіе.
Disappoint, *v.a.* обманывать. –ment, *s.* обманутое ожиданіе, неудача, досада.
Disband, *v.a.* распускать.
Discharge, *s.* разгруженіе; выстрѣлъ; вытеканіе; оправданіе; отставка. *v.a.* выгружать; выстрѣлить; выливать; освобождать; увольнять; уплачивать; исполнять.
Disciple, *s.* ученикъ.
Disclose, *v.a.* открывать.
Discontented, *a.* недовольный.
Discover, *v.a.* открывать, находить. –y, *s.* открытіе.
Discuss, *v.a.* обсуждать. –ion, *s.* обсужденіе.
Disdain, *s.* презрѣніе. *v.a.* презирать.

Disease, *s.* болѣзнь.
Disengage, *v.a.* высвободить. –d, *a.* свободный, незанятый.
Disgrace, *s.* безчестіе, стыдъ. –ful, *a.* постыдный.
Disguise, *v.a.* скрывать.
Dish, *s.* блюдо, посуда.
Dishonest, *a.* безчестный.
Disinherit, *v.a.* лишать наслѣдства.
Dislodge, *v.a.* вытѣснить.
Dismal, *a.* мрачный, печальный.
Dismay, *s.* ужасъ, испугъ.
Dismiss, *v.a.* распускать; увольнять; отпускать.
Disobey, *v.a.* не повиноваться.
Dispose of, *v.a.n.* располагать чѣмъ, отдавать, продать. –d, *a.* расположенный. –ition, *s.* расположеніе, характеръ.
Dispute, *v.a.* спорить. *s.* споръ.
Distance, *s.* разстояніе.
Distant, *a.* отдаленный.
Distinct, *a.* ясный.
Distinguish, *v.a.* отличать, различать. –ed, *a.* знаменитый.
Distress, *s.* горе, нужда. *v.a.* огорчать.
Distribute, *v.a.* раздавать. –ion, *s.* раздача.
District, *s.* страна, область.
Distrust, *s.* недовѣріе.
Disturb, *v.a.* безпокоить.
Ditch, *s.* канава, ровъ.
Docility, *s.* послушаніе.
Doctor, *s.* врачъ. *v.a.* лѣчить.
Dog, *s.* собака.
Domestic, *a.* домашній. *s.* слуга.
Donkey, *s.* оселъ.
Door, *s.* дверь.
Dose, *s.* лѣкарство. *v.a.* пичкать лѣкарствами.
Dote on, *v.n.* страстно любить.
Double, *a.* двойной.
Doubt, *s.* сомнѣніе. *v.a.* сомнѣваться.

Dove, *s.* голубь.
Down, *pr.* and *adv.* внизъ. -ward, *a.* направленный внизъ. -wards, *adv.* на низъ.
Drain, *v.a.* осушать, истощать. *s.* канава, водосточная труба.
Drake, *s.* селезень.
Drag, *v.a.* тащить.
Draught, *s.* глотокъ; сквозной вѣтеръ; тоня.
Draw, *v.a.* тянуть; рисовать; — on, навлекать. -bridge, *s.* подъемный мостъ; -er, ящикъ.
Dread, *s.* страхъ. *v.a.* бояться. -ful, *a.* страшный. [снѣ.
Dream, *s.* сонъ. *v.n.* видѣть во
Dreary, *a.* угрюмый, печальный.
Drench, *v.a.* промачивать.
Dress, *s.* платье. *v.a.n.* одѣвать, -ся; перевязывать. -er, *s.* шкапъ для посуды; -ing box, туалетный ящикъ.
Drift, *v.n.* нестись теченіемъ.
Drink, *v.a.* пить.
Drive, *v.a.* гнать, вбивать. *v.n.* ѣхать, кататься, править лошадьми. -er, *s.* кучеръ.
Droll, *a.* смѣшной.
Droop, *v.n.* вянуть, изнемогать.
Drop, *s.* капля. *v.a.* уронить, опускать. *v.n.* упадать.
Drown, *v.a.* топить.
Drum, *s.* барабанъ.
Drunken, *a.* пьяный.
Dry, *a.* сухой. *v.a.n.* сушить; сохнуть.
Dubious, *a.* сомнительный.
Duchess, *s.* герцогиня.
Duck, *s.* утка; -ling, утенокъ.
Duke, *s.* герцогъ; -dom, герцогство.
Dull, *a.* скучный; глупый; глухой.
Duly, *adv.* надлежащимъ образомъ.
Dumb, *a.* нѣмой; — struck, пораженный.

During, *pr.* во время, въ продолженіе.
Dusk, *s.* сумерки.
Dust, *s.* пыль. -у, *a.* пыльный.
Duty, *s.* обязанность, долгъ; пошлина, налогъ.
Dwell, *v.n.* жить. -ing, *s.* жилище.
Dwindle, *v.n.* чахнуть.

Each, *pron.* каждый; — other, другъ друга.
Eager, *a.* жадный, горячій. -ness, *s.* рвеніе, порывъ.
Eagle, *s.* орелъ.
Ear, *s.* ухо; — of corn, колосъ.
Early, *a.* ранній. *adv.* рано.
Earn, *v.a.* заработать.
Earnest, *a.* настойчивый; серьезный. -ness, *s.* горячность; серьезность.
Earnings, *s. pl.* заработокъ, жалованье.
Earth, *s.* земля. -en, *a.* глиняный. -enware, *s.* глиняная посуда.
Ease, *s.* легкость; спокойство. -у, *a.* легкій. -ily, *adv.* легко.
East, *s.* востокъ. -ern, *a.* восточный. [съѣсть.
Eat, *v.a.* ѣсть, кушать; — up,
Ebb, *s.* отливъ. *v.n.* отливать.
Eccentric, *a.* странный. -ity, *s.* оригинальность.
Ecclesiastical, *a.* церковный, духовный.
Echo, *s.* эхо. *v.a.n.* отдавать, -ся.
Economy, *s.* бережливость.
Ecstasy, *s.* восторгъ.
Eden, *s.* Рай.
Edge, *s.* остріе; край.
Edifice, *s.* зданіе.
Effect, *s.* дѣйствіе, слѣдствіе.
Effort, *s.* усиліе.
Egg, *s.* яйцо.
Either, *pron.* тотъ или другой.
Either — or, *conj.* тотъ или другой.

Ejaculate. *v.n.* восклицать.
Elder, *a.* and *n.* старший.
Elegant, *a.* изящный.
Elephant, *s.* слонъ.
Eloquence, *s.* красноречіе.
Else, *a.* иной, другой. *adv.* еще, кромѣ. *conj.* иначе, или. -where, *adv.* въ другомъ мѣстѣ.
Embark, *v.a.n.* посадить от сѣсть на корабль.
Embarrass, *v.a.* затруднять, стѣснять. -ment, *s.* затрудненіе.
Emigrant, *s.* переселенецъ.
Emphatic, *a.* выразительный.
Employ, *v.a.* употреблять. -ment, *s.* употребленіе; занятіе, дѣло.
Empress, *s.* императрица.
Empty, *a.* пустой; -handed, съ пустыми руками. *v.a.* осушить, выпить.
Enable, *v.a.* дать возможность.
Enchantment, *s.* очарованіе.
Enclose, *v.a.* окружать, заключать.
Encounter, *s.* встрѣча; стычка. *v.a.* встрѣчать.
Encourage, *v.a.* ободрять.
End, *s.* конецъ. *v.a.n.* кончать, -ся.
Endeavour, *s.* стараніе, усиліе. *v.n.* стараться.
Endure, *v.a.* выносить, терпѣть.
Enemy, *s.* врагъ, непріятель.
Energy, *s.* энергія; стойкость.
Enforce, *v.a.* подкрѣплять.
Engage, *v.a.* нанять; приглашать; вступать (въ сраженіе, въ разговоръ). *v.n.* обѣщаться.
Engaged, *a.* занятой.
Engagement, *s.* обязательство, сраженіе.
Engine, *s.* машина; steam —, локомотивъ; fire —, пожарная труба.
Enjoy, *v.a.* наслаждаться. -ment. *s.* наслажденіе.

Enliven, *v.a.* ож
Enmity, *s.* вра
Enormous, *a.* г
Enough, *s.* and
Enquire, *v.a.* с
Enrage, *v.a.* ра
Enrich, *v.a.* обо
Ensure, *v.a.* об
Enter, *v.n.a.* вх
Enterprise, *s.* п
Entertain, *v.a.* влять; угоп -ment, *s.* уго ментъ; обѣд
Entire, *a.* цѣлы
Entitle, *v.a.* да
Entrance, *s.* вх
Entrance, *v.a.* торгъ.
Entreat, *v.a.* просьба.
Equal, *a.* равн
Equip, *v.a.* воо вооруженіе.
Erect, *a.* прям
Errand, *s.* посы
Escape, *s.* спа тись.
Especial, *a.* осо особенно.
Estate, *s.* имѣн
Esteem, *s.* уваж
Estimable, *a.* тенный.
Evade, *v.a.* изб
Even, *a.* ровны
Evening, *s.* ве
Event, *s.* прои во всякомъ полный при
Ever, *adv.* ко ever since, с
Every, *pron.*, -one or -bod везде.

Evident, *a.* очевидный, ясный.
Evil, *a.* злой. *s.* зло.
Ewe, *s.* овца.
Exact, *a.* точный. -ly, *adv.* точно.
Exact, *v.a.* взыскивать, требовать. -ion, *s.* требованіе.
Exalted, *a.* возвышенный, высокій.
Examine, *v.a.* изслѣдовать; осматривать, экзаменовать. -ation, *s.* испытаніе, экзаменъ.
Exceedingly, *adv.* чрезвычайно.
Excellent, *a.* отличный.
Except, *v.a.* исключать. *pr.* исключая.
Excess, *s.* чрезмѣрность.
Exchange, *s.* мѣна, размѣнъ; замѣнъ; биржа. *v.a.* мѣнять.
Excite, *v.a.* возбуждать. -ment, *s.* возбужденіе.
Exclaim, *v.n.* восклицать.
Exclamation, *s.* восклицаніе.
Exclude, *v.a.* исключать.
Exclusively, *adv.* исключительно.
Excuse, *v.a.* извинять. -able, *a.* извинительный.
Excuse, *s.* извиненіе, оправданіе.
Execute, *v.a.* исполнить; казнить смертью. -tion, *s.* выполненіе; смертная казнь.
Exemplify, *v.a.* пояснять примѣромъ.
Exercise, *s.* упражненіе; моціонъ; занятіе, задача. *v.a.* упражнять.
Exert, *v.a.* обнаруживать; — oneself, стараться. -ion, *s.* усиліе.
Exhort, *v.a.* увѣщевать; побуждать.
Exhibition, *s.* выставка.
Exist, *v.n.* существовать. -ence, *s.* жизнь.
Exit, *s.* выходъ.
Expect, *v.a.* ожидать. -ant, *a.* ожидающій. -ation, *s.* ожиданіе.

Expedient, *a.* надлежащій; удобный. *s.* средство.
Expedition, *s.* походъ.
Expense, *s.* издержка; плата. -ive, *a.* дорогой.
Experiment, *s.* опытъ.
Expire, *v.n.* умирать; истекать.
Explain, *v.a.* объяснить.
Explanation, *s.* объясненіе.
Explode, *v.a.n.* взрывать, —ся.
Explore, *v.a.* изслѣдовать.
Explosion, *s.* взрывъ.
Expose, *v.a.* выставить, обнаружить.
Express, *v.a.* выражать. -ion, *s.* выраженіе.
Express, *a.* точный, положительный. — train, *s.* курьерскій поѣздъ. -ly, *adv.* нарочно.
Extinct, *a.* потухшій; прекращенный.
Extol, *v.a.* превозносить, прославлять.
Extraordinary, *a.* чрезвычайный.
Extravagant, *a.* безумный; расточительный.
Extreme, *a.* крайній. -ity, *s.* конецъ; крайность.
Exultation, *s.* ликованіе.
Eye, *s.* глазъ; -brow, бровь; -lash, рѣсница; -lid, вѣка; -sight, видъ, зрѣніе.

Fable, *s.* басня, выдумка.
Fabulous, *a.* баснословный.
Face, *s.* лицо. *v.a.* стоять напротивъ; противостоять. *v.n.* — about (milit.), сдѣлать на-право, ог на-лѣво кругомъ.
Fact, *s.* дѣло; in —, дѣйствительно.
Factory, *s.* фабрика.
Fade, *v.n.* увянуть.
Fail, *v.n.* не успѣвать; обанкрутиться. *v.a.* покидать.

Faint, *a.* слабый; робкій; блѣдный (colour). *v.n.* слабѣть; падать безъ чувствъ.
Fair, *s.* ярмарка. *a.* красивый; хорошій; справедливый. -ly, *adv.* откровенно.
Fairy, *s.* фея. *a.* волшебный.
Faith, *s.* вѣра. -ful, *a.* вѣрный.
Fall, *s.* паденіе; упадокъ; water—, водопадъ.
Fall, *v.n.* падать; — down, упасть; — in with, согласоваться; встрѣчаться; — on, нападать; — out, поссориться; — over, свалиться, споткнуться; — short, не доставать; — sick, ill, захворать; — through, потерпѣть неудачу.
Falling, *s.* паденіе.
Falsehood, *s.* ложь.
Fame, *s.* слава; молва.
Familiar, *a.* близкій, дружескій.
Family, *s.* семейство. *a.* семейный.
Famine, *s.* голодъ.
Famous, *a.* знаменитый.
Fan, *s.* вѣеръ. *v.a.* махать; вѣять.
Fancy, *s.* воображеніе. *v.a.* воображать; представлять себѣ; думать.
Fang, *s.* клыкъ, коготь.
Far, *a.* отдаленный. *adv.* далеко; — off, away, вдалекѣ.
Fare, *s.* столъ, кушанье; деньги за проѣздъ. *v.n.* находиться въ хорошемъ, or дурномъ положеніи. -well, *s.* прощаніе.
Farm, *s.* ферма, мыза. -er, фермеръ; -yard, скотный дворъ.
Fashion, *s.* мода. *v.a.* образовать.
Fast, *a.* крѣпкій, скорый. *adv.* крѣпко, скоро. -en, *v.a.* прикрѣплять, связывать.
Fast, *s.* постъ. *v.n.* говѣть.
Fat, *s.* жиръ, сало. *a.* жирный, толстый. -ten, *v.a.* откормить.

Father, *s.* отецъ.
Fatigue, *s.* усталость. *v.a.* утомлять.
Fault, *s.* ошибка; вина; проступокъ; недостатокъ. Find —, *v.* порицать.
Favour, *s.* милость. -ite, *a.* любимый; *s.* любимецъ.
Fear, *s.* страхъ, боязнь. *v.a.* бояться. -ful, *a.* страшный; -less, безбоязненный.
Feast, *s.* праздникъ; пиръ. *v.a.* угощать. *v.n.* пировать.
Feat, *s.* подвигъ, дѣло.
Feather, *s.* перо.
Fee, *s.* плата.
Feeble, *a.* слабый.
Feed, *v.a.n.* кормить, —ся.
Feel, *v.a.* чувствовать. -ing, *s.* чувство.
Felicity, *s.* счастіе.
Fell, *v.a.* срубить; свалить.
Fellow, *s.* товарищъ; человѣкъ; — creature, ближній.
Female, *s.* женщина. *a.* женскій.
Fence, *s.* заборъ.
Ferry, *s.* перевозъ, паромъ.
Festivity, *s.* веселіе.
Fetch, *v.a.* принести.
Fetters, *s. pl.* оковы.
Fever, *s.* лихорадка. -ish, *a.* лихорадочный.
Few, *a.* немногіе, нѣсколько.
Fibre, *s.* ткань, жилка.
Fidelity, *s.* вѣрность.
Field, *s.* поле.
Fierce, *a.* свирѣпый.
Fiery, *a.* горячій.
Fight, *s.* битва, драка. *v.a.n.* сражаться, драться.
Figure, *s.* видъ, фигура.
Fill, *v.a.* наполнять. *s.* сытость.
Fin, *s.* плавникъ.
Final, *a.* окончательный; рѣшительный. -ly, *adv.* напослѣдокъ.

Find, *v.a.* находить; — out, открыть, узнать.
Fine, *a.* прекрасный; тонкій. *s.* штрафъ.
Finger, *s.* палецъ.
Finish, *v.a.* кончать.
Fir, *s.* ель, сосна.
Fire, *s.* огонь; пожаръ. *v.n.* стрѣлять.
Firm, *a.* твердый, крѣпкій. *s.* фирма.
Fish, *s.* рыба. *v.n.* ловить рыбу.
Fisherman, *s.* рыбакъ.
Fishmonger, *s.* рыбный торговецъ.
Fit, *a.* годный.
Fit, *s.* припадокъ; порывъ; by —s and starts, отрывками. -ful, *a.* порывистый.
Fix, *v.a.* укрѣплять; назначить.
Flag, *s.* флагъ. *v.n.* опускаться; ослабѣвать.
Flame, *s.* пламя.
Flap, *v.n.* махать.
Flash, *s.* блескъ. *v.n.* блеснуть.
Flat, *a.* плоскій.
Flatter, *v.a.* льстить. -er, *s.* льстецъ.
Fleet, *s.* флотъ. *a.* проворный, быстрый.
Flesh, *s.* мясо, плоть.
Float, *s.* поплавокъ. *v.n.* плавать; носиться.
Flock, *s.* стадо; стая. *v.n.* собираться.
Flood, *s.* потопъ. *v.a.* наводнять.
Floor, *s.* полъ.
Flour, *s.* мука.
Flourish, *v.n.* процвѣтать; жить.
Flow, *v.n.* течь.
Flower, *s.* цвѣтокъ.
Flurry, *s.* суматоха. *v.a.* волновать.
Fly, *s.* муха. *v.n.* летать, убѣжать; let —, пускать.
Foam, *s.* пѣна. *v.n.* пѣниться.

Fodder, *s.* сѣно, кормъ.
Foe, *s.* врагъ.
Fog, *s.* туманъ. -gy, *a.* туманный.
Fold, *v.a.* свертывать.
Follow, *v.a.* слѣдовать.
Fond, *a.* любящій; to be — of, любить. -ness, *s.* любовь, привязанность.
Food, *s.* пища.
Fool, *s.* дуракъ. -ish, *a.* глупый.
Foot, *s.* нога; —man, лакей; -print, слѣдъ; -step, походка.
For, *pr.* для; въ; за; вмѣсто. *conj.* ибо.
Forbear, *v.n.* удержаться.
Force, *s.* сила; -s, войска. *v.a.* принуждать.
Forehead, *s.* лобъ; -father, предокъ.
Foreign, *a.* иностранный.
Forest, *s.* лѣсъ.
Forfeit, *v.a.* лишиться.
Forge, *s.* кузница. *v.a.* поддѣлывать.
Forget, *v.a.* забывать.
Forgive, *v.a.* прощать.
Fork, *s.* вилка.
Form, *s.* форма; видъ, образъ. *v.a.* образовать.
Former, *a.* прежній; the —, первый.
Forsake, *v.a.* покидать.
Forth, *adv.* впередъ; -with, немедленно.
Fortnight, *s.* двѣ недѣли.
Fortune, *s.* судьба; участь; счастіе. -ate, *a.* счастливый.
Forward (s), *adv.* впередъ.
Forward, *a.* скороспѣлый.
Found, *v.a.* основывать; учреждать. -er, *s.* основатель, учредитель.
Fowl, *s.* курица.
Fox, *s.* лисица.

Fragment, *s.* обломокъ, остатокъ.
Fragrant, *a.* душистый.
Frame, *s.* рамка; тѣло. *v.a.* составлять; выдумать; вставлять въ рамку.
Frank, *a.* откровенный.
Freckle, *s.* веснушка.
Free, *a.* свободный. *v.a.* освобождать; to set —, освободить.
Freedom, *s.* свобода.
Freeze, *v.a.n.* морозить, мерзнуть.
Fretful, *a.* сердитый.
Friar, *s.* монахъ.
Friend, *s.* другъ, подруга; –ship, дружба.
Fright, *s.* испугъ. –ful, *a.* страшный.
Frighten, *v.a.* пугать.
Frock, *s.* платье (дѣтское).
Frog, *s.* лягушка.
Front, *s.* передняя сторона. *a.* передній.
Frost, *s.* морозъ. –y, *a.* холодный.
Froth, *s.* пѣна.
Frugal, *a.* бережливый; умѣренный.
Fruit, *s.* плодъ, фруктъ. –ful, *a.* плодоносный, изобильный; –less, безплодный, напрасный.
Fry, *v.a.n.* жарить, –ся. –ing-pan, *s.* сковорода.
Fuel, *s.* топливо.
Fugitive, *s.* бѣглецъ.
Fulfil, *v.a.* исполнять.
Full, *a.* полный. *adv.* вполнѣ; прямо.
Fully, *adv.* совершенно.
Fun, *s.* забава, шутка. –ny, *a.* смѣшной.
Funeral, *s.* похороны. *a.* погребальный.
Fur, *s.* мѣхъ; шкура.
Furious, *a.* бѣшеный; сильный.
Furnish, *v.a.* доставлять; снабжать; меблировать.

Furniture, *s.* мебель.
Further, *a.* дальнѣйшій. *adv.* дальше.
Furrow, *s.* борозда.
Fury, *s.* ярость. –rious, *a.* бѣшеный.
Future, *a.* будущій.

Gaiety, *s.* веселость.
Gain, *s.* прибыль; выгода. *v.a.* пріобрѣсть; выиграть; получать.
Gale, *s.* вѣтеръ; сильный вѣтеръ, буря.
Gallant, *a.* доблестный, храбрый.
Gallop, *v.n.* скакать.
Gambol, *s.* прыжокъ. *v.n.* прыгать; играть.
Game, *s.* игра; партія; дичь.
Gander, *s.* гусакъ.
Gang, *s.* шайка.
Garb, *s.* одежда.
Garden, *s.* садъ; –er, садовникъ.
Garment, *s.* одежда, платье.
Garrison, *s.* гарнизонъ.
Gasp, *s.* вздохъ. *v.n.* вздохнуть.
Gate, *s.* ворота.
Gather, *v.a.* собирать; срывать.
Gay, *a.* веселый.
Gaze, *s.* взглядъ. *v.n.* смотрѣть пристально.
Gear, *s.* снасть.
Gem, *s.* драгоцѣнный камень.
General, *a.* общій; обыкновенный. –ly, in general, *adv.* вообще, обыкновенно. *s.* генералъ.
Generation, *s.* поколѣніе.
Generosity, *s.* великодушіе.
Generous, *a.* великодушный; щедрый.
Gentle, *a.* милый, кроткій. –man, *s.* господинъ; джентльменъ.
Gently, *adv.* тихо.
Gentry, *s.* мелкое дворянство.
Get, *v.a.* доставать; получать.

v.n. сдѣлаться; доходить до чего;
— away, уйти; спастись; —
back, возвращаться; — down,
сойти; спустить, -ся; — on,
сѣсть; надѣвать; пожпвать;
подвигаться; — off, сойти;
спять; уйти; спастись; — together, собирать; — up, вставать; подняться; — a cold,
простудиться; — a fall, упасть;
— better, поправляться; — lost,
потеряться; — done, made,
велѣть сдѣлать, заказать; —
ready, приготовить, -ся.
Ghastly, *a.* страшный.
Ghost, *s.* привидѣніе.
Giant, *s.* великанъ.
Gift, *s.* подарокъ.
Gild, *v.a.* золотить.
Gipsy, *s.* цыганъ, цыганка.
Gird, *v.a.* опоясывать. -dle, *s.*
поясъ.
Girl, *s.* дѣвушка, дѣвочка.
Girth, *s.* подпруга.
Give, *v.a.* давать; — forth, распространять, публиковать; —
in, подавать; уступать, сдаться;
— out, объявлять; обнародывать; — over, up, передать,
переставать; — way, уступить.
Glad, *adj.* радъ. -ly, *adv.* радостно.
Glance, *s.* взглядъ; блескъ. *v.n.*
бросать взглядъ; to steal a —,
украдкой взглянуть.
Glare, *s.* блескъ, грозный взглядъ.
v.n. сверкать глазами.
Glass, *s.* стекло; стаканъ; зеркало;
wine —, рюмка. *a.* стеклянный.
Gleam, *v.n.* блестѣть.
Glee, *s.* веселье, радость; пѣсня.
Glen, *s.* долина.
Glide, *v.n.* незамѣтно проходить.

Glimmer, *v.n.* слабо освѣщать.
Glisten, *v.n.* блистать, сіять.
Glitter, *v.n.* блестѣть, сіять.
Gloom, Gloominess, *s.* мракъ;
мрачность.
Glorious, *a.* славный.
Glory, *s.* слава.
Glossy, *a.* глянцовитый.
Glove, *s.* перчатка.
Glow, *s.* жаръ, пылкость. *v.n.*
горѣть; блистать. -worm, *s.*
свѣтящійся червякъ.
Gnat, *s.* комаръ.
Gnaw, *v.a.* грызть.
Go, *v.n.* идти; ѣхать; — about,
приниматься за; — astray,
сбиться съ дороги; заблудиться;
— away, уходить; уѣзжать; —
back, возвращаться; — by,
проходить мимо; — down,
спускаться; заходить; стихать;
— forth, выходить; — off,
отправиться; — on, продолжать
путь; произойти; — out, выходить; потухать, угасать; —
up, подняться; подходить; —
without, обойтись безъ чего.
Goal, *s.* цѣль.
Goat, *s.* козелъ.
God, *s.* Богъ; -dess, богиня.
-child, *s.* крестникъ, -ница;
-father, *s.* крестный отецъ.
Gold, *s.* золото. *a.* золотой; -en,
золотой, золотистый.
Good, *a.* хорошій; добрый. *s.*
добро. -bye, *adv.* прощай, -те;
— day, прощайте, досвиданія;
— for nothing, негодный; —
humoured, добродушный. -ly,
a. красивый, отличный. -ness,
s. доброта.
Goose, *s.* гусь.
Gooseberry, *s.* крыжовникъ.
Gout, *s.* подагра. -y, *a.* страдающій подагрою.

Govern, *v.a.* управлять. -ment, *s.* управленіе; правительство; -or, губернаторъ.
Gown, *s.* платье.
Grace, *s.* милость.
Gracious, *a.* милостивый; любезный.
Gradually, *adv.* мало по малу.
Granary, *s.* житница.
Grand, *a.* величественный. -eur, *s.* величество; -child, внукъ; внучка; -father, дѣдъ; -mother, бабушка.
Grant, *v.a.* даровать; признавать.
Grasp, *v.a.* схватить. *s.* захватить рукою.
Grass, *s.* трава; -hopper, стрекоза.
Grateful, *a.* признательный, благодарный.
Gratify, *v.a.* доставлять удовольствіе.
Gratitude, *s.* признательность, благодарность.
Grave, *a.* серьезный; важный. *s.* могила.
Gravel, *s.* песокъ.
Gravity, *s.* серьезность.
Graze, *v.n.* пастись. *v.a.* слегка коснуться.
Great, *a.* большой, великій. — grandfather, *s.* прадѣдъ. -ly, *adv.* очень, весьма; сильно.
Greediness, *s.* жадность.
Greedy, *a.* жадный.
Green, *a.* зеленый. *s.* трава, лугъ.
Greet, *v.a.* привѣтствовать. -ing, *s.* привѣтствіе.
Grey, *a.* сѣрый; сѣдой.
Grief, *s.* горе.
Grieve, *v.a.n.* огорчать, -ся.
Grievously, *adv.* тяжко.
Grin, *v.n.* скалить зубы; смѣяться. *s.* смѣхъ.
Grind, *v.a.* молоть.
Grip, *v.a.* схватить.

Groan, *s.* стонъ. *v.n.* стонать.
Ground, *s.* земля; полъ; причина, основаніе. *v.a.* основывать.
Grounds, *s. pl.* паркъ при домѣ.
Group, *s.* группа; куча.
Grove, *s.* роща.
Grow, *v.n.* расти, дѣлаться; становиться; — up, выростить.
Growl, *v.n.* ворчать. *s.* ворчаніе.
Growth, *s.* ростъ.
Grudge, *s.* вражда.
Gruff, *a.* грубый, суровый.
Grunt, *v.n.* хрюкать.
Guard, *s.* стража; караулъ; гвардія. *v.a.* защищать. -ian, *s.* опекунъ; хранитель.
Guess, *v.a.n.* угадать; воображать себѣ.
Guest, *s.* гость.
Guide, *s.* путеводитель; гидъ. *v.a.* руководить; направлять.
Guilt, *s.* преступленіе; вина. -y, *a.* виновный.
Gulf, *s.* заливъ.
Gun, *s.* ружье; -powder, порохъ.

Habit, *s.* привычка. [лошадь.
Hack, *v.a.* изрубить. *s.* извощичья
Haft, *s.* рукоятка.
Hair, *s.* волосъ, шерсть.
Half, *s.* половина; -hour, полчаса.
Hall, *s.* зала.
Halt, *v.n.* остановиться; хромать.
Halter, *s.* недоуздокъ; веревка.
Hammer, *s.* молотокъ. *v.a.n.* бить; ковать.
Hand, *s.* рука. *v.a.* подать. At —, подъ рукою, близко. -kerchief, носовой платокъ.
Handle, *s.* ручка. *v.a.* управлять; держать въ рукахъ.
Handsome, *a.* красивый; прекрасный.
Hang, *v.a.n.* вѣшать; повѣсить; висѣть; — down, опускать, -ся.

Haply, *adv.* случайно; может быть.
Happen, *v.n.* случиться.
Happily, *adv.* къ счастію.
Happiness, *s.* счастіе.
Happy, *a.* счастливый.
Harass, *v.a.* тревожить.
Harbour, *s.* гавань.
Hard, *a.* твердый, крѣпкій; трудный; сильный; жестокій. -ly, *adv.* едва; съ трудомъ; — ever, почти никогда.
Hare, *s.* заяцъ.
Hark! *interj.* слушай!
Harm, *s.* вредъ. *v.a.* вредить.
Harp, *s.* арфа.
Harsh. *adj.* грубый, непріятный; строгій.
Harvest, *s.* жатва.
Haste, *s.* поспѣшность; скорость; to make —, торопиться.
Hasten, *v.a.n.* торопить, -ся; спѣшить.
Hastily, *adv.* скоро; поспѣшно.
Hasty, *a.* поспѣшный; пылкій; нетерпѣливый.
Hat, *s.* шляпа.
Hatch, *v.a.* высиживать.
Hate, *s.* ненависть. *v.a.* ненавидѣть.
Haughty, *a.* гордый.
Haul, *v.a.* тащить; — forth, вытащить.
Haunt, *v.n.* часто посѣщать.
Hawthorn, *s.* боярышникъ.
Hay, *s.* сѣно; -loft, *s.* сѣнникъ; -maker, *s.* работникъ на сѣнокосѣ; -stack, *s.* стогъ сѣна.
Head, *s.* голова; глава; верхъ. -long, *adv.* опромѣтью.
Health, *s.* здоровье. -y, *a.* здоровый.
Heap, *s.* куча. *v.a.* собирать въ кучу.
Hear, *v.a.n.* слушать; слышать.

Heart, *s.* сердце; средина. -rending, *a.* разрывающій сердце, грустный.
Hearth, *s.* очагъ.
Hearty, *a.* сердечный; здоровый.
Heat, *s.* жаръ. *v.a.* нагрѣть.
Heath, *s.* лугъ; степь; пустошь.
Heave, *v.a.n.* поднимать, -ся, бросать; тяжело дышать; to — a sigh, испускать вздохъ.
Heaven, *s.* небо.
Heavy, *a.* тяжелый.
Hedge, *s.* плетень.
Heed, *s.* вниманіе; осторожность. -ful, *a.* внимательный; осторожный; -less, невнимательный; неосторожный. *v.a.* —, give —, обращать вниманіе.
Heel, *s.* пята; каблукъ; heels over head, кубаремъ.
Height, *s.* вышина, высота. -en, *v.a.* возвышать.
Heinous, *a.* гнусный; ужасный.
Heir, -ess, *s.* наслѣдникъ, -ница.
Helm, *s.* руль.
Help, *s.* помощь. *v.a.* помогать; подать. *v.n.* удержаться; — one-self, брать. -less, *a.* безпомощный.
Hem, *v.a.* обшивать.
Hemp, *s.* пенька.
Hen, *s.* курица.
Hence, *adv.* отсюда; -forth, съ этого времени.
Herb, *s.* трава.
Here, *adv.* здѣсь; сюда; при семъ.
Hero, *s.* герой; -ine, героиня; -ism, героизмъ.
Hesitate, *v.n.* колебаться. -tion, *s.* запинаніе.
Hew, *v.a.* рубить.
Hide, *v.a.n.* прятать, -ся; — and seek, прятки; -ing-place, убѣжище.

igh, *a.* высокій. -way, *s.* большая дорога; -lander, горецъ.
ill, *s.* холмъ; гора.
ind, *a.* задній.
inder, *v.a.* мѣшать; препятствовать; затруднять.
indrance, *s.* препятствіе.
int, *s.* намекъ. *v.a.n.* намекнуть.
ip, *s.* бедро.
ire, *v.a.* нанимать.
iss, *v.n.a.* шипѣть; свистать.
istory, *s.* исторія.
it, *v.a.* ударить.
ive, *s.* улей.
oary, *a.* сѣдой.
obble, *v.n.* хромать.
old, *v.a.* держать, содержать; take — of, взять; схватить; — out, протянуть, выносить; — up, поднимать; — one's tongue, замолчать.
ole, *s.* дыра; нора.
oliday, *s.* праздникъ.
ollow, *a.* глухой; пустой.
oly, *a.* святой.
ome, *s.* домъ. *adv.* домой; at —, дома. -less, *a.* бездомный.
onest, *a.* честный. -y, *s.* честность.
oney, *s.* медъ.
ood, *s.* капоръ; шапочка.
oof, *s.* копыто.
ook, *s.* крючекъ.
oop, *s.* обручъ.
oot, *v.n.* кричать.
op, *v.n.* прыгать. *s.* хмѣль.
ope, *s.* надежда. *v.n.* надѣяться. -ful, *a.* полный надеждъ; -less, безнадежный.
orde, *s.* шайка.
orn, *s.* рогъ; рожокъ.
orse, *s.* лошадь; конница; to take —, сѣсть верхомъ; on -back, верхомъ; -man, *s.* всадникъ.
ospitable, *a.* гостепріимный.

Hospital, *s.* больница.
Host, *s.* хозяинъ; войско; множество.
Hostile, *a.* враждебный.
Hostility, *s.* враждебность.
Hot, *a.* горячій; жаркій.
Hound, *s.* гончая собака.
Hour, *s.* часъ.
House, *s.* домъ; -hold, *s.* семья; -keeper, *s.* ключница. -less, *a.* бездомный. -wife, *s.* хозяйка.
Hovel, *s.* навѣсъ, лачуга.
However, *conj.* однако.
Howl, *v.n.* выть. -ing, *s.* вой.
Hue, *s.* цвѣтъ; — and-cry, крики.
Hug, *v.a.* обнимать.
Huge, *a.* огромный.
Hulloa! *interj.* ей!
Hum, *s.* жужжаніе; глухой шумъ. *v.n.a.* жужжать; напѣвать.
Human, *a.* человѣческій.
Humane, *a.* человѣколюбивый.
Humanity, *s.* человѣчество; человѣколюбіе.
Humble, *a.* покорный, смиренный; скромный, бѣдный.
Humour, *s.* расположеніе духа. -ous, *a.* забавный.
Hunger, *s.* голодъ.
Hungry, *a.* голодный.
Hunt, *s.* охота. *v.a.n.* охотиться. -er, *s.* охотникъ.
Huntsman, *s.* егерь; охотникъ.
Hurl, *v.a.* бросать, кидать.
Hurrah! *interj.* ура!
Hurry, *s.* торопливость. *v.a.n* торопить, -ся.
Hurt, *v.a.* вредить; ушибить.
Husband, *s.* мужъ; -man, крестьянинъ; земледѣлецъ.
Hush, *v.a.* успокоить.
Husk, *s.* скорлупа.
Husky, *a.* хриплый.
Hut, *s.* изба.

Ice, *s.* ледъ.
Icicle, *s.* сосулька.
Idea, *s.* мысль, идея.
Idle, *a.* лѣнивый.
Idol, *s.* идолъ.
Ill, *a.* худой; больной. *adv.* худо.
—ness, *s.* болѣзнь.
Image, *s.* изображеніе; подобіе; образъ, икона.
Imagine, *v.a.* воображать; представлять себѣ; выдумать.
Imagination, *s.* воображеніе; мысль; фантазія.
Impair, *v.a.* повреждать.
Impart, *v.a.* сообщать.
Impatience, *s.* нетерпѣніе. -tient, *a.* нетерпѣливый.
Imperial, *a.* императорскій; царскій.
Impetuous, *a.* стремительный; горячій; пылкій.
Impiety, *s.* нечестіе.
Impious, *a.* нечестивый.
Implore, *v.a.* умолять.
Importance, *s.* важность. -tant, *a.* важный.
Importunate, *a.* докучливый.
Impossible, *a.* невозможный.
Impressive, *a.* поразительный; трогательный.
Imprisonment, *s.* заключеніе въ тюрьму.
Improve, *v.a.n.* улучшать, —ся. —ment, *s.* улучшеніе.
Improvident, *a.* непредусмотрительный.
In, *prep.* въ.
Incapable, *a.* неспособный; немогущій.
Income, *s.* доходъ.
Incomparable, *a.* несравненный.
Inconvenient, *a.* неудобный.
Increase, *v.a.n.* увеличивать, —ся.
Indeed, *adv.* въ самомъ дѣлѣ; дѣйствительно; неужели.

Indefatigable, *a.*
Independence, *s.* самостоятельно независимый; с
Indifference, *s.* ра
Indignant, *a.* разс ный. —ly, *ad* нісмъ. —natio
Indispensable, *a.*
Individual, *s.* л лицо. *a.* личн
Induce, *v.a.* побуж
Indulge, *v.a.* по баловать; удов предаваться ч балованье.
Industrious, *a.* -try, *s.* трудо. пость.
Infamous, *a.* пос ный.
Infant, *s.* ребено
Infect, *v.a.* заражи
Infest, *v.a.* наводи
Infidel, *s.* язычни
Infinite, *a.* безкон
Infirm, *a.* хилый,
Inflexible, *a.* неп
Inflict, *v.a.* налага
Influence, *s.* вліп
Inform, *v.a.* увѣдо доносить. —ati познанія; доно
Infuriated, *a.* раз
Ingenious, *a.* ос кусный. —nui
Ingratitude, *s.* не
Inhabit, *v.a.* жити
Inherit, *v.a.* получ ство.
Inhuman, *a.* безче стокій.
Injure, *v.a.* повр вредъ.
Injustice, *s.* неспр

ık, *s.* чернила; -stand, черниль-
ница.
ımate, *s.* жилецъ.
ın, *s.* гостинница; трактиръ;
-keeper, содержатель гостин-
ницы, хозяинъ.
ıner, *a.* внутренній.
ınocence, *s.* невинность. -cent,
a. невинный.
ıquire, *v.a.* спрашивать. -ry, *s.*
вопросъ, освѣдомленіе.
ıroad, *s.* нашествіе.
ıquisitive, *a.* любопытный.
ıscription, *s.* надпись.
ısect, *s.* насѣкомое.
ısensible, *a.* безчувственный,
нечувствительный.
ıside, *adv.* внутри; — out,
навыворотъ.
ısist, *v.n.* настаивать.
ısolent, *a.* дерзкій.
ıstance, *s.* примѣръ.
ıstant, *s.* мгновеніе.
ıstead, *adv.* вмѣсто.
ıstinct, *s.* инстинктъ.
ıstruction, *s.* обученіе, инструк-
ція.
ıstrumental, *a.* служащій ору-
діемъ.
ısult, *s.* оскорбленіе, обида.
ısult, *v.a.* оскорблять, наносить
обиду.
ıtegrity, *s.* цѣлость; честность.
ıtellect, *s.* умъ.
ıtelligence, *s.* разумъ, извѣстіе.
-gent, *a.* умный.
ıtend, *v.n.* намѣреваться; имѣть
въ виду.
ıtention, *s.* намѣреніе.
ıtense, *a.* сильный.
ıter, *v.a.* погребать. -ment, *s.*
погребеніе.
ıterchange, *v.a.* мѣнять.
ıterest, *s.* интересъ; польза;
вліяніе; процентъ. *v.a.* занимать; заинтересовать. -ing, *a.*
интересный; занимательный.
Intermingle, *v.a.n.* перемѣшивать,
-ся.
Interrogate, *v.a.* допрашивать;
спрашивать. -ation, *s.* вопросъ.
Interrupt, *v.a.* прерывать; помѣшать.
Intertwine, *v.a.n.* переплетать,
-ся.
Into, *prep.* въ.
Intimate, *a.* интимный, задушев-
ный.
Introduce, *v.a.* вводить, знако-
мить.
Investigation, *s.* изслѣдованіе.
Invincible, *a.* непобѣдимый.
Invisible, *a.* невидимый.
Invite, *v.a.* приглашать. -tation,
s. приглашеніе.
Iron, *s.* желѣзо; —s, утюгъ; цѣпи.
a. желѣзный. *v.a.* гладить.
Irregular, *a.* неправильный, по-
рочный.
Irritate, *v.a.* раздражать.
Island, *s.* островъ.
Issue, *s.* исходъ. *v.n.* исходить.
Ivory, *s.* слоновая кость.
Ivy, *s.* плющъ.

Jacket, *s.* куртка.
Jail, *s.* тюрьма; -er, тюремщикъ.
Jaw, *s.* челюсть; —s, *pl.* ротъ,
пасть.
Jeer, *v.n.* насмѣхаться.
Jet, *s.* гагатъ; струя воды.
Jew, *s.* еврей, жидъ.
Jewel, *s.* драгоцѣнный камень;
-ler, ювелиръ.
Jingle, *v.a.n.* звонить; стучать.
Job, *s.* работа; дѣло.
Jocund, *a.* веселый.
Join, *v.a.n.* соединять, -ся.
Joke, *s.* шутка. *v.n.* шутить; to
pass a —, сыграть шутку.

Jolly, *a.* веселый; хорошій.
Journey, *s.* путешествіе; поѣздка. *v.n.* путешествовать.
Joy, *s.* радость. –ful, *a.* радостный; –ous, веселый.
Judge, *s.* судья; знатокъ. *v.a.n.* судить.
Judgment, *s.* приговоръ, судъ, мнѣніе, сужденіе.
Jug, *s.* кувшинъ.
Juice, *s.* сокъ.
Jump, *v.a.* прыгать. *s.* прыжокъ.
Just, *a.* справедливый. *adv.* точно, именно; только-что. –ice, *s.* справедливость; правосудіе; судья; — of the peace, мировой судья.

Keel, *s.* киль.
Keen, *a.* острый; рѣзкій.
Keep, *v.a.* сохранять; держать. *v.n.* держаться; оставаться; продолжать; — off, удалять; — out, не впускать; — up, поддерживать. –er, *s.* смотритель. –sake, подарокъ на память.
Kennel, *s.* канура.
Kernel, *s.* зернышко; косточка.
Key, *s.* ключъ.
Kick, *v.a.* пнуть. *s.* ударъ ногою.
Kill, *v.a.* убивать.
Kind, *s.* родъ.
Kind, *a.* добрый; любезный; –hearted, добросердечный; –ness, *s.* доброта.
King, *s.* король.
Kinsman, *s.* родственникъ.
Kiss, *s.* поцѣлуй. *v.a.* цѣловать.
Kitchen, *s.* кухня.
Kite, *s.* змѣй; коршунъ.
Kitten, *s.* котенокъ.
Knee, *s.* колѣно.
Kneel, *v.n.* становиться на колѣни.
Knell, *s.* звонъ по усопшем.

Knife, *s.* ножъ, ножикъ; chopping —, сѣчка.
Knight, *s.* рыцарь.
Knit, *v.a.* вязать.
Knock, *s.* ударъ, стукъ. *v.a.n.* ударять; стучать, –ся. — down сшибать съ ногъ; сваливать.
Knot, *s.* узелъ.
Know, *v.a.* знать. –ledge, *s.* познаніе; свѣдѣніе.
Knuckle, *s.* суставъ пальца.

Laborious, *a.* трудолюбивый.
Labour, *s.* работа, трудъ. *v.n.* трудиться, работать. –er, работникъ, рабочій.
Lack, *s.* недостатокъ. *v.a.* недоставать.
Lad, *s.* малый.
Ladder, *s.* лѣстница.
Lady, *s.* дама; леди; –day, Благовѣщеніе. –like, *a.* свойствен по дамѣ.
Lamb, *s.* ягненокъ.
Lame, *a.* хромой.
Lament, *v.a.n.* горевать; оплакивать.
Lamp, *s.* лампа.
Lance, *s.* пика, копье.
Land, *s.* земля; страна.
Land, *v.a.n.* выгружать; высаживать, –ся.
Landlady, *s.* хозяйка; –lord, хозяинъ; –scape, пейзажъ; видъ.
Lane, *s.* переулокъ.
Languish, *v.n.* чахнуть; изнемогать.
Lantern, *s.* фонарь.
Lap, *s.* колѣна; –dog, собачка.
Lapse, *s.* теченіе, промежутокъ. *v.n.* проходить; падать.
Larder, *s.* кладовая.
Large, *a.* большой.
Lark, *s.* жаворонокъ; шутка, сельс.

ash, *s.* кнутъ; ударъ. *v.a.* хлестать, сѣчь, ударять.
ast, *a.* послѣдній; прошедшій; — but one, предпослѣдній. At —, *adv.* наконецъ. *v.n.* продолжаться.
atch, *s.* защелка.
ate, *a.* поздній; покойный. *adv.* поздно; -ly, недавно.
atter, *a.* послѣдній.
attice, *s.* рѣшетка.
augh, *s.* смѣхъ. *v.n.* смѣяться. -able, *a.* смѣшной. -ter, *s.* смѣхъ.
aw, *s.* законъ; bye —, особое постановленіе закона; -yer, юристъ; адвокатъ.
ay, *v.a.* класть, положить; — out, тратить; употреблять.
azy, *a.* лѣнивый.
ead, *s.* свинецъ.
ead, *v.a.* вести, управлять, приводить. -er, *s.* вождь; предводитель.
eaf, *s.* листъ.
eague, *s.* союзъ; лига.
ean, *a.* худой; худощавый.
ean, *v.a.n.* наклонять, -ся; упираться.
eap, *v.n.* прыгать. *s.* прыжокъ; -frog, чехарда; -year, високосный годъ.
earn, *v.a.* учиться; узнать. -ing, *s.* ученіе; познаніе.
east, *a.* малѣйшій. At —, *adv.* покрайней мѣрѣ.
eather, *s.* кожа. -n, *a.* кожаный.
eave, *s.* позволеніе; прощаніе.
eave, *v.a.n.* оставлять; отправляться; — off, переставать.
eft, *a.* лѣвый.
eg. *s.* нога.
eisure, *s.* свободное время; досугъ. -ly, *adv.* не спѣша.

Lend, *v.a.* одолжать; — a hand, помочь.
Length, *s.* длина. At —, *adv.* наконецъ. -en, *v.a.n.* удлинять, -ся; увеличивать, -ся.
Less, *a.* and *adv.* менѣе, меньше.
Lesson, *s.* урокъ.
Lest, *conj.* чтобы не . . .; изъ опасенія, что . . .
Let, *v.a.* пускать, позволять; отдать въ наймы; — down, опускать, спускать; — in, впускать, допускать.
Letter, *s.* буква; письмо.
Levy, *v.a.* набирать; собирать. *s.* наборъ; сборъ.
Liable, *a.* подверженный.
Liberal, *a.* щедрый.
Liberty, *s.* свобода.
Lick, *v.a.* лизать.
Lid, *s.* крышка.
Lie, *s.* ложь. *v.n.* лгать.
Lie, lie down, *v.n.* лежать.
Life, *s.* жизнь.
Lift, *v.a.* поднимать.
Light, *s.* свѣтъ; огонь; свѣча. *a.* ясный; свѣтлый. *v.a.* зажигать; — on, садиться на; встрѣтить случайно.
Light, *a.* легкій. -en, *v.a.* облегчать. -ning, *s.* молнія.
Like, *a.* похожій, подобный. *adv.* какъ, подобно. -ly, *a.* and *adv.* вѣроятный, -но. -wise, *adv.* также.
Like, *v.a.* любить; нравиться.
Limb, *s.* членъ.
Lime, Linden, *s.* липа.
Limp, *v.n.* хромать.
Line, *s.* линія; веревка.
Linen, *s.* полотно; бѣлье.
Linger, *v.n.* медлить.
Lion, *s.* левъ.
Lip, *s.* губа.
List, *s.* списокъ.

P 2

Listen, v.n. слушать. —er, s. слушатель.
Little, a. маленькій. adv. мало; a —, немного.
Live, v.n. жить. -ing, s. средство къ жизни.
Live, a. живой. -lihood, s. пропитаніе. -ly, a. весёлый.
Load, s. тяжесть. v.a. грузить; осыпать; заряжать.
Loaf, s. булка; цѣлый хлѣбъ.
Loch, s. озеро.
Lock, s. замокъ; локонъ. v.a. запирать.
Lodge, v.a.n. помѣщать, —ся. -ing, s. квартира.
Loft, s. чердакъ.
Lofty, a. высокій.
Log, s. бревно; полѣно.
Loiter, v.n. медлить.
Lone, Lonely, Lonesome, a. уединенный; одинокій.
Long, a. длинный; долгій. adv. долго; долгое время; давно; — ago, adv. уже давно.
Long for, v.a. сильно желать. -ing, s. сильное желаніе.
Look, s. взглядъ. v.n. смотрѣть; — after, наблюдать; присматривать; — at, смотрѣть на; — for, искать.
Loose, a. свободный; распутный; let —, освободить. —en, v.a. развязать; растегнуть.
Lord, s. лордъ; Господь. -ly, a. благородный; щедрый; обширный.
Lose, v.a. потерять; проиграть.
Loss, s. потеря.
Lot, s. участь; судьба; жребій.
Lots, adv. много, множество.
Loud, a. громкій. adv. громко.
Love, s. любовь. v.a. любить. -ly, a. красивый.
Low, a. низкій; тихій. -ly, a. низкій, смиренный. -er, v.a.n. спускать, —ся.
Lower, v.n. темнѣть; хмуриться. -ing, a. пасмурный, мрачный.
Loyal, a. вѣрный. -ty, s. вѣрность.
Luck and good —, s. счастіе; удача; bad and ill —, s. несчастіе. -y, a. счастливый. -ily, adv. къ счастію.
Lustily, adv. бодро, сильно.
Lustre, s. блескъ.
Luxury, s. роскошь.

Mad, a. сумасшедшій. —man, s. сумасшедшій.
Madam, s. сударыня.
Magistrate, s. судья.
Magpie, s. сорока.
Maid, s. дѣвица; дѣвушка; горничная.
Maiden, s. дѣвушка. a. незамужняя.
Mail, s. почта.
Maim, v.a. увѣчить.
Main, a. главный.
Maintain, v.a. поддерживать; содержать; утверждать.
Majestic, a. величественный.
Majesty, s. величіе.
Make, v.a. дѣлать; заставлять; — out, понимать; узнать; — up one's mind, рѣшиться.
Man, s. человѣкъ; мужчина. v.a. вооружать.
Manage, v.a. управлять; устроить. v.n. удаваться. —ment, s. правленіе.
Manful, a. мужественный.
Mangle, v.a. разрывать; катать бѣлье.
Manhood, s. зрѣлый возрастъ.
Mankind, s. родъ человѣческій; люди.

anner, *s.* образъ; родъ.
ansion, *s.* барскій домъ.
antle, *s.* мантилья.
anure, *s.* навозъ.
any, *a.* многіе; много; a great —, очень много.
ar, *v.a.* портить; обезобразить.
arch, *s.* походъ. *v.n.* ходить; маршировать.
ariner, *s.* морякъ.
ark, *s.* знакъ; отмѣтка; замѣтка; цѣль. *v.a.* отмѣчать; замѣчать.
arket, *s.* рынокъ.
arriage, *s.* бракъ; свадьба.
arry, *v.a.n.* жениться (for man); выходить замужъ (for woman).
arsh, *s.* болото.
artial, *a.* воинственный; военный.
artyr, *s.* мученикъ.
arvel, *s.* чудо. *v.n.* дивиться. —lous, *a.* чудесный; удивительный.
ass, *s.* масса.
aster, *s.* хозяинъ; владѣлецъ; баринъ; учитель.
at, *s.* плетенка, рогожка.
atch, *s.* спичка; бракъ; партія; равное состязаніе. *v.a.* равнять.
ate, *s.* товарищъ; товарка; штурманъ.
atrimony, *s.* супружество. —monial, *a.* супружескій.
atron, *s.* начальница госпиталя или института.
atter, *s.* дѣло.
axim, *s.* правило, принципъ.
ay, *v. aux.* могу. —be, быть можетъ.
eadow, *s.* лугъ.
eagre, *a.* скудный.
eal, *s.* ѣда.
ean, *a.* низкій, подлый; плохой; дурной; средній. *v.a.n.* зна-
чить; хотѣть сказать; намѣреваться. —ing, *s.* значеніе. —s, *s. pl.* способъ; путь; средство. —time, —while, *adv.* междутѣмъ.
Measure, *s.* мѣра. *v.a.* мѣрить.
Meat, *s.* мясо.
Meek, *a.* кроткій, смиренный.
Meet, *a.* приличный; кстати.
Meet, *v.a.n.* встрѣчать, —ся; собираться. —ing, *s.* встрѣча, собраніе.
Melancholy, *a.* печальный.
Melt, *v.n.* таять.
Member, *s.* членъ.
Memory, *s.* память. —rable, *a.* достопамятный.
Mend, *v.a.* починить; исправить.
Mention, *s.* упоминаніе. *v.a.* упоминать; говорить о.
Merchandise, *s.* товаръ.
Merchant, *s.* купецъ; —man, купеческое судно.
Mercy, *s.* милосердіе; пощада. —ciful, *a.* милосердный; —less, жестокій.
Mere, *a.* простой. —ly, *adv.* только.
Merit, *s.* достоинство; заслуга. *v.a.* заслуживать.
Merry, *a.* веселый. —rily, *adv.* весело. [рядокъ.
Mess, *s.* блюдо; кушанье; безпорядокъ.
Message, *s.* порученіе; посылка.
Messenger, *s.* посланный.
Metamorphosis, *s.* превращеніе.
Method, *s.* способъ, средство; порядокъ.
Middle, *s.* середина. *a.* средній, средній.
Midnight, *s.* полночь.
Midst, *s.* средина.
Midsummer, *s.* средина лѣта.
Mien, *s.* видъ; наружность.
Might, *s.* сила.
Mighty, *a.* могущественный; сильный. —ily, *adv.* сильно.

Mild, *a.* кроткій; умѣренный. -ness, *s.* кротость.
Mile, *s.* миля.
Military, *a.* военный.
Milk, *s.* молоко.
Mill, *s.* мельница; -er, мельникъ.
Mimic, *s.* мимикъ, подражатель.
Mind, *s.* умъ. *v.a.* смотрѣть за; беречь; помнить; слушать; повиноваться; never —, ничего. -ful, *a.* помнящій.
Mine, *s.* мина.
Mingle, *v.a.n.* смѣшивать, —ся.
Miniature, *s.* миніатюра.
Minute, *s.* минута.
Minute, *a.* мелкій; подробный.
Miracle, *s.* чудо. -culous, *a.* чудесный.
Mirth, *s.* веселье. -ful, *a.* веселый.
Mire, *s.* грязь. -ry, *a.* болотистый; грязный.
Mischief, *s.* зло. -chievous, *a.* злой.
Miser, *s.* скупецъ.
Misery, *s.* бѣдствіе; горе; бѣдность. -rable, *a.* несчастный; бѣдный; скучно.
Misfortune, *s.* несчастье.
Mishap, *s.* несчастье.
Miss, *s.* барышня; сударыня.
Miss, *v.a.* не попадать въ цѣль; увидать что чего-то нѣтъ; чувствовать лишеніе, тосковать; пропускать; ошибаться. -ing, *a.* пропавшій.
Mission, *s.* порученіе; миссія.
Mist, *s.* туманъ. -y, *a.* туманный.
Mistake, *s.* ошибка. *v.a.* ошибаться.
Mistress, *s.* хозяйка; барыня.
Mix, *v.a.n.* мѣшать, —ся.
Moan, *s.* стонъ. *v.n.* стонать.
Modest, *a.* скромный. -y, *s.* скромность.

Moist, *a.* сырой. -ure, *s.* сырость.
Moment, *s.* мгновеніе; мигъ; моментъ. -ary, *a.* мимолетный.
Money, *s.* деньги; ready —, наличныя деньги.
Monk, *s.* монахъ.
Monkey, *s.* обезьяна.
Monster, *s.* чудовище. -strous, *a.* уродливый; ужасный.
Monument, *s.* памятникъ.
Mood, *s.* расположеніе духа.
Moon, *s.* луна; мѣсяцъ; -beam, лучъ мѣсячнаго свѣта; -light, свѣтъ луны.
Moor, *s.* степь.
Moral, *a.* нравственный; моральный.
More, *a.* болѣе, больше. *adv.* еще; the more — the better, чѣмъ больше — тѣмъ лучше; -over, сверхъ того.
Morning, *s.* утро. *a.* утренній.
Morose, *a.* угрюмый.
Morrow, *s.* завтрашній день; слѣдующій день.
Morsel, *s.* кусокъ; кусочекъ.
Moss, *s.* мохъ. -y, *a.* мшистый.
Motion, *s.* движеніе.
Motto, *s.* девизъ; надпись.
Mount, *s.* гора. *v.a.n.* подниматься; восходить; сѣсть верхомъ.
Mountain, *s.* гора. -ous, *a.* горный.
Mountebank, *s.* фокусникъ.
Mourn, *v.a.n.* плакать, оплакивать -ful, *a.* печальный; грустный -ing, *s.* плачъ; печаль; трауръ — weeds, траурное платье.
Mouse, *s.* мышь.
Mouth, *s.* ротъ; -ful, кусокъ.
Move, *v.a.n.* двигать, —ся; — away удаляться; уходить. -ment, *s.* движеніе.
Much, *a.* много.

ud, *s.* грязь. –dy, *a.* грязный;
мутный.
urder, *s.* убійство; –er, убійца.
urmur, *s.* ропотъ; шепотъ; журчаніе. *v.n.* роптать; жаловаться.
uscle, *s.* мускулъ.
use, *v.n.* размышлять.
ushroom, *s.* грибъ.
usket, *s.* ружье.
ust, *v. def.* долженъ.
ute, *a.* нѣмой.
utton, *s.* баранина.
utual, *a.* взаимный.
uzzle, *s.* морда (the mouth), намордникъ (a fastener); дуло (of a gun). *v.a.* надѣвать намордникъ.
ystery, *s.* тайна. –terious, *a.* таинственный.

ail, *s.* гвоздь; ноготь (of a foot). *v.a.* прибивать гвоздями.
ame, *s.* имя; названіе. *v.a.* называть; назначать.
ap, *s.* легкій сонъ.
arrow, *a.* узкій; стѣсненный. *v.a.n.* съуживать, –ся.
ative, *a.* туземный; родной. *s.* уроженецъ.
ature, *s.* природа, характеръ, родъ. –ral, *a.* природный, естественный. –rally, *adv.* конечно.
aught, *s.* ничто.
aughty, *a.* дурной, злой.
avy, *s.* флотъ.
ay, *adv.* нѣтъ; даже; сверхъ того; — more, еще больше.
ear, *a.* близкій. *adv.* близко. *prep.* близъ; около. –ly, *adv.* почти, чуть.
eck, *s.* шея; –lace, ожерелье.
eed, *s.* нужда. *v.a.* нуждаться. –s, *adv.* необходимо. –y, *a.* бѣдный.

Needle, *s.* иголка.
Nefarious, *a.* гнусный; подлый.
Negligence, *s.* небрежность.
Negro, *s.* негръ.
Neigh, *v.n.* ржать.
Neighbour, *s.* сосѣдъ, сосѣдка; ближній. –hood, *s.* сосѣдство. –ing, *a.* сосѣдній.
Neither, *pron.* ни тотъ ни другой.
Neither — nor, *conj.* ни — ни.
Nephew, *s.* племянникъ.
Nest, *s.* гнѣздо; –ling, птенецъ.
Net, *s.* сѣть.
Nettle, *s.* крапива.
Never, *adv.* никогда. –theless, *conj.* тѣмъ не менѣе.
New, *a.* новый. –s, *s.* новости, извѣстіе.
Next, *a.* слѣдующій; сосѣдній. *adv.* потомъ; послѣ этого; — to, рядомъ съ.
Nib, *s.* кончикъ.
Nice, *a.* хорошій; красивый.
Nickname, *s.* прозвище.
Niece, *s.* племянница.
Night, *s.* ночь; –gown, ночная рубашка; –fall, наступленіе ночи.
Nightingale, *s.* соловей.
Nimble, *a.* проворный; быстрый.
Nip, *v.a.* щипать; отрѣзать; повреждать.
Nobility, *s.* дворянство.
Noble, *a.* благородный. –man, *s.* дворянинъ.
Nobody, No one, *pron.* никто.
Noise, *s.* шумъ. –sy, *a.* шумный.
None, *pron.* никто. *adv.* не, нѣтъ.
Nonsense, *s.* глупость; пустяки.
Noon, *s.* полдень.
Nor, *conj.* ни.
North, *s.* сѣверъ. –ern, *a.* сѣверный.
Norway, *s.* Норвегія.
Nose, *s.* носъ.

Nostril, s. ноздря.
Notable, a. замѣчательный.
Notch, s. зарубка.
Note, s. замѣтка; примѣчаніе; записка; знатность; нота; вексель; билетъ. v.a. замѣчать; записывать.
Nothing, adv. ничто; ничего.
Notice, s. вниманіе; увѣдомленіе. v.a. замѣчать; take —, обращать вниманіе.
Notion, s. понятіе, мысль; идея.
Novel, a. новый. s. романъ.
Now, adv. теперь; — and then, по временамъ.
Nowhere, adv. нигдѣ.
Number, s. число; множество; номеръ.
Nun, s. монахиня.
Nuptials, s. pl. свадьба.
Nurse, s. няня. v.a. нянчить.
Nut, s. орѣхъ.

Oak, s. дубъ. —en, a. дубовый.
Oats, s. овесъ (sing.).
Obedience, s. повиновеніе. -ent, a. послушный.
Obey, v.a. слушаться; повиноваться.
Object, s. предметъ; вещь; цѣль.
Object, v.n. возражать; сказать противъ; — to, противиться чему.
Oblige, v.a. принуждать; дѣлать одолженіе. -d, a. принужденъ; обязанъ.
Observe, v.a. наблюдать; замѣчать. -vation, s. наблюденіе; замѣчаніе.
Obstacle, s. препятствіе.
Obstinate, a. упрямый.
Obtain, v.a. получить; достигнуть.
Occasion, s. случай. v.a. причинять.

Occupy, v.a. занимать. -pation, s. занятіе.
Occur, v.n. случаться. -rence, s. случай; происшествіе.
Ocean, s. океанъ.
Odious, a. гнусный; отвратительный.
Of course, adv. конечно.
Off, adv. на разстояніи; badly —, бѣдный; well —, зажиточный. prep. отъ, съ.
Offence, s. обида; преступленіе.
Offend, v.a. обижать.
Offer, s. предложеніе. v.a. предлагать.
Office, s. должность; контора.
Often, adv. часто.
Old, a. старый; –fashioned, старомодный.
On, prep. на. adv. впередъ; дальше.
Once, adv. однажды; одинъ разъ; — more, еще разъ; — upon a time, когда-то; at —, заразъ; сейчасъ; all at —, вдругъ.
One, a. одинъ; — by —, одинъ за другимъ.
Only, a. единственный. adv. только.
Onward, adv. впередъ.
Ooze, v.n. тихо течь.
Open, a. открытый; откровенный. v.a.n. отворять, —ся; открывать, —ся. -ing, s. отверстіе; открытіе.
Opportunity, s. случай; удобное время.
Oppose, v.a.n. противопоставлять, —ся; противиться.
Opposite, a. противоположный. adv. напротивъ.
Orange, s. апельсинъ.
Orchard, s. фруктовый садъ.
Order, s. порядокъ; расположеніе; приказъ; заказъ. v.n. упра-

влять; приказать, заказать. In — to, для того чтобы. -ly, a. добропорядочный.
Ordinary, a. обыкновенный.
Ornament, s. украшеніе.
Orphan, s. сирота.
Ostler, s. конюхъ.
Other, a. другой. -wise, adv. иначе.
Ought, v. долженъ; слѣдуетъ.
Out, adv. внѣ; наружу. — of, prep. изъ.
Outlaw, s. изгнанникъ.
Outright, adv. совершенно; вполнѣ.
Outset, s. начало.
Outside, s. наружная сторона. —, a. наружный. adv. and prep. внѣ.
Outstrip, v.a. обогнать; превзойти.
Oven, s. печь, печька.
Over, prep. надъ, черезъ, по. adv. съ одной стороны на другую; сверхъ того; кончено; — and —, часто, повторительно; — again, снова; -head, наверху.
Overcome, v.a. побѣдить, одолѣть; -flow, v.a. наводнять; -hear, v.a. нечаянно услышать, подслушать; -look, v.a. подсматривать, имѣть видъ на, пропустить; -power, v.a. одолѣть, пересиливать; -spread, v.a.n. покрывать, -ся; -take, v.a. догнать; -turn, v.a. повалить, опрокинуть; -whelm, v.a. подавлять, поглощать. -due, a. просроченный; -joyed, въ восторгѣ.
Owe, v.a. быть должнымъ.
Owing to, слѣдствіемъ.
Owl, s. сова.
Own, a. свой, собственный. v.a. сознавать; владѣть; имѣть. -er, s. владѣлецъ.
Ox, s. быкъ.
Oyster, s. устрица.

Pace, s. шагъ. v.a. ходить.
Pacify, v.a. успокоить.
Pack, s. связка; стая; шайка; колода картъ.
Package and Packet, s. связка; узелъ; тюкъ; пакетъ.
Page, s. страница; пажъ.
Pail, s. ведро.
Pain, s. боль; печаль. v.a. болѣть, огорчать. -ful, a. больно, мучительный; утомительный.
Pains, s. pl. трудъ; стараніе; усиліе; take —, стараться.
Paint, s. краска. v.a. красить; писать красками; рисовать; описывать. -er, s. маляръ; живописецъ.
Pair, s. пара.
Palace, s. дворецъ.
Pale, a. блѣдный.
Paltry, a. плохой, жалкій.
Pan, s. кострюля; сковорода.
Pane, s. оконное стекло.
Pang, s. мука; тоска.
Pant, v.n. задыхаться.
Paper, s. бумага; news-, газета. a. бумажный.
Parcel, s. узелъ; связка; пакетъ.
Pardon, s. прощеніе. v.a. прощать.
Parent, s. родитель, -ница.
Parrot, s. попугай.
Parson, s. священникъ; пасторъ.
Part, s. часть. v.a.n. раздѣлять, -ся; разставаться.
Particular, a. особенный. -ly, adv. особенно.
Parting, s. разлука; прощаніе.
Partner, s. компаньонъ; партнеръ.

Partridge, *s.* куропатка.
Party, *s.* общество; отрядъ; особа; гости.
Pass, *v.n.* проходить; проѣзжать. *v.a.* передавать; выдержать (экз.); — by, пропускать. *s.* проходъ; пропускъ; -age, корридоръ; перѣѣздъ.
Passenger, *s.* пассажиръ.
Passion, *s.* страсть; гнѣвъ; fall into a —, разсердиться. -ate, *a.* страстный; сердитый.
Past, *a.* прошлый; минувшій. *prep.* послѣ, далѣе, болѣе. *adv.* мимо.
Pat, *s.* легкій ударъ. *v.a.* слегка ударять.
Paternal, *a.* отцовскій.
Path, *s.* тропинка; дорожка.
Patience, *s.* терпѣніе. -tient, *a.* терпѣливый. *s.* больной; паціентъ.
Pattern, *s.* образецъ; примѣръ.
Pause, *s.* остановка. *v.n.* остановиться.
Pavement, *s.* мостовая; тротуаръ.
Paw, *s.* лапа.
Pay, *v.a.* платить. —ment, *s.* уплата, жалованье.
Peace, *s.* миръ; спокойствіе. -able, *a.* миролюбивый, спокойный; -ful, спокойный.
Peach, *s.* персикъ.
Pear, *s.* груша.
Pearl, *s.* жемчугъ.
Peasant, *s.* крестьянинъ.
Pebble, *s.* камышекъ.
Peck, *v.a.* клевать.
Peculiar, *a.* особенный, странный.
Peep, *v.n.* проглядывать, посмотрѣть.
Peevish, *a.* брюзгливый.
Peg, *s.* деревянный гвоздь; вѣшалка, крючекъ.
Pelt, *v.a.* бросать на.

Pen, *s.* перо.
Pen, *s.* овчарня. *v.a.* заключать.
Penalty, *s.* штрафъ.
Penance, *s.* покаяніе.
Pencil, *s.* карандашъ.
Penetrate, *v.a.n.* проникать, -ся.
Penitent, *a.* раскаивающійся.
Penny, *s.* пенни.
People, *s.* народъ; люди.
Perceive, *v.a.* увидать; замѣчать.
Perch, *v.n.* садиться.
Perch, *s.* окунь.
Peremptory, *a.* рѣшительный.
Perfect, *a.* совершенный; цѣлый. -fection, *s.* совершенство.
Perform, *v.a.* дѣлать; исполнять. *v.n.* дѣйствовать; играть. -ance, *s.* исполненіе; дѣйствіе; представленіе.
Perhaps, *adv.* можетъ быть.
Peril, *s.* опасность.
Period, *s.* теченіе времени.
Perish, *v.n.* погибать; умирать.
Perpetual, *a.* вѣчный.
Perplexed, *a.* смущенный. -ity, *s.* смущеніе.
Persecute, *v.a.* преслѣдовать. -cution, *s.* гоненіе; преслѣдованіе.
Persevere, *v.n.* быть настойчивымъ. -rance, *s.* настойчивость.
Person, *s.* особа; лицо; in —, самъ; -age, особа. -al, *a.* личный. -ate, *v.a.* выдавать себя за кого. -lly, *adv.* лично.
Persuade, *v.a.* убѣждать. -asion, *s.* убѣжденіе.
Perturb, *v.a.* смущать.
Pest, *s.* чума; зараза.
Pet, *s.* любимецъ. *v.a.* нѣжить; баловать.
Petticoat, *s.* юбка.
Petty, *a.* незначительный.
Physic, *s.* лѣкарство.

Physician, *s.* врачъ.
Pick, *v.a.* срывать; выбирать; — up, подбирать; поднимать; — a quarrel, идти на ссору. -pocket, *s.* воръ.
Picture, *s.* картина. *v.a.* описывать.
Pie, *s.* пирогъ.
Piece, *s.* кусокъ; монета.
Pierce, *v.a.* прокалывать; проникать.
Pig, *s.* свинья; -sty, свинной хлѣвъ.
Piety, *s.* благочестіе.
Pike, *s.* щука (fish); пика (lance).
Pile, *s.* куча. — up, *v.a.* собирать въ кучу.
Pillow, *s.* подушка.
Pin, *s.* булавка; шпилька; -cushion, булавочная подушка.
Pinch, *v.a.* щипать.
Pine, *v.n.* изнемогать; чахнуть; — for, тосковать по.
Pipe, *s.* труба; трубка; дудка.
Pistol, *s.* пистолетъ.
Pit, *s.* яма; партеръ (въ театрѣ).
Pitcher, *s.* кувшинъ.
Piteous, *a.* жалостный; жалкій.
Pitiless, *a.* безжалостный.
Pity, *s.* сожалѣніе. *v.a.* сожалѣть.
Place, *s.* мѣсто. *v.a.* помѣщать; ставить.
Plague, *s.* чума. *v.a.* надоѣдать.
Plain, *s.* равнина.
Plain, *a.* простой; ясный; очевидный.
Plan, *s.* планъ, предположеніе; проектъ. *v.a.* замышлять; устроить.
Plank, *s.* доска.
Plant, *s.* растеніе. *v.a.* сажать.
Plate, *s.* тарелка; серебряная посуда.
Play, *s.* игра; представленіе; спектакль. *v.a.n.* играть. -ful,

a. шутливый; веселый. -mate, *s.* товарищъ; -thing, игрушка.
Plead, *v.n.* защищать дѣло; просить.
Pleasant, *a.* пріятный.
Please, *v.a.* нравиться. -d, *a.* довольный; радъ.
Pleasure, *s.* удовольствіе.
Pledge, *s.* порука; ручательство. *v.a.* закладывать. [много.
Plenty, *s.* довольно; изобиліе;
Plot, *s.* заговоръ. *v.n.* составлять заговоръ.
Plough, *s.* плугъ. *v.a.* пахать.
Pluck, *v.a.* срывать; схватить.
Plum, *s.* слива.
Plumage, *s.* перья.
Plump, *a.* толстый.
Plunge, *v.n.a.* окунуть, -ся; броситься.
Pocket, *s.* карманъ; -book, бумажникъ; -handkerchief, носовой платокъ.
Point, *s.* точка; on the —, наготовѣ. *v.n.* указывать; — out, показывать; объяснять.
Poison, *s.* ядъ. *v.a.* отравлять.
Pole, *s.* шестъ.
Polish, *v.a.* полировать.
Polite, *a.* учтивый. -ness, *s.* вѣжливость.
Pomp, *s.* пышность.
Pond, *s.* прудъ.
Ponder, *v.a.* размышлять.
Ponderous, *a.* тяжелый.
Poodle, *s.* пудель.
Pool, *s.* лужа.
Poor, *a.* бѣдный; жалкій.
Poppy, *s.* макъ.
Populous, *a.* многолюдный.
Pork, *s.* свинина.
Port, *s.* портъ, гавань.
Porter, *s.* швейцаръ; посыльщикъ.
Portion, *s.* часть.
Positive, *a.* положительный.

Possess, *v.a.* владѣть; имѣть. -ion, *s.* владѣніе.
Possible, *a.* возможный. -bly, *adv.* возможно.
Post, *s.* столбъ; мѣсто, должность; почта; -house, почтовая станція; -man, почтальонъ; -office, почтовая контора; General P.O., почтамтъ; lamp —, фонарный столбъ.
Posterity, *s.* потомство.
Postpone, *v.a.* откладывать; отлагать.
Posture, *s.* положеніе (тѣла).
Pot, *s.* горшокъ.
Potato, *s.* картофель.
Poultry, *s. pl.* куры, живность.
Pound, *s.* фунтъ.
Pour, *v.a.n.* лить, —ся.
Poverty, *s.* нищета.
Powder, *s.* порошокъ; порохъ.
Power, *s.* власть; могущество; сила. -ful, *a.* могущественный; сильный.
Practice, *s.* практика; привычка.
Practise, *v.a.* дѣйствовать; дѣлать; заниматься.
Praise, *s.* хвала. *v.a.* хвалить.
Pray, *v.n.* просить, молиться; прошу, пожалуйста. -er, *s.* просьба; молитва.
Preach, *v.n.* проповѣдывать.
Precaution, *s.* предостереженіе.
Precious, *a.* драгоцѣнный.
Precisely, *adv.* точно, именно.
Predecessor, *s.* предшественникъ.
Predict, *v.a.* предсказывать.
Prefer, *v.a.* предпочитать.
Prejudice, *s.* предразсудокъ; вредъ.
Prepare, *v.a.n.* приготовлять, —ся. -ation, *s.* приготовленіе.
Prescription, *s.* рецептъ.
Presence, *s.* присутствіе.
Present, *s.* подарокъ.

Present, *a.* присутствующій; настоящій; нынѣшній; at —, въ настоящее время. -ly, *adv.* въ скоромъ времени; черезъ нѣсколько времени.
Present, *v.a.* подарить.
Preserve, *v.a.* сохранять; спасти.
Press, *v.a.* сжимать; упрашивать.
Pretend, *v.n.* притворить, —ся.
Pretty, *a.* красивый. *adv.* довольно.
Prevail, *v.n.* одержать верхъ; — on, убѣждать.
Prevent, *v.a.* предупреждать; мѣшать; не допускать.
Previous, *a.* предварительный; предшествующій. -ly, *adv.* прежде.
Prey, *s.* добыча; of —, хищный.
Price, *s.* цѣна. -less, *a.* безцѣнный.
Prick, *s.* уколъ. *v.a.* колоть.
Pride, *s.* гордость.
Priest, *s.* священникъ.
Prince, *s.* принцъ; князь.
Principal, *a.* главный. *s.* начальникъ. -ly, *adv.* преимущественно.
Principle, *s.* правило; принципъ; убѣжденіе.
Print, *v.a.* печатать. *s.* печать.
Prison, *s.* тюрьма; -er, плѣнникъ; арестантъ.
Private, *a.* частный; тайный.
Prize, *s.* призъ; добыча; награда; выигрышъ. *v.a.* цѣнить.
Probability, *s.* вѣроятность.
Probable, *a.* вѣроятный.
Problem, *s.* задача.
Proceed, *v.n.* продолжать. -ing, *s.* дѣйствіе.
Procession, *s.* шествіе; кортежъ.
Proclaim, *v.a.* провозглашать; объявлять.

Proclamation, *s.* прокламація, указъ.
Procure, *v.a.* доставать.
Prodigal, *a.* расточительный.
Produce, *v.a.* производить; представлять.
Production, *s.* произведеніе; продуктъ.
Profess, *v.a.* притворяться. -ion, *s.* внѣшнее выраженіе; званіе.
Profit, *s.* прибыль; польза; выгода. *v.a.* приносить выгоду; — by, получать выгоду; воспользоваться. -able, *a.* выгодный.
Profound, *a.* глубокій.
Progress, *s.* движеніе впередъ; успѣхъ.
Progress, *v.n.* двигаться впередъ; успѣвать.
Project, *s.* предположеніе; проектъ.
Promise, *s.* обѣщаніе. *v.a.* обѣщать.
Promote, *v.a.* подвигать; производить. -tion, *s.* производство.
Prolong, *v.a.* продолжать.
Prompt, *a.* скорый.
Proof, *s.* доказательство; испытаніе; проба.
Prop, *s.* подпора. *v.a.* подпирать.
Proper, *a.* собственный, приличный.
Property, *s.* собственность; имѣніе, имущество.
Prophecy, *s.* предсказаніе.
Prophesy, *v.a.* предсказывать.
Prophet, *s.* пророкъ. -ic, *a.* пророческій.
Proprietor, *s.* владѣлецъ; хозяинъ.
Prospect, *s.* видъ, надежда.
Prosper, *v.n.* процвѣтать; успѣвать; удаваться. -ity, *s.* процвѣтаніе. -ous, *a.* удачный.
Prostrate, *a.* распростертый.

Protect, *v.a.* защищать. -tion, *s.* покровительство.
Protest, *v.n.* протестовать.
Protest, *s.* протестъ.
Proud, *a.* гордый; to be — of, гордиться.
Prove, *v.a.* доказывать.
Provide, *v.a.* снабжать; — for, обезпечить; заботиться о; — against, принимать мѣры противъ.
Provided, *conj.* если только; подъ условіемъ что.
Providence, *s.* Провидѣніе.
Provision, *s.* мѣра предосторожности; -s, съѣстные припасы.
Prudent, *a.* благоразумный.
Pry into, *v.n.* стараться увидѣть; совать носъ.
Public, *a.* общественный; народный; публичный. — house, *s.* трактиръ; кабакъ.
Publication, *s.* публикація; изданіе.
Pull, *v.a.* тянуть; тащить; — down, стащить; — off, срывать; снимать; — up, встащить; остановиться.
Punctual, *a.* аккуратный.
Pupil, *s.* ученикъ, -ница.
Puppy, *s.* щенокъ.
Purchase, *v.a.* купить. *s.* покупка.
Purple, *a.* пурпуровый.
Purpose, *s.* намѣреніе; цѣль. -ly, on —, *adv.* нарочно.
Purse, *s.* кошелекъ.
Pursue, *v.a.* преслѣдовать; продолжать.
Pursuit, *s.* гоненіе; стремленіе; занятіе.
Push, *v.a.* толкать.
Put, *v.a.* класть; ставить; положить; — forth, распускать; употреблять (силы); — on, на-

дѣвать; — off, отложить; — out, потушить (огонь); — to, запрягать; — up, остановиться въ гостинницѣ.
Puzzle, s. затрудненіе. v.a. сбить.

Quality, s. качество.
Quantity, s. количество.
Quarrel, s. ссора. v.n. ссориться. -some, a. ссорливый.
Quarters, s. квартира (sing.).
Quay, s. набережная.
Queen, s. королева.
Quench, v.a. утолять (жажду).
Question, s. вопросъ. v.a. спрашивать.
Quick, a. скорый, быстрый. adv. живо, быстро. -silver, s. ртуть.
Quiet, a. спокойный; смирный; тихій. v.a. успокоить. -ness, s. спокойство.
Quill, s. перо (гусиное).
Quite, adv. совсѣмъ; совершенно.

Rabbit, s. кроликъ.
Race, s. родъ; порода; бѣгъ, скачка.
Raft, s. плотъ.
Rag, s. тряпка; лохмотье.
Rage, s. ярость: гнѣвъ.
Ragged, a. оборванный.
Rail, s. рельсъ. v.a. окружать рѣшеткою. v.n. ругать, -ся.
Railroad, Railway, s. желѣзная дорога.
Rain, s. дождь. It rains, дождь идетъ. v.a. осыпать (какъ дождемъ). -bow, s. радуга.
Raise, v.a. поднимать.
Rampart, s. валъ.
Rank, s. рядъ; чинъ.
Ransack, v.a. рыться.
Rap, s. быстрый ударъ. v.a.n. ударять; стучать.
Rapid, a. быстрый.

Rare, a. рѣдкій.
Rascal, s. негодяй.
Rash, a. безразсудный.
Raspberry, s. малина.
Rat, s. крыса.
Rather, adv. скорѣе, болѣе, лучше; нѣсколько; много.
Rattle, v.a.n. трещать.
Rave, v.n. бредить.
Ravine, s. оврагъ.
Raw, a. сырой.
Ray, s. лучъ.
Reach, v.a. доходить; достигать. v.n. простираться. Within —, на разстояніи, достижимый; beyond —, out of —, на недосягаемомъ разстояніи.
Read, v.a. читать.
Readily, adv. охотно.
Ready, a. готовый. Get —, v.a.n. приготовлять, -ся.
Rate, s. цѣна; быстрота; at any —, во всякомъ случаѣ.
Real, a. настоящій; дѣйствительный; истинный. -ly, adv. въ самомъ дѣлѣ.
Realm, s. государство.
Reap, v.a. жать. —er, s. жнецъ.
Re-appear, v.n. вновь появляться.
Rear, s. тылъ (mil.); задъ. v.n. становиться на-дыбы.
Rear, v.a. воздвигать; воспитывать; разводить.
Reason, s. разумъ; причина. -able, a. разумный; справедливый; сходный.
Rebuild, v.a. перестроивать.
Rebuke, v.a. дѣлать выговоръ; порицать. s. выговоръ.
Recall, v.a. отозвать; напомнить.
Receipt, s. полученіе; квитанція.
Receive, v.a. получать, принять.
Reception, s. пріемъ.
Recess, s. углубленіе.
Reckless, a. легкомысленный.

Reckon, *v.a.* считать. *v.n.* расчитывать; полагаться.
Recognition, *s.* узнаніе.
Recollect, *v.a.* вспоминать. –tion, *s.* вспоминаніе.
Recommence, *v.a.* начинать сызнова.
Recommend, *v.a.* рекомендовать.
Recompense, *v.a.* вознаграждать. *s.* награда; вознагражденіе.
Reconcile, *v.a.* примирять. –ciliation, *s.* примиреніе.
Reconnoitre, *v.a.* дѣлать рекогносцировку.
Recount, *v.a.* разсказывать.
Recover, *v.a.* обратно получать. *v.n.* поправляться; придти въ себя. –y, *s.* обратное полученіе; выздоровленіе.
Red, *a.* красный.
Redouble, *v.a.* удвоивать.
Reduce, *v.a.* приводить; уменьшать; покорять.
Reduction, *s.* уменьшеніе; покореніе.
Reed, *s.* тростникъ.
Reflect, *v.a.* отражать. *v.n.* размышлять. –ion, *s.* отраженіе, размышленіе.
Refresh, *v.a.* освѣжать.
Refuse, *v.a.n.* отказывать, –ся. –sal, *s.* отказъ.
Regain, *v.a.* взять вторично; опять пріобрѣтать.
Regard, *s.* взглядъ; уваженіе. *v.a.* смотрѣть; уважать; обращать вниманіе.
Regiment, *s.* полкъ.
Regular, *a.* правильный.
Reign, *s.* царствованіе; господство. *v.n.* царствовать; господствовать.
Rein, *s.* возжа; поводъ.
Rejoice, *v.a.n.* радовать, –ся.
Relate, *v.a.* разсказывать. *v.n.* относиться. –tion, *s.* разсказъ; родственникъ.
Relative, *a.* относительный. *s.* родственникъ.
Relaxation, *s.* отдыхъ, развлеченіе.
Release, *s.* освобожденіе. *v.a.* освобождать.
Relief, *s.* облегченіе; помощь.
Relieve, *v.a.* облегчать, помогать.
Relinquish, *v.a.* оставлять, бросать.
Reluctantly, *adv.* неохотно.
Rely, *v.n.* довѣрять; полагаться.
Remain, *v.n.* оставаться. –der, *s.* остатокъ. –s, остатки.
Remark, *s.* замѣчаніе. *v.a.* замѣчать. –able, *a.* замѣчательный.
Remember, *v.a.* вспоминать.
Remembrance, *s.* вспоминаніе; память.
Remind, *v.a.* напоминать.
Remnant, *s.* остатокъ.
Remote, *a.* отдаленный.
Remove, *v.a.* отодвигать; снимать; унести. –val, *s.* удаленіе; переѣздъ.
Renown, *s.* слава. –ed, *a.* знаменитый; славный.
Rent, *s.* наемная плата.
Repair, *v.a.* чинить; исправлять. *v.n.* идти, отправляться.
Repay, *v.a.* заплатить, отплатить; вознаграждать.
Repeat, *v.a.* повторять.
Repent, *v.a.n.* раскаиваться. –ance, *s.* раскаяніе.
Replace, *v.a.* ставить опять на прежнее мѣсто; замѣнять.
Reply, *s.* отвѣтъ. *v.a.n.* отвѣчать.
Report, *s.* слухъ; докладъ; выстрѣлъ. *v.a.* разсказывать; доносить.
Repose, *s.* отдыхъ; покой. *v.n.* отдыхать.

Reprimand, *s.* выговоръ. *v.a.* выговаривать.
Reproach, *s.* упрекъ. *v.a.* упрекать.
Reputed, *a.* извѣстный.
Reputation, *s.* репутація, имя; слава; извѣстность.
Request, *s.* просьба. *v.a.* просить.
Require, *v.a.* требовать; нуждаться.
Requisite, *a.* нужный.
Resentment, *s.* неудовольствіе; злоба.
Reside, *v.n.* жить.
Residence, *s.* жительство; домъ.
Resign, *v.n.* выходить въ отставку.
Resignation, *s.* отставка; покорность. [мость.
Resolution, *s.* рѣшеніе; рѣшиResolve, *v.n.* рѣшаться.
Resort, *v.n.* прибѣгать. *s.* мѣсто свиданія.
Resource, *s.* средство; способъ; выходъ. -ces, деньги, *pl.*
Respect, *s.* уваженіе; почтеніе. *v.a.* почитать. -ful, *a.* почтительный.
Rest, *s.* отдыхъ; остальные. *v.n.* отдыхать. -less, *a.* безпокойный.
Restore, *v.a.* возстановлять; возвращать.
Restrain, *v.a.* удерживать.
Result, *s.* слѣдствіе.
Resume, *v.a.* продолжать.
Retinue, *s.* свита.
Retire, *v.n.* удаляться; уходить. -ment, *s.* уединеніе.
Retreat, *s.* отступленіе; убѣжище. *v.n.* отступать; удаляться.
Return, *v.a.n.* возвращаться; отвѣчать. *s.* возвращеніе; in —, взамѣнъ.
Revel, *s.* пиръ, празднество; -ry, шумное веселье.

Revenge, *s.* мщеніе. *v.a.* мстить
Reverence, *s.* почтеніе; препсдобіе.
Revive, *v.a.n.* вновь оживлять, -ся
Revolt, *v.n.* возставать. *s.* возстаніе.
Reward, *s.* награда. *v.a.* награждать.
Rib, *s.* ребро.
Rice, *s.* рисъ.
Rich, *a.* богатый. -es, *s.* богатство (*sing.*).
Rid, *v.a.* избавиться; get — of избавляться, отдѣлаться отъ.
Ride, *s.* верховая ѣзда; ѣзда въ экипажѣ. *v.n.* ѣздить верхомъ; ѣхать; кататься.
Ridge, *s.* хребетъ.
Ridiculous, *a.* смѣшной.
Rifle, *v.a.* ограбить. *s.* винтовка.
Right, *a.* правый; прямой; справедливый. *s.* право; правда. -ful, *a.* законный.
Rigorous, *a.* строгій.
Ring, *v.a.* звонить; раздаваться. *s.* кольцо; звонъ.
Ringlet, *s.* локонъ.
Riot, *s.* бунтъ. *v.n.* бунтоваться.
Ripe, *a.* спѣлый; зрѣлый.
Ripple, *v.n.* струиться; журчать.
Rise, *v.n.* вставать; подниматься; восходить. -ing, *s.* возстаніе.
Risk, *s.* рискъ; опасность. *v.a.* рисковать; подвергать опасности; run a —, подвергаться опасности.
Rival, *s.* соперникъ. *v.a.* соперничать. *a.* соперническій.
River, *s.* рѣка.
Rivulet, *s.* рѣчка.
Road, *s.* дорога; high —, большая дорога.
Roam, *v.n.* бродить.
Roar, *v.n.* ревѣть; кричать; шу-

, ревъ; крикъ;	разрушать; погубить. —ous, a. разрушительный; пагубный.
a. жареный.	Rule, s. правило; власть. v.a.n. властвовать; управлять; царствовать.
ограбить; ли-азбойникъ.	
есъ. v.a.n. ка-	Run, v.n. бѣжать; течь; — off, убѣжать; — over, перѣхать черезъ; опрокинуть.
га.	Rush, v.n. бросаться на. s. камышъ.
ъ; шалунъ.	Rust, s. ржа ржавчина. v.n. заржавѣть. -y, a. заржавленный.
улка; барабан-катать, —ся;	Rustle, v.n. шелестить.
ться.	Rut, s. лужа.
одъ.	Sack, s. мѣшокъ.
	Sad, a. печальный. -ly, adv. печально; сильно; крайне.
мѣсто.	
на.	Saddle, s. сѣдло.
	Safe, a. безопасный. -ty, s. безопасность.
ревка.	
a. румяный.	Sagacity, s. чуткость.
ten, a. гнилой,	Sagacious, a. умный.
шероховатый;	Sail, s. парусъ; судно; плаваніе на паруспомъ судиѣ. v.n. плыть. —or, s. морякъ; матросъ.
й. s. кругъ;	Saint, s. святой.
and prep. во-	Sake, s. цѣль; for the — of, ради, для.
на; разбитіе;	Sale, s. продажа.
бивать; обра-	Salmon, s. лососина.
	Saloon, s. зала.
—ver, s. мор-, пиратъ.	Salt, s. соль. a. соленый.
	Salute, s. салютъ. v.a. привѣтствовать.
ь. грести.	
	Salvation, s. спасеніе.
	Same, a. тотъ самый.
	Sand, s. песокъ.
	Satchel, s. сумка.
	Satisfaction, s. удовлетвореніе.
ться. -ful, a.тный.	Satisfy, v.a. удовлетворять. -fied, a. довольный.
	Sauce, s. соусъ; -pan, кастрюлька.
яло; плѣдъ.	Saucy, a. дерзкій.
звалина. v.a.	Sausage, s. сосиска; колбаса.

Q

Savage, *a.* дикій; жестокій. *s.* дикарь.
Save, *v.a.* спасать; беречь.
Save, *prep.* исключая, кромѣ.
Saw, *s.* пила. *v.a.* пилить.
Say, *v.a.* говорить. -ing, *s.* слово, пословица.
Scaffold, *s.* эшафотъ.
Scale, *s.* чашка вѣсовъ; чешуя (fish). -ly, *a.* чешуйчатый.
Scantily, *adv.* недостаточно; скудно; мало.
Scarce, *a.* рѣдкій, скудный. -ly, *adv.* едва. Scarcely ever, почти никогда.
Scare, *v.a.* пугать.
Scatter, *v.a.* разсыпать, разбрасывать.
Scene, *s.* сцена; мѣсто дѣйствія; видъ. -nery, *s.* декорація; пейзажъ.
Scent, *s.* запахъ; духи; чутье; слѣдъ; get —, чуять.
Scholar, *s.* ученикъ; ученый.
School, *s.* училище; школа; -boy, ученикъ; -master, учитель; -mistress, учительница; -room, классная комната.
Schooner, *s.* шкуна.
Scold, *v.a.* бранить. -ing, *s.* брань.
Scorch, *v.a.* прижигать; опалить.
Scorn, *s.* презрѣніе. *v.a.* презирать. -ful, *a.* презрительный.
Scrap, *s.* кусокъ.
Scratch, *v.a.* чесать; царапать. *s.* царапина.
Scream, *v.n.* кричать. *s.* крикъ.
Screech, *v.n.* визжать, кричать.
Scuffle, *s.* ссора, борьба.
Sculptor, *s.* скульпторъ.
Sea, *s.* море; -shore, -side, морской берегъ; -man, морякъ.
Seal, *s.* печать. *v.a.* запечатывать.

Search, *v.a.n.* обыскивать; — for, искать. *s.* поискъ.
Season, *s.* время года.
Seat, *s.* стулъ; мѣсто. *v.a.* посадить.
Seclusion, *s.* уединеніе.
Second, *a.* второй.
Secrecy, *s.* тайна.
Secret, *a.* таинственный. *s.* тайна, секретъ.
Secretary, *s.* секретарь.
Secure, *v.a.* обезпечить; задержать; укрѣплять. *a.* внѣ опасности.
See, *v.a.* видѣть.
See, *s.* епархія.
Seek, *v.a.n.* искать; стараться.
Seem, *v.n.* казаться.
Seize, *v.a.* схватить.
Seldom, *adv.* рѣдко.
Sell, *v.a.* продавать.
Self, *pron.* себя; самъ.
Selfish, *a.* самолюбивый.
Send, *v.a.* посылать; — for, посылать за.
Sense, *s.* чувство; умъ. -less, *a.* безчувственный; безмысленный; -ible, разумный.
Sentence, *s.* фраза; приговоръ. *v.a.* приговаривать.
Sentinel, Sentry, *s.* часовой.
Separate, *a.* отдѣльный; особенный.
Separate, *v.a.n.* отдѣлять, —ся; разлучать, —ся.
Serf, *s.* крѣпостной.
Serious, *a.* серьезный.
Serve, *v.a.n.* служить; — up, подать на столъ. -vant, *s.* слуга, служанка; -vice, служба.
Set, *s.* собраніе; коллекція; приборъ. *v.a.* ставить. *v.n.* заходить (of the sun); — off, out, отправляться; — up a shout, поднимать крикъ; — to work, приняться за работу.

Settle, *v.a.n.* помѣщать, -ся; поселять, -ся; рѣшать, -сл.
Several, *pron.* многіе; нѣкоторые; особый. -ly, *adv.* въ частности.
Severe, *a.* строгій; сильный.
Sew, *v.a.* шить.
Sex, *s.* полъ; женскій полъ.
Shade, *s.* тѣнь; абажуръ (for lamp). -dy, *a.* тѣнистый.
Shadow, *s.* тѣнь.
Shaggy, *a.* косматый.
Shake, *v.a.n.* пожимать (руку). — of the head, качать головой.
Shallow, *a.* мелкій.
Shame, *s.* стыдъ. *v.a.* стыдить. -ful, *a.* постыдный.
Shape, *s.* образъ, форма. *v.a.* образовать. -ly, *a.* статный; красивый.
Share, *s.* доля, часть; акція. *v.a.n.* раздѣлять, -ся; участвовать.
Shark, *s.* акула.
Sharp, *a.* острый. -en, *v.a.* точить.
Shatter, *v.a.* разбивать въ дребезги; разстроивать.
Shave, *v.a.n.* брить, -ся.
Shawl, *s.* шаль.
Sheaf, *s.* снопъ.
Shed, *s.* навѣсъ; сарай. *v.a.* проливать; сбрасывать.
Sheep, *s.* баранъ; овца.
Sheet, *s.* полоса; простыня; листъ.
Shelf, *s.* полка.
Shell, *s.* скорлупа; граната (artil.).
Shelter, *s.* прикрытіе; убѣжище. *v.a.* прикрывать, защищать; take —, укрыться.
Shepherd, *s.* пастухъ.
Shield, *s.* щитъ; защита. *v.a.* защищать.
Shine, *v.n.* свѣтить; блестѣть.
Ship, *s.* корабль; —mate, товарищъ; —wreck, кораблекрушеніе.

Shirt, *s.* рубашка, рубаха.
Shoal, *s.* отмель; руно (of fish).
Shock, *s.* потрясеніе; столкновеніе; ударъ. *v.a.* поражать ужасомъ; оскорблять. -ing, *a.* ужасный. [никъ.
Shoe, *s.* башмакъ; —maker, сапож-
Shoe, *v.a.* подковывать.
Shoot, *s.* отпрыскъ. *v.n.* распускаться.
Shoot, *v.a.* стрѣлять; застрѣлить.
Shop, *s.* магазинъ; лавка.
Shore, *s.* берегъ.
Short, *a.* короткій; in —, однимъ словомъ. -ly, *adv.* скоро. -en, *v.a.* сокращать.
Shot, *s.* выстрѣлъ; пуля, ядро, дробь.
Shoulder, *s.* плечо.
Shout, *s.* крикъ. *v.n.* кричать.
Shove, *v.a.* толкать.
Shovel, *s.* лопата. *v.a.* бросать лопатой.
Show, *s.* внѣшній видъ. *v.a.* показывать.
Shower, *s.* дождикъ. *v.a.* изливать.
Shriek, *s.* крикъ. *v.n.* кричать.
Shrill, *a.* пронзительный; рѣзкій.
Shrink, *v.a.n.* сжимать, -ся; — from, отказываться; воздерживаться.
Shrug, *s.* пожиманіе плечами.
Shudder, *s.* дрожь. *v.n.* дрожать.
Shuffle, *v.a.* мѣшать; тасовать (cards).
Shun, *v.a.* избѣгать.
Shut, *v.a.* затворять, закрывать.
Shutter, *s.* ставня.
Shy, *a.* стыдливый; боязливый.
Sick, *a.* больной; тошно. -en, *v.n.* захворать.
Sickle, *s.* серпъ.
Side, *s.* сторона; бокъ. -long, *a.* косвенный.
Siege, *s.* осада.

Sift, *v.a.* сѣять сквозь сито; разсматривать.
Sigh, *v.n.* вздыхать. *s.* вздохъ.
Sign, *s.* знакъ; вывѣска. *v.a.n.* подписывать.
Sight, *s.* зрѣніе; видъ; зрѣлище.
Silence, *s.* молчаніе; тишина. -lent, *a.* молчаливый; тихій; to be —, молчать.
Silly, *a.* глупый.
Silver, *s.* серебро. *a.* серебряный.
Similar, *a.* подобный.
Simple, *a.* простой; глупый.
Sin, *s.* грѣхъ. *v.n.* грѣшить. -ner, *s.* грѣшникъ.
Since, *prep.* съ. *adv.* съ тѣхъ поръ; тому назадъ. *conj.* съ тѣхъ поръ какъ; такъ какъ
Sing, *v.a.n.* пѣть.
Singe, *v.a.* опалять.
Single, *a.* единственный; not a —, не одинъ. — out, *v.a.* выбирать.
Singular, *a.* замѣчательный; странный.
Sink, *v.n.* потонуть; погружаться.
Sister, *s.* сестра.
Sit (down), *v.n.* сидѣть; — up, сидѣть прямо; сидѣть ночью.
Situation, *s.* мѣстоположеніе; положеніе, должность, мѣсто.
Size, *s.* величина.
Skate, *s.* конекъ. *v.n.* кататься на конькахъ.
Skilful, *a.* искусный, ловкій.
Skill, *s.* ловкость, искусство; способность. -ed, *a.* опытный, знающій.
Skin, *s.* кожа; шкура.
Skirt, *s.* пола, юбка.
Skull, *s.* черепъ.
Sky, *s.* небо.
Slam, *v.a.* хлопнуть.
Slave, *s.* рабъ; -very, рабство.

Slay, *v.a.* убить.
Sleek, *a.* гладкій.
Sleep, *v.n.* спать. *s.* сонъ.
Sleet, *s.* снѣгъ съ дождемъ.
Slender, *a.* тонкій; скудный.
Slice, *s.* ломоть, кусокъ.
Slide, *v.n.* скользить; кататься по льду.
Slight, *a.* легкій; незначительный.
Slim, *a.* тонкій.
Slink, *v.n.* уходить украдкой; скрыться.
Slip, *v.n.* скользить. -pery, *a.* скользкій.
Slipper, *s.* туфель.
Slow, *a.* медленный. -ness, *s.* медленность.
Slumber, *s.* легкій сонъ. *v.n.* дремать; спать.
Sly, *a.* хитрый.
Slyness, *s.* хитрость.
Small, *a.* малый, маленькій.
Smart, *a.* нарядный, жгучій, острый.
Smell, *s.* запахъ. *v.a.* нюхать. *v.n.* пахнуть.
Smile, *s.* улыбка. *v.n.* улыбаться.
Smith, *s.* кузнецъ.
Smoke, *s.* дымъ. *v.a.n.* дымиться; курить.
Smooth, *a.* гладкій, ровный.
Smuggle, *v.a.n.* промышлять контрабандой; тайно ввозить.
Snake, *s.* змѣя.
Snatch, *v.a.* хватать.
Sneeze, *v.n.* чихать. *s.* чиханіе.
Sniff, *v.a.n.* вдыхать; обнюхивать.
Snow, *s.* снѣгъ. It snows, снѣгъ идетъ.
Snuff, *s.* нюхательный табакъ. *v.a.* нюхать. -box, *s.* табакерка.
Snug, *a.* уютный, удобный.
So, *adv.* такъ; и такъ; so so, такъ себѣ.
So — a, такой.

VOCABULARY.

п. рыдать	South, *s.* югъ. *a.* южный; -ern, южный.
юбный. !шый. ь.	Sovereign, *s.* монархъ; фунтъ стерлингъ (coin)
	Sow, *s.* свинья.
	Sow, *v.a.* сѣять.
іва. *v.a.* пач-	Spare, *v.a.* щадить; беречь; I cannot — him, я не могу обой-
тво. *v.n.* про-	тись безъ него. -ing, *a.* береж- ливый.
	Spark, *s.* искра; франтъ.
зенный.	Sparkle, *v.n.* блестѣть.
сновательный,	Sparrow, *s.* воробей.
	Speak, *v.a.n.* говорить.
ивый.	Spear, *s.* пика; копье.
нный. -tude,	Speck, *s.* пятно, точка. -led, *a.* пестрый
ый; нѣсколько, ', *adv.* какъ-	Spectacle, *s.* зрѣлище; видъ; -s, *pl.* очки.
что нибудь; -what, въ нѣ-	Speech, *s.* рѣчь; to become -less, онѣмѣть.
; -where, гдѣ	Speed, *s.* быстрота; скорость; at full —, во всю прыть. *v.n.*
іw, зять. er, пѣвунъ.	спѣшить; торопиться. -у, *a.* скорый, поспѣшный. -ily, *adv.* скоро.
івать. жкій. *s.* боль; іо.	Spend, *v.a.* тратить; — time, про- водить время; истощать. -thrift, *s.* расточитель.
v.n. горевать.	Spill, *v.a.* проливать.
й.	Spin, *v.a.n.* прясть; вертѣть, -ся.
; I am very —,	Spirit, *s.* духъ; душа, разумъ; спиртъ.
ь. *v.a.* сорти-	Spit, *v.a.n.* плевать.
	Spite, *s.* злоба. *v.a.* досаждать. In — of, вопреки. -ful, *a.*
звонъ; про- а). *v.a.* тру- чать, звенѣть.	злой. Splash, *v.a.n.* плескать, -ся; брыз- гать, -ся.
рѣпкій; про- *lv.* крѣпко;	Splendid, *a.* великолѣпный. Spoil, *s.* добыча. *v.a.* портить.
	Spoon, *s.* ложка.
къ; причина;	Sport, *s.* игра, забава, охота. *v.n.* играть. -ive, *a.* веселый; шут- ливый. -sman, *s.* охотникъ.

Spot, *s.* пятно; мѣсто.
Sprain, *s.* вывихъ. *v.a.* вывихнуть.
Spray, *s.* вѣтка (of a plant); брызги, пѣна (of water).
Spread, *v.a.n.* распространять, -ся; распускать, -ся; разстилать, -ся.
Spring, *s.* весна; ключъ; прыжокъ, пружина. *v.n.* прыгать.
Spur, *s.* шпора; поощреніе. *v.a.* шпорить; побуждать.
Spurn, *v.a.* презирать.
Spy, *s.* шпіонъ. *v.a.* подсматривать; замѣтить.
Square, *s.* площадь; квадратъ. *a.* квадратный.
Squeal, Squeak, *v.n.* пищать; визжать.
Squeeze, *v.a.* сжимать; жать.
Squirrel, *s.* бѣлка.
Stab, *s.* ударъ кинжаломъ. *v.a.* заколоть.
Stable, *s.* конюшня.
Stack, *s.* стогъ; -yard, гумно.
Staff, *s.* посохъ, палка; поддержка, подпора.
Stag, *s.* олень.
Stagger, *v.n.* шататься. *v.a.* поражать.
Staid, *a.* степенный; серьезный
Stain, *s.* пятно; стыдъ. *v.a.* пятнать, марать; безчестить.
Stair, *s.* ступенька; -s, лѣстница; to be up-, наверху; to be down-, внизу.
Stake, *s.* шестъ; костеръ; ставка (in a game); рискъ. *v.a.* поставить ставку; рисковать.
Stalk, *s.* стволъ; былинка.
Stall, *s.* стойло, хлѣвъ; лавченка; кресло (at a theatre).
Stamp, *v.n.* топать (with the feet); наложить печать.
Stand, *v.n.* стоять.
Star, *s.* звѣзда.

Stare, *v.n.* пристально смотрѣть.
Start, *s.* испугъ. *v.n.* вскочить отъ испуга.
Start, *s.* начало движенія; have a —, начинать раньше другаго. — off, *v.n.* отправляться.
Starve, *v.n.* умирать съ голода. *v.a.* умерщвлять голодомъ.
State, *s.* состояніе, положеніе; государство. *a.* государственный; -ly, *a.* величественный; пышный.
State, *v.a.* заявлять, сказать.
Station, *s.* положеніе; станція
Statue, *s.* статуя. [(railway).
Stay, *s.* пребываніе; подпора; корсетъ. *v.n.* пребывать, оставаться. *v.a.* удерживать.
Stead, *s.* мѣсто; in his —, на его мѣсто. -fast, *a.* твердый; рѣшительный. -y, *a.* постоянный; солидный; трудолюбивый. -ily, *adv.* постоянно; спокойно; осторожно.
Steal, *v.a.* красть; воровать; — away, уходить тихо; — upon, подкрадываться къ.
Stealth, *s.* воровство, кража; тайное дѣйствіе; by —, украдкой, тайно.
Steam, *s.* паръ; -er, пароходъ.
Steep, *a.* крутой. *v.a.* мочить; погружать.
Steer, *v.a.* править, управлять. *s.* молодой быкъ.
Stem, *s.* стебель. *v.a.* удерживать, противиться.
Step, *s.* шагъ; ступенька. *v.n.* ступить; ходить.
Storn, *s.* корма; задняя часть. *a.* строгій, суровый. [чикъ.
Steward, *s.* управляющій; буфетStick, *s.* палка, трость. *v.a.* втыкать; приклеить. *v.n.* прилипать; приставать.

Stiff, *a.* тугой, негибкій; окоченѣлый.
Still, *a.* тихій; спокойный; недвижимый. *adv.* еще, все еще. *conj.* тѣмъ не менѣе; однако. Sit —, сидѣть смирно.
Sting, *s.* жало; угрызеніе. *v.a.* жалить; грызть.
Stir, *s.* шумъ, волненіе. *v.a.* двигать; шевелить; размѣшивать; возбуждать. *v.n.* двигаться; шевелиться.
Stock, *s.* запасъ.
Stocking, *s.* чулокъ.
Stone, *s.* камень. *a.* каменный; -ny, каменистый; жестокій.
Stoop, *v.n.* нагибаться.
Stop, *v.a.n.* остановить, —ся; оставаться; перестать.
Store, *s.* запасъ.
Storey, *s.* этажъ.
Stork, *s.* аистъ.
Storm, *s.* буря, гроза; приступъ (milit.). *v.n.* бушевать; горячиться; шумѣть. *v.a.* брать приступомъ. -y, *a.* бурный.
Story, *s.* разсказъ; сказка; слухъ; ложь.
Stout, *a.* толстый, полный; крѣпкій; бодрый. -ly, *adv.* сильно; храбро.
Stove, *s.* каминъ; печь; печка.
Stow away, *v.a.* прятать; складывать.
Straggler, *s.* бродяга; отсталый.
Straight, *a.* прямой. *adv.* прямо; -way, тотчасъ; немедленно.
Strain, *s.* натуга, напряженіе; пѣсня; арія; родъ. *v.a.* натягивать.
Strait, *s.* проливъ; проходъ; затрудненіе; нужда. *a.* узкій, тѣсный.
Strand, *s.* берегъ. *v.a.n.* выбросить на берегъ.

Strange, *a.* странный; чужой. -ger, *s.* незнакомецъ; иностранецъ.
Strap, *s.* ремень.
Straw, *s.* солома. *a.* соломенный. -berry, *s.* земляника.
Stray, *v.n.* заблуждаться.
Stream, *s.* ручей; теченіе. *v.n.* литься. —let, *s.* ручеекъ.
Street, *s.* улица.
Strength, *s.* сила.
Stretch, *v.a.* тянуть; натягивать; — out, протянуть, растянуть. *v.n.* тянуться, простираться.
Strew, *v.a.* разсыпать, разбрасывать.
Strict, *a.* строгій, аккуратный.
Stride, *v.n.* шагать. *s.* шагъ.
Strife, *s.* споръ; борьба.
Strike, *s.* стачка. *v.a.* ударять; поражать. *v.n.* удариться; — up, начать играть.
Striking, *a.* удивительный, поразительный.
String, *s.* веревочка; струна. *v.a.* настроивать.
Strip, *v.a.n.* снимать у кого; обнажать, —ся; раздѣвать, —ся. *s.* полоска, лоскутъ.
Stripe, *s.* полоса; ударъ бичемъ.
Strive, *v.n.* стараться.
Stroke, *s.* ударъ; at the first —, разомъ. *v.a.* ласкать, гладить.
Stroll, *s.* прогулка. *v.n.* гулять, бродить.
Strong, *a.* сильный, крѣпкій.
Struggle, *s.* усиліе, борьба. *v.n.* бороться; силиться.
Stubborn, *a.* упрямый; твердый.
Study, *s.* ученіе, занятіе; кабинетъ. *v.a.n.* учиться, заниматься; стараться.
Stuff, *s.* матерія; пустяки. *v.a.* набивать.
Stun, *v.a.* оглушать; изумлять.

Stunted, *a.* малорослый.
Stupid, *a.* глупый. –ity, *s.* глупость.
Stupify, *v.a.* притуплять.
Sturdy, *a.* сильный, крѣпкій, дюжій.
Sty, *s.* свиной хлѣвъ; ячмень (on the eye).
Subject, *s.* подданный; предметъ.
Subject, *v.a.* подвергать, покорять, подчинять.
Subdue, *v.n.* покорять.
Submission, *s.* покорность; покореніе.
Submit, *v.n.* подчиняться. *v.a.* представлять; предлагать.
Subscribe, *v.n.* подписывать, –ся.
Subscription, *s.* подписка, абонементъ.
Substance, *s.* существо, сущность; матерія; имущество.
Substantial, *a.* дѣйствительный; прочный.
Subtle, *a.* тонкій; хитрый.
Succeed, *v.a.n.* слѣдовать за; наслѣдовать; успѣвать.
Success, *s.* успѣхъ, удача. –ful, *a.* успѣшный, удачный; –ive, послѣдовательный.
Successor, *s.* преемникъ.
Such, *a.* and *pron.* такой.
Suck, *v.a.* сосать.
Sudden, *a.* внезапный. –ly, *adv.* вдругъ.
Suffer, *v.a.* терпѣть; позволять. *v.n.* страдать. –ing, *s.* страданіе. –ance, *s.* терпѣніе, страданіе.
Sugar, *s.* сахаръ.
Suggest, *v.a.* внушать; совѣтать. –ion, *s.* внушеніе, намекъ.
Suitable, *a.* подходящій, годный.
Sulky, *a.* сердитый, надутый.
Sullen, *a.* насмурный; угрюмый; упорный.

Sulphur, *s.* сѣра.
Sultry, *a.* знойны
Summer, *s.* лѣто.
Summit, *s.* верши
Summon, *v.a.* п вызовъ, пригла
Sun, *s.* солнце; –л лучъ; –dial, с –set, закатъ с сіяніе солнца. ный.
Sup, *v.n.* ужинать.
Superb, *a.* велико
Superfluous, *a.* н
Superintendence,
Superior, *a.* выс начальникъ.
Superiority, *s.* п
Supernatural, *a.* ный.
Supply, *v.a.* снаб *s.* запасъ; при
Support, *v.a.* под носить. *s.* подд пропитаніе.
Suppose, *v.a.n.* п мать.
Sure, *a.* вѣрный; —, я увѣренъ.
Surety, *s.* порука
Surface, *s.* пове ность.
Surgeon, *s.* лѣкар
Surprise, *v.a.* уди въ расплохъ. сюрпризъ. –i ный.
Surround, *v.a.* ок
Survey, *v.a.* осм вать.
Survive, *v.a.n.* пе ваться въ жив реживающій;
Susceptible, *a.* спо щенію; чувств

Suspect, *v.a.n.* подозрѣвать.
Suspense, *s.* недоумѣніе.
Suspicion, *s.* подозрѣніе. –ious, *a.* подозрительный.
Swallow, *v.a.* глотать. *s.* ласточка.
Swan, *s.* лебедь.
Swarm, *s.* рой; толпа. *v.n.* кишѣть; толпиться.
Sway, *s.* власть. *v.a.* управлять. *v.n.* качаться.
Swear, *v.a.n.* клясться; божиться; присягать.
Sweat, *s.* потъ. *v.n.* потѣть; трудиться, прѣть.
Sweep, *v.a.* мести; чистить. *s.* трубочистъ.
Sweet, *a.* сладкій, пріятный. –meats, *s. pl.* конфекты. –ness, *s.* сласть, нѣжность.
Swell, *v.a.* надувать; увеличить. *v.n.* пухнуть. *s.* фронтъ.
Swift, *a.* быстрый.
Swim, *v.n.* плавать; кружиться.
Swing, *s.* качаніе; качели. *v.a.n.* качать, –ся.
Swoon, *s.* обморокъ.

Table, *s.* столъ; –cloth, скатерть.
Tackle, *s.* орудіе; снарядъ.
Tail, *s.* хвостъ.
Tailor, *s.* портной.
Take, *v.a.* брать, взять; — down, снять, спустить; написать; — off, снять; — up, поднять; предпринять; — charge of, позаботиться о; — place, случить, –ся. *v.n.* — after, походить; — on, огорчаться; — to, предаваться чему; побѣжать къ.
Tale, *s.* повѣсть, сказка.
Talk, *s.* разговоръ. *v.a.n.* говорить, разговаривать.
Tall, *a.* высокій.
Tallow, *s.* сало.

Tame, *a.* ручной; домашній. *v.a.* укрощать, приручать.
Tap, *s.* легкій ударъ. *v.a.* ударять слегка; стукнуть.
Tap, *s.* кранъ, трубочка. –room, *s.* распивочная.
Tape, *s.* тесемка.
Taper, *s.* восковая свѣча.
Tapestry, *s.* шпалеры.
Tar, *s.* смола.
Tarnish, *v.a.* марать.
Task, *s.* работа; урокъ.
Taste, *s.* вкусъ. *v.a.n.* пробовать; имѣть вкусъ; — food, ѣсть.
Tattered, *a.* разорванный.
Taunt, *s.* упрекъ. *v.a.* упрекать.
Tax, *s.* налогъ, подать. *v.a.* облагать податью; обвинять.
Tea, *s.* чай. –kettle, *s.* котелокъ; –urn, самоваръ.
Teach, *v.a.* учить. –er, *s.* учитель, –ница.
Tear, *s.* слеза. –ful, *a.* въ слезахъ.
Tear, *v.a.* раздирать; разрывать; — off, оторвать; — open, открыть. — away, *v.n.* быстро побѣжать.
Tease, *v.a.* надоѣдать; дразнить.
Tedious, *a.* скучный; утомительный.
Tell, *v.a.* сказать, разсказать.
Temper, *s.* нравъ; характеръ; расположеніе духа.
Tempest, *s.* буря.
Temporary, *a.* временный; на время.
Tenacious, *a.* твердый, упорный.
Tenant, *s.* жилецъ, наниматель, арендаторъ.
Tend, *v.a.* стеречь, смотрѣть за кѣмъ. *v.n.* направляться; содѣйствовать чему.
Tender, *a.* нѣжный. –ness, *s.* нѣжность.
Tenfold, *a.* десятиричный.

Term, s. предѣлъ, конецъ. s. pl. условія; отношенія. -ination, s. конецъ; окончаніе.
Terrible, a. ужасный, страшный.
Terrific, a. ужасный, страшный.
Terrify, v.a. устрашать; пугать.
Terror, s. страхъ, ужасъ.
Test, s. испытаніе. v.a. испытывать.
Testimony, s. свидѣтельство.
Text, s. текстъ.
Than, conj. нежели, чѣмъ.
Thank, v.a. благодарить. -s, s. pl. благодарность.
Thankful, a. благодарный. -ness, s. благодарность.
Thatch, s. соломенная кровля.
Theft, s. воровство; кража.
Then, adv. and conj. тогда; потомъ.
Thence, adv. оттуда; слѣдовательно; -forth, съ тѣхъ поръ.
There, adv. тамъ; туда; вотъ; -fore, по этому, слѣдовательно.
Thick, a. толстый. густой. -et, s. чаща.
Thief, s. воръ.
Thin, a. тонкій; худой.
Thing, s. вещь, предметъ.
Think, v.n. думать.
Thirst, s. жажда. -y, a. жаждущій.
Thorn, s. шипъ; терпъ.
Though, conj. хотя.
Thought, s. мысль. -ful, a. заботливый; внимательный; -less, легкомысленный; разсѣянный. -lessness, s. легкомысленность; разсѣянность.
Thousand, a. тысяча.
Thrash, v.a. молотить.
Thread, s. нитка; связь.
Threat, s. угроза. -en, v.a. угрожать.
Thrice, adv. трижды; три раза.
Thrive, v.n. преуспѣвать, богатѣть.

Throat, s. горло.
Throne, s. тронъ, престолъ.
Throng, s. толпа. v.n.a. толпиться; наполнять.
Through, prep. сквозь; черезъ; но; -out, во весь.
Throw, v.a. бросать.
Thumb, s. большой палецъ.
Thump, s. сильный ударъ; стукъ. v.a.n. колотить; стучать.
Thus, adv. такъ, такимъ образомъ.
Ticket, s. билетъ.
Tickle, v.a. щекотать.
Tide, s. морской приливъ и отливъ.
Tidings, s. извѣстія (pl.).
Tidy, a. чистый, опрятный. v.a. убирать.
Tie, s. связь. v.a. вязать.
Tiger, s. тигръ; -gress, тигрица.
Tile, s. черепица.
Till, prep. до. conj. пока не.
Time, s. время; пора; разъ.
Timid, a. робкій.
Tinkle, v.n. звенѣть.
Tiny, a. крошечный, маленькій.
Tip, s. кончикъ; край. v.a. украшать кончикъ; -- over, опрокинуть.
Tire, v.a.n. утомлять, -ся; надоѣдать. -d, a. усталый; -some, скучный.
Title, s. заглавіе; титулъ; право.
To, prep. въ, къ, на, до; -- and fro, туда и сюда.
Toast, s. поджаренный хлѣбъ; тостъ. v.a. жарить; пить за здоровье.
To-day, adv. сегодня.
Toe, s. палецъ на ногѣ.
Together, adv. вмѣстѣ.
Toil, s. трудъ. v.n. работать; трудиться. -some, a. утомительный.
Token, s. знакъ, признакъ.
Tolerable, a. сносный; выносимый. -bly, adv. довольно.

Toll, v.a.n. звонить.
Tomb, s. могила.
Tone, s. тонъ, голосъ.
Tongue, s. языкъ.
Too, adv. слишкомъ; также, тоже.
Tool, s. орудіе; инструментъ.
Tooth, s. зубъ; -ache, зубная боль.
Top, s. вершина; верхъ; глава; from — to toe, съ головы до ногъ.
Torch, s. факелъ.
Torment, s. мученіе.
Torment, v.a. мучить.
Torrent, s. потокъ.
Tortoise, s. черепаха.
Torture, s. пытка; мука. v.a. пытать; мучить.
Toss, s. толчекъ. v.a.n. бросать, -ся; качать, -ся.
Totter, v.n. колебаться, шататься.
Touch, v.a. трогать. -ing, a. трогательный; adv. касательно, относительно.
Towards, prep. къ; въ направленіи; противъ, въ отношеніи.
Towel, s. полотенце.
Tower, s. башня.
Town, s. городъ. a. городской.
Trace, s. слѣдъ. v.a. слѣдовать.
Track, s. слѣдъ. v.a. слѣдить.
Tract, s. пространство; страна.
Trade, s. торговля; ремесло. v.n. торговать; промышлять.
Train, s. поѣздъ.
Traitor, s. измѣнникъ.
Trample, v.a.n. топтать.
Tranquil, a. спокойный.
Transact, v.a. вести (дѣло).
Transient, a. преходящій, временный.
Translate, v.a. переводить. -ation, s. переводъ.
Transmit, v.a. передавать.

Transparent, a. прозрачный; ясный.
Transplant, v.a. пересаживать; передавать.
Trap, s. ловушка.
Travel, v.n. путешествовать. -ler, s. путешественникъ.
Trash, s. пустяки, бездѣлица.
Traverse, v.a. объѣзжать.
Treacherous, a. вѣроломный, ложный.
Treachery, s. измѣна.
Tread, v.n. ступать; наступать.
Treason, s. измѣна.
Treasure, s. сокровище. v.a. хранить.
Treat, s. угощеніе; удовольствіе. v.a. обходиться съ кѣмъ; угощать; лѣчить. v.n. вести переговоры. -ment, s. обхожденіе; лѣченіе; -y, договоръ.
Tree, s. дерево.
Trellis, s. рѣшетка.
Tremble, v.n. дрожать; трепетать.
Tremendous, a. ужасный; страшный, огромный.
Tremor, s. дрожаніе.
Trial, s. испытаніе; процессъ.
Tribe, s. племя.
Trick, s. шутка, фокусъ.
Trickle, v.n. капать, течь.
Triumph, s. торжество. v.n. торжествовать. -ant, a. торжественный.
Troop, s. толпа; компанія; труппа (actors); -s, войска.
Trophy, s. трофей; добыча.
Trot, s. рысь. v.n. бѣжать рысью.
Trouble, s. трудъ; хлопоты; несчастіе; горе. v.a. безпокоить.
Trough, s. корыто; желобъ.
Trousers, s. брюки (pl.), панталоны.
Trudge, v.n. ходить; таскать ноги.
True, a. вѣрный

Trumpet, *s.* труба.
Trunk, *s.* стволъ (tree); сундукъ (box); хоботъ (elephant).
Trust, *s.* довѣріе. *v.a.n.* довѣрять, —ся, надѣяться.
Truth, *s.* правда; истина.
Try, *v.a.n.* пробовать; стараться; судить; — on, примѣрять.
Tub, *s.* бочка.
Tug, *v.a.n.* тащить; тянуть; держать. *s.* буксиръ (boat).
Tumble (down), *v.n.* упадать.
Tumbler, *s.* стаканъ.
Tumult, *s.* шумъ, суматоха.
Tune, *s.* пѣсня; тонъ; строй. *v.a.* настраивать.
Turban, *s.* чалма.
Turbulent, *a.* буйный.
Turf, *s.* торфъ.
Turkey, *s.* индѣйка.
Turn, *v.a.n.* вертѣть, —ся; повернуть, —ся; кружить, —ся; — inside out, вывернуть; — out, выгонять; оказываться.
Turn, *s.* поворотъ; очередь. Take a —, прогуляться.
Tusk, *s.* клыкъ.
Twelve, *a.* двѣнадцать. —month, *s.* годъ.
Twice, *adv.* дважды, два раза.
Twig, *s.* вѣтка.
Twilight, *s.* сумерки.
Twin, *s.* близнецъ.
Twine, *s.* нитка. *v.a.n.* вить, —ся; сплетать, —ся; соединять, —ся.
Twinkle, *v.n.* сверкать.
Twirl, *v.a.n.* вертѣть, —ся.
Twist, *v.a.n.* сплетать, —ся.
Twitch, *v.a.* выдергивать.
Two, *a.* два; двое.

Ugly, *a.* некрасивый, уродливый.
Umbrella, *s.* зонтикъ.
Unable, *a.* не въ состояніи.
Unaccountable, *a.* странный.
Unacquainted, *a.* незнакомый.
Unavailing, *a.* безполезный; напрасный.
Unbidden, *a.* незванный.
Uncertain, *a.* неизвѣстный.
Uncle, *s.* дядя.
Uncomfortable, *a.* неудобный, неуютный.
Uncommon, *a.* необыкновенный. —ly, *adv.* чрезвычайно.
Unconscious, *a.* безсознательный; незнающій.
Uncover, *v.a.* открыть.
Under, *prep.* and *adv.* подъ; внизу.
Undergo, *v.a.* перенести.
Understand, *v.a.* понимать.
Undertake, *v.a.* предпринимать; ручаться. —ing, *s.* предпріятіе.
Undo, *v.a.* развязать; уничтожать.
Undone, *a.* развязанный; погибшій.
Uneasy, *a.* безпокойный.
Unfairly, *adv.* несправедливо.
Unfortunate, *a.* несчастный.
Unfruitful, *a.* безплодный.
Ungrateful, *a.* неблагодарный.
Unhappy, *a.* несчастный.
Unharmed, *a.* невредимый; цѣлый.
Unhurt, *a.* невредимый.
Unjust, *a.* несправедливый.
Unkind, *a.* немилостивый; нелюбезный.
Unless, *conj.* если не.
Unload, *v.a.* разгружать.
Unlucky, *a.* несчастливый; несчастный, неудачный.
Unmercifully, *adv.* чрезмѣрно.
Unmoved, *a.* нетронутый; твердый.
Unpack, *v.a.* выкладывать.
Unpleasant, *a.* непріятный.
Unprofitable, *a.* невыгодный.
Unsatisfactory, *a.* неудовлетворительный.
Unseasonable, *a.* неумѣстный.

Unsuccessful, *a.* безуспѣшный; неудачный.
Unsuspecting, *a.* неподозрѣвающій; довѣрчивый.
Untasted, *a.* неотвѣданный.
Until, *prep.* до. *conj.* пока не.
Untimely, *a.* преждевременный.
Unusual, *a.* необыкновенный.
Unwelcome, *a.* непріятный.
Unwell, *a.* нездоровый.
Up, *prep.* вверхъ, на верху; (to go) -stairs, на верхъ; (to be) -stairs, на верху.
Upon (on), *prep.* на.
Upper, *a.* верхній.
Uproar, *s.* смятеніе, суматоха.
Upset, *v.a.* опрокинуть.
Upside down, вверхъ дномъ.
Upwards, *adv.* вверхъ; сверхъ, болѣе.
Urchin, *s.* мальчишка.
Urge, *v.a.* побуждать; настаивать на; — on, погонять.
Use, *s.* употребленіе; польза, выгода; of no —, безполезный; напрасно. -ful, *a.* полезный; -less, безполезный.
Use, *v.a.* употреблять; поступать, обращаться.
Use, *v.n.* имѣть обыкновеніе. -d, *a.* привыкшій.
Usual, *a.* обыкновенный; as —, по обыкновенію.
Usurer, *s.* ростовщикъ. [ное.
Utmost, *a.* крайній. *s.* всевозможное.
Utter, *a.* крайній; полный. -ly, *adv.* совершенно, вполнѣ.
Utter, *v.a.* произносить, говорить.

Vagabond, *s.* бродяга; плутъ.
Vagrant, *s.* бродяга.
Vain, *a.* напрасный, тщетный; тщеславный; суетный; in —, напрасно.
Vale, Valley, *s.* долина.

Value, *s.* цѣна, стоимость. *v.a.* цѣнить.
Valuable, *a.* драгоцѣнный.
Van, *s.* повозка; авангардъ (mil.).
Vanish, *v.n.* исчезать.
Vault, *s.* сводъ; подвалъ, погребъ; прыжокъ. *v.n.* прыгать.
Veal, *s.* телятина.
Vegetable, *s.* зелень, овощь. *a.* растительный.
Velvet, *s.* бархатъ. *a.* бархатный.
Venerable, *a.* почтенный.
Venerate, *v.a.* почитать; уважать. -ration, *s.* почтеніе.
Vengeance, *s.* мщеніе; take —, отомстить.
Venison, *s.* оленина.
Venom, *s.* ядъ; злоба. -ous, *a.* ядовитый; язвительный.
Vent, *v.a.* дать выходъ; изливать.
Venture, *v.a.n.* рисковать; отваживать; смѣть; смѣть идти.
Veracity, *s.* правдивость.
Very, *a.* тотъ самый. *adv.* очень.
Vessel, *s.* сосудъ; судно, корабль.
Vesture, *s.* одежда.
Vex, *v.a.* сердить; надоѣдать. -ation, *s.* досада. -atious, *a.* досадный.
Vice, *s.* порокъ.
Victim, *s.* жертва.
Victor, *s.* побѣдитель. -ious, *a.* побѣдоносный. -y, *s.* побѣда.
View, *s.* видъ. *v.a.* видѣть.
Vigilant, *a.* бдительный.
Vile, *a.* подлый; гадкій.
Village, *s.* деревня; село; -er, крестьянинъ.
Villain, *s.* подлецъ, негодяй.
Vine, *s.* виноградъ.
Vineyard, *s.* виноградникъ.
Violate, *v.a.* нарушать; взять насильно, похитить. -lation, *s.* нарушеніе.
Violent, *a.* сильный; буйный.

Virtue, *s.* добродѣтель; достоинство, качество; in — of, въ силу, по праву.
Virtuous, *a.* добродѣтельный.
Vision, *s.* видѣніе, зрѣніе.
Visit, *s.* посѣщеніе. *v.a.* посѣщать. —or, *s.* посѣтитель; гость.
Voice, *s.* голосъ.
Volatile, *a.* летучій; легкій, вѣтренный.
Volume, *s.* томъ, книга; масса.
Voracious, *a.* жадный.
Vow, *s.* обѣтъ; обѣщаніе. *v.a.n.* посвящать; обѣщать, —ся.
Voyage, *s.* путешествіе (моремъ).
Vulgar, *a.* простонародный; грубый. —ity, *s.* грубость.
Vulture, *s.* ястребъ.

Wadded, *adj.* подбитый ватой.
Wag, *v.a.* махать, качать; вилять (the tail).
Wages, *s. pl.* жалованье.
Waggon, *s.* телѣга, повозка; —er, ломовой извощикъ.
Wail, *s.* плачъ, вопль, рыданіе. *v.n.* горевать.
Wait, *v.n.* ждать; — for, ждать, ожидать; — on, упоп, прислуживать; посѣтить. —er, *s.* служитель, прислуга, человѣкъ; —ing maid, горничная.
Wake, *v.a.* разбудить. *v.n.* просыпаться.
Walk, *s.* прогулка. *v.n.* ходить, гулять; take a —, go for a —, прогуливаться.
Wall, *s.* стѣна.
Wander, *v.n.* бродить. —ing, *s.* блужданіе.
Want, *s.* недостатокъ; нужда; бѣдность; — of care, неосторожность. *v.a.* нуждаться; хотѣть. *v.n.* не доставать.
Wanton, *a.* шаловливый.

War, *s.* война. —like, *a.* воинственный.
Warble, *v.n.* пѣть, журчать.
Ward, *s.* малолѣтній, находящійся подъ опекой; часть (of a town); камера (of a hospital). —er, *s.* сторожъ.
Ward off, *v.a.* устранить; отражать.
Warehouse, *s.* кладовая.
Warm, *a.* теплый. *v.a.* грѣть.
Warmth, *s.* теплота.
Warn, *v.a.* предупреждать; предостерегать. —ing, *s.* предостереженіе, предувѣдомленіе.
Warrior, *s.* воинъ.
Wash, *v.a.n.* мыть, —ся; стирать; — away, уносить.
Wasp, *s.* оса.
Waste, *s.* пустошь; пространство; растрата. *a.* опустошенный, пустой. *v.a.* истощать; расточить; портить; lay —, опустошать; — away, чахнуть.
Watch, *s.* надзоръ; караулъ; вахта; часы; —maker, часовщикъ. *v.a.n.* стеречь; наблюдать; сторожить; — for, поджидать; выжидать.
Water, *s.* вода. *v.a.* поливать; напоить.
Wave, *s.* волна. *v.a.* махать.
Wax, *s.* воскъ. —en, *a.* восковой.
Way, *s.* дорога, путь; средство, способъ; разстояніе; образъ, манера.
Weak, *a.* слабый. —ness, *s.* слабость.
Wealth, *s.* богатство. —y, *a.* богатый.
Weapon, *s.* оружіе.
Wear, *v.a.n.* носить, —ся; — out, изнашивать; истощать.
Weary, *a.* утомленный. —iness, *s.* утомленіе.
Weather, *s.* погода.

Weave, *v.a.* ткать.
Web, *s.* ткань; паутина.
Wed, *v.a.* повѣнчать; жениться. -ding, *s.* свадьба.
Weed, *s.* сорная трава; –s, *s. pl.* одежда; траурное платье.
Week, *s.* недѣля.
Weep, *v.n.* плакать.
Weigh, *v.a.* вѣсить; обсуждать; поднимать (anchor). *v.n.* вѣсить.
Weight, *s.* вѣсъ, тяжесть; важность, значеніе.
Welcome, *s.* ласковый пріемъ; привѣтствіе. *v.a.* привѣтствовать. *a.* желанный. You are —, милости просимъ.
Well, *s.* колодецъ; источникъ, ключъ.
Well, *a.* здоровый. *adv.* хорошо; as — as, такъ-же какъ.
West, *s.* западъ. –ern, *a.* западный.
Wet, *v.a.* мочить. *a.* мокрый; сырой; намоченный.
Whale, *s.* китъ.
Wharf, *s.* пристань.
What, *pron. inter.* что; какой; *pron. rel.* то, что; –ever, все то что; какое бы ни; что бы ни.
Wheat, *s.* пшеница.
Wheel, *s.* колесо. *v.a.n.* катить, –ся; вертѣть, –ся.
When, *adv.* and *conj.* когда.
Whence, *adv.* откуда.
Whenever, *adv.* всякій разъ какъ; когда бы то ни было.
Where, *adv.* гдѣ; куда; –as, между тѣмъ какъ; –fore, почему; отчего; –ever, гдѣ бы ни.
Whether, *conj.* ли.
Which, *pron.* который; –ever, –soever, который.
While, *s.* время. *conj.* пока; между тѣмъ какъ.
Whim, *s.* прихоть; капризъ.

Whimper, *v.n.* хныкать.
Whine, *v.n.* визжать.
Whip, *s.* кнутъ; хлыстъ. *v.a.* хлестать; сѣчь; бить.
Whirlwind, *s.* вихрь.
Whisker, *s.* бакенбарды.
Whisper, *s.* шепотъ. *v.a.n.* шептать; журчать.
Whistle, *s.* свистъ, свистокъ. *v.a.n.* свистать.
White, *a.* бѣлый.
Whither, *adv.* куда.
Who, *pron. inter.* кто. *pron. rel.* который; — so, –soever, –ever, кто бы то ни былъ; всякій, кто.
Whole, *a.* цѣлый, весь. *s.* все; on the —, вообще.
Wholesome, *a.* здоровый.
Why, *adv.* зачѣмъ; почему; отчего; ну.
Wick, *s.* свѣтильня.
Wicked, *a.* злой. –ness, *s.* злость.
Wide, *a.* обширный; широкій.
Widow, *s.* вдова; –er, вдовецъ; –hood, вдовство.
Width, *s.* ширина; обширность.
Wife, *s.* жена.
Wig, *s.* парикъ.
Wild, *a.* дикій; распутный; бурный. — beast, *s.* звѣрь.
Will, *s.* воля; завѣщаніе. –ing, *a.* согласный; готовый. –ingly, *adv.* охотно.
Win, *v.a.* выигривать; одержать побѣду.
Wind, *s.* вѣтеръ.
Wind, *v.a.n.* вертѣть; — a watch, заводить часы.
Window, *s.* окно; –sill, подоконникъ.
Wine, *s.* вино; –glass, рюмка.
Wing, *s.* крыло.
Wink, *s.* миганіе. *v.n.* мигать; щурить глаза.
Winter, *s.* зима. *a.* зимній.

Wipe, *v.a.* вытирать.
Wire, *s.* проволока.
Wisdom, *s.* мудрость.
Wise, *a.* мудрый; умный.
Wish, *s.* желаніе. *v.a.* желать, хотѣть.
Wit, *s.* умъ; острота ума; острякъ. -ty, *a.* остроумный.
Witch, *s.* вѣдьма.
With. *prep.* съ (with Instr. case).
Withdraw, *v.a.* брать назадъ; отнимать. *v.n.* удалиться, уходить.
Wither, *v.n.* вянуть, сохнуть.
Within, *adv.* внутри. *prep.* внутри, въ; черезъ, около.
Without, *adv.* внѣ. *prep.* безъ.
Witness, *s.* свидѣтель; свидѣтельство; bear —, доказывать. *v.a.* быть очевидцемъ; видѣть.
Woe, *s.* горе.
Wold, *s.* лѣсъ.
Wolf, *s.* волкъ.
Woman, *s.* женщина; -hood, положеніе женщинъ.
Wonder, *s.* удивленіе; чудо. *v.n.* удивляться. -ful, *a.* удивительный.
Wont, *s.* обычай, привычка.
Wood, *s.* лѣсъ; дерево; дрова. *a.* лѣсной; -en, деревянный. -cutter, *s.* дровосѣкъ; -land, лѣса.
Woodcock, *s.* куликъ.
Wool, *s.* шерсть. -len, *a.* шерстяной. -ly, *a.* шерстистый.
Word, *s.* слово; bring —, принести извѣстіе; send —, извѣстить.
Work, *s.* дѣло; работа; трудъ. *v.a.n.* работать; трудиться. -man, *s.* работникъ.
World, *s.* свѣтъ; міръ; множество.
Worm, *s.* червь, червякъ.
Worry, *v.a.* надоѣдать; мучить, терзать.

Worse, *a.* and *adv.* хуже.
Worship, *s.* поклоненіе; богослуженіе; благородіе. *v.a.n.* поклоняться; молиться.
Worsted, *s.* шерсть. *a.* шерстяной.
Worth, *s.* стоимость, цѣна; достоинство; to be —, стоить.
Worthy, *a.* достойный; почтенный.
Wound, *s.* рана. *v.a.* ранить.
Wrap, *v.a.* свернуть; закутать.
Wrath, *s.* гнѣвъ. -ful, *a.* сердитый.
Wreath, *s.* вѣнокъ.
Wreathe, *v.a.* обвернуть.
Wreck, *s.* кораблекрушеніе; погибель; остатки.
Wrestle, *v.n.* состязаться.
Wretch, *s.* злодѣй; несчастный человѣкъ. -ed, *a.* несчастный; жалкій.
Wring, *v.a.* выжимать; ломать (the hands).
Wrinkle, *s.* морщина. *v.a.* морщить.
Wrist, *s.* кисть руки.
Write, *v.a.n.* писать. -ing, *s.* писаніе; почеркъ.
Writhe, *v.n.* корчиться; кривляться.
Wrong, *s.* несправедливость; оскорбленіе; вредъ. *v.a.* оскорблять; сдѣлать зло. *a.* неправый.
Wry, *a.* кривой.

Yacht, *s.* яхта.
Yard, *s.* аршинъ; дворъ.
Yarn, *s.* нитка, пряжа; разсказъ.
Year, *s.* годъ.
Yearn, *v.n.* чувствовать сильное желаніе; стремиться. -ing, *s.* стремленіе; любовь.
Yellow, *a.* желтый.
Yelp, *v.n.* визжать, лаять.

Yesterday, *s.* and *adv.* вчерашній день; вчера; the day before —, третьяго дня.
Yet, *adv.* еще; досихъ поръ. *conj.* однако, всетаки.
Yield, *v.a.n.* производить; приносить; сдать; уступать; покоряться.

Yon, Yonder, *a.* вонъ тотъ.
Young, *a.* молодой.
Youth, *s.* юность; молодежь; юноша. —ful, *a.* молодой.

Zeal, *s.* ревность; усердіе.
Zealous, *a.* ревностный.

INDEX.

	PAGE
Accent and Accentuation	15
Adjective, the	94
,, Declensions of	98
,, Exercise for oral translation	103
,, ,, translation in writing	103
,, ,, conversation	104
,, Observations on the orthography of. . . .	100
,, ,, general, on the	101
,, Words	102
Adverb, the	129
,, Examples of, in sentences.	130
,, Remarks on the orthography of	135
,, Exercises for translation and analysis. . . .	142
Affix, for converting the roots of words into Nouns animate	59
Alphabet, printed and in MS.	1–3
,, Division and sounds of the letters of	4
Article, the	17
Compound words, Definition of	55
Conjunction, the	139
,, Orthography of	140
,, Examples for exercise in	142
Conversation, on rising in the morning	176
,, travelling by rail	177
,, on taking a room at an hotel	179
,, on making a call	180
,, on dining out	181
1st Declension, Exercise for conversation	38
,, ,, for reading	36
,, ,, for translation	37
,, ,, in orthography	33

INDEX. 243

	PAGE
1st Declension, Observations on the Masculine Gender	27
,, ,, on the Neuter Gender	31
,, ,, on the Syntax of the	35
,, Table of the	26
,, Words of the	34
2nd Declension, Exercises for conversation	44
,, ,, for reading	42
,, ,, for translation	43
,, Observations on the	40
,, Table of the (see "Errata" page)	39
,, Words of the	41
3rd Declension, Exercises for conversation and translation	48
,, ,, for reading	47
,, Observation on the	45
,, Table of the	45
,, Words of the	46
4th Declension, Exercise for conversation	54
,, ,, for reading and translation	53
,, Table of the	50
,, Words of the	51
Diphthong	10
Exercises in the four Declensions for translation from and into Russian	61
Gerund, the	110
,, Illustrations of the	112
Idioms	159
Inflection and the Permutation of letters in some words	17
Negative particle не and conjunction ни	60
Numerals	113
,, Exercises on the	120
,, ,, for translation from and into Russian	120
,, fractional, table of declension	118
,, ordinary, ,, ,,	117
,, Observations on the inflections of the	119
,, ,, ,, declension of the	115
Participle, the	106
,, Illustrations of	108
Prefix, Affix, and Interfix to verbs	56
Prefixes, their influence on the verbs	57
Preposition, the	131
,, governing cases	133
,, Remarks on the	135

INDEX.

	PAGE
Pronoun, the	121
,, Exercises on the	128
,, Tables of declension:	
of the Demonstrative	124
,, Determinative (самъ, самый, etc.)	126-7
,, Interrogative	125
,, Personal	123
,, Possessive	124
,, Remarks on the orthography of the	127
Reading exercises for beginners	12
,, and Writing exercises for beginners	11
Remarks on the Declensions generally	50
Roots, the employment of the vowels е and ѣ	143
Substantive, the	22
,, the Cases illustrated	23
,, the Declensions illustrated	25
,, the Gender recognised by the terminations	24
Table of Declension of Substantives of all Genders, for reference only	63
Verbs, the Aspects of the	70
,, the Conjugation of the	72
,, Exercises for translations from and into Russian	92
,, ,, ,, into Russian	94
,, the Moods of the	66
,, Irregular	76
,, Observation on the orthography of the	78
,, Ordinary inflections of the	64
,, Voices of the	67
,, with prefixes (compound verbs)	84
,, the verb "to be," omission of	60
,, ,, ,, conjugation of	77
,, ,, стать as an auxiliary	78
,, ,, слушать and идти	83
,, Words	91, 93
Vowels е and ѣ, employment of generally	16
Vocabulary	185

Къ этому можно при=
бавить намъ положительно
извѣстное обстоятельство
что Его Свѣтлость всегда
внушалъ Правленію, что=
бы оно отнюдь не зада=
валось какими либо
цѣлями политическаго
характера, присовокуп=
ляя, что въ против=
номъ случаѣ онъ отка=
зывается отъ всякой
защиты, если бы таковая
потребовалась въ между=
народныхъ сношеніяхъ.

London: W. Thacker & Co. Calcutta: Thacker, Spink, & Co.

III.

Урожай.

Краснымъ полымемъ заря вспыхнула; по лицу земли туманъ стелется; разгорѣлся день огнёмъ солнечнымъ, подобралъ туманъ выше темя-горъ; напустилъ его въ тучу черную. Туча черная понахму-рилась, понадумилась, что-задумалась, словно вспомнила свою родину.... Понесутъ сё-вѣтры буйные во всѣ сторо-ны свѣта бѣлаго. Опомчастся громомъ, бурею, огнёмъ—молніей, дугой-радугой, опомнилася и рас-ширилась, и ударила, и пролилася слезой крупною—проливнымъ

London: W. Thacker & Co. Calcutta: Thacker, Spink, & Co.

EXERCISES IN READING MSS.

дождёшь на земную грудь, на
широкую. И съ горы небесъ гля=
дитъ солнышко, напилась воды
земля досыта. На поля, сады,
на зелёные, люди сельскіе не
насмотрятся. Люди сельскіе
Божьей милости ждали съ тре=
петомъ и молитвою. Заодно съ
весной пробуждаются ихъ завѣт=
ныя думы мирныя. Дума первая:
чтобъ изъ закрома насыпать въ
мѣшки, убирать воза! А вто=
рая ихъ была думушка: изъ
села гужомъ въ пору выѣхать.
Третью думушку какъ задумали
Богу—Господу помолилися. Чѣмъ
свѣтъ по полю всѣ разъѣхались,
и пошли гулять другъ за дру́=
гами.

London: W. Thacker & Co.   Calcutta: Thacker, Spink, & Co.

IV.

Пахарь

Солнце за день нагулялося,
За кудрявый лѣсъ спускается.
Лѣсъ стоитъ подъ шапкой темною,
Въ золотомъ огнѣ купается.

На буграхъ трава зелёная
Спитъ вся искрами обрызгана,
Пылью розовой осыпана,
Да каменьями унизана.

Жолнышко-то въ поль глядя,
Молча воронъ на межѣ сидитъ,
Только слышенъ голосъ пахаря,
Засохшій онъ на коня кричитъ.

Съ ранней зорьки пашня чёрная,
Бороздами подымается,
Конь идётъ, понуривъ голову,
Мужичёкъ идётъ, — шатается.

Зрѣетъ рожь — твоя заботушка.
Какъ бы градомъ не побилася,
Безъ дождей съ жары не высохла,
Отъ дождей не положилася.

Хлѣбъ поспѣлъ — тебѣ кручинушка:
Убрать ты не управишься,
На корню-то онъ осыплется,
Безъ куска-то ты останешься.

Урожай — купцы спѣсивѣе,
Годъ плохой — въ семьѣ всѣ мучатся —
Все твой дворъ не поправляется,
Дѣтки грамотѣ не учатся.

Гдѣ же кладъ твой заколдованный,
Гдѣ талантъ твой, пахарь, спрятался?
На труды твои, да на горе
Вдоволь внукъ я наплакался!

EXERCISES IN READING MSS.

V.

Пѣсня пахаря.

Ну, тащися, сивка! Пашней десятинной выбѣлимъ желѣзо о сырую землю. Красавица зорька въ небѣ загорѣлася; изъ большаго лѣса солнышко выходитъ. Весело на пашнѣ. Ну, тащися, сивка!

Я самъ другъ съ тобой, — слуга и хозяинъ. Весело я гляжу борону и соху, телѣгу готовлю, зерна насыпаю. Весело гляжу я на гумно, на скирды, молочу и вѣю.... Ну, та щися, сивка!

Пашенку мы рано съ сивкою распашемъ, зернышку сготовимъ колыбель святую; его вспоитъ, вскормитъ мать Земля сырая, выйдетъ въ поле травка. Ну, тащися, сивка!

Выйдетъ въ поле травка, выростетъ и колосъ, станетъ спѣть; рядится въ золотыя ткани; заблеститъ нашъ серпъ здѣсь, зазвенѣютъ здѣсь косы; сладокъ будетъ отдыхъ на снопахъ тяжелыхъ.

Ну, тащися, сивка! Накормлю до сыта, напою водою, водой ключевою. Съ тихою молитвой я вспашу, посѣю: уроди мнѣ, Боже, хлѣбъ, мое богатство.

London: W. Thacker & Co. Calcutta: Thacker, Spink, & Co.

EXERCISES IN READING MSS.

VI.

Лѣто.

Лѣто знойное за весной пришло съ тягостью - трудами и весельемъ. Въ зеленыхъ лугахъ въ рядъ косцы идутъ; трава совсѣмъ къ землѣ клонится. Во сады, лѣса дѣти милыя по грибы идутъ да по ягоды нагибаются, земляники рвутъ, въ кузовокъ кладутъ и домой несутъ. А въ полѣ давно налилась рожь, рожь высокая, колосистая. Тамъ серпомъ уже жнутъ, подрѣзаютъ рожь и кладутъ снопы въ копны частыя. На возахъ везутъ прямо съ поля и домой везутъ — на телѣгѣ возятъ. А по праздникамъ парни, дѣвушки, взявшись за руки, хороводъ ведутъ. Жги на радость всѣхъ уродившій хлѣбъ! Слава красному, свѣту знойному!

Журн. Семейные вечера.

London: W. Thacker & Co.   Calcutta: Thacker, Spink, & Co.

www.ingramcontent.com/pod-product-compliance
Lightning Source LLC
Chambersburg PA
CBHW021352230426
43666CB00006B/501